Tantra: Los Sutras de la Canción Real de Saraha

Dhamma Buddha

Published by Dhamma Buddha, 2024.

While every precaution has been taken in the preparation of this book, the publisher assumes no responsibility for errors or omissions, or for damages resulting from the use of the information contained herein.

TANTRA: LOS SUTRAS DE LA CANCIÓN REAL DE SARAHA

First edition. May 21, 2024.

Copyright © 2024 Dhamma Buddha.

ISBN: 979-8227074393

Written by Dhamma Buddha.

Tabla de Contenido

El mapa del Tantra

POR LAS DELICIAS DEL BESO EL ILUSO ANHELA DECLARANDO QUE ES LO ÚLTIMO REAL - COMO UN HOMBRE QUE SALE DE SU CASA Y DE PIE EN LA PUERTA PIDE (A UNA MUJER) INFORMES DE DELICIAS SENSUALES.

LA AGITACIÓN DE LAS FUERZAS BIÓTICAS EN LA CASA DE LA NADA HA DADO LUGAR ARTIFICIALMENTE A PLACERES DE MUCHAS MANERAS.

TALES YOGUIS DE LA AFLICCIÓN SE DESMAYAN PORQUE HAN CAÍDO DEL ESPACIO CELESTIAL, ENREDADOS EN EL VICIO.

COMO UN BRAHMÁN, QUE CON ARROZ Y MANTEQUILLA HACE UNA OFRENDA QUEMADA EN EL FUEGO ARDIENTE CREANDO UN RECIPIENTE PARA EL NÉCTAR DEL ESPACIO CELESTIAL, TOMA ESTO A TRAVÉS DEL PENSAMIENTO DESEOSO COMO LO ÚLTIMO.

ALGUNAS PERSONAS QUE HAN ENCENDIDO EL CALOR INTERIOR Y LO HAN ELEVADO A LA FONTANELA ACARICIANDO LA ÚVULA, CON LA LENGUA EN UNA ESPECIE DE COITO Y CONFUNDEN LO QUE ENCADENA CON LO QUE DA LIBERACIÓN, EN ORGULLO SE LLAMARÁN YOGUIS.

El Tantra es libertad: libertad de todas las construcciones mentales, de todos los juegos mentales; libertad de todas las estructuras; libertad del otro. El Tantra es un espacio para ser. Tantra es liberación.

El Tantra no es una religión en el sentido ordinario - la religión es un juego mental; la religión te da un cierto patrón. El cristiano tiene un cierto patrón, también el hindú, también el musulmán. La religión te da un cierto estilo, una disciplina. El Tantra elimina todas las disciplinas.

Cuando no hay disciplina, cuando no hay un orden impuesto, surge en ti un tipo de orden totalmente diferente. Lo que Lao Tzu llama Tao, lo que Buda llama DHARMA, eso surge en ti. No es algo que hayas hecho tú, sino que te ocurre a ti. El Tantra simplemente crea el espacio para que suceda. Ni siquiera invita, no espera; simplemente crea un espacio. Y cuando el espacio está listo, todo fluye.

He oído una historia muy bonita, muy antigua.

En una provincia no llovía desde hacía mucho tiempo. Todo estaba seco. Por fin, los ciudadanos decidieron buscar al hacedor de lluvias. Enviaron una delegación a verle a la lejana ciudad donde vivía con la petición urgente de que viniera cuanto antes a hacer llover en sus resecos campos.

El hacedor de lluvia, un anciano sabio, prometió hacerlo a condición de que se le proporcionara una casita solitaria en campo abierto donde pudiera retirarse solo durante tres días. No necesitaría comida ni bebida, y luego vería qué se podía hacer. Sus peticiones fueron atendidas.

Al atardecer del tercer día llovió abundantemente y, llena de alabanzas, una multitud agradecida peregrinó hasta su casa y exclamó: "¿Cómo lo has hecho? Cuéntanoslo'.

Fue muy sencillo", respondió el hacedor de lluvia. Durante tres días lo único que he hecho ha sido ponerme en orden.

Porque sé que una vez que yo esté en orden, entonces el mundo estará en orden, y la sequía debe ceder su lugar a la lluvia'.

El Tantra dice: Si estás en orden, entonces el mundo entero está en orden para ti. Si estás en armonía, toda la existencia está en armonía para ti. Si estás en desorden, el mundo entero está en desorden. Y el orden no tiene que ser falso, no tiene que ser forzado. Cuando te impones un orden a la fuerza, simplemente te divides; en el fondo, el desorden continúa.

Puedes observarlo: si eres una persona enfadada, puedes forzar tu ira, puedes reprimirla en lo más profundo del inconsciente, pero no va a desaparecer. Tal vez te vuelvas completamente inconsciente de ella, pero está ahí, y sabes que está ahí. Está corriendo por debajo de ti, está en el oscuro sótano de tu ser, pero está ahí. Por encima de ella puedes sentarte sonriendo, pero sabes que puede estallar en cualquier momento. Y tu sonrisa no puede ser muy profunda, y tu sonrisa no puede ser verdadera, y tu sonrisa será sólo un esfuerzo que estarás haciendo contra ti mismo.

Un hombre que fuerza un orden desde el exterior permanece en el desorden. El Tantra dice que hay otro tipo de orden: No impongas ningún orden, no impongas ninguna disciplina; simplemente abandona todas las estructuras, simplemente vuélvete natural y espontáneo. Es el paso más grande que se le puede pedir a un hombre. Se necesita mucho coraje porque a la sociedad no le gustará, estará totalmente en contra. La sociedad quiere un cierto orden. Si sigues a la sociedad, la sociedad está contenta contigo. Si te desvías un poco aquí y allá, la sociedad se enfada mucho. Y la multitud se vuelve loca.

El Tantra es una rebelión. No lo llamo revolucionario porque no hay política en él. Y no lo llamo revolucionario porque no tiene planes para cambiar el mundo: no tiene planes para cambiar el estado y la sociedad. Es rebelde, es una rebelión individual. Es un individuo que se sale de las estructuras y de la esclavitud. Pero en el momento en que sales de la esclavitud, sientes otro tipo de existencia a tu alrededor que nunca antes habías sentido, como si vivieras con los ojos vendados y de repente la venda se hubiera soltado, tus ojos se hubieran abierto y pudieras ver un mundo totalmente distinto.

Esta venda es lo que tú llamas tu mente; tu pensamiento, tus prejuicios, tu conocimiento, tus escrituras - todos ellos forman la gruesa capa de una venda. Te mantienen ciego, te mantienen embotado, te mantienen sin vida. El Tantra quiere que estés vivo, tan vivo como los árboles, tan vivo como los ríos, tan vivo como el sol y la luna. Ese es tu derecho de nacimiento. No ganas nada perdiéndolo; lo pierdes todo. Y si hay que perderlo todo para conseguirlo, no se pierde nada. Incluso un solo momento de libertad absoluta es suficiente para satisfacer. Y una larga vida de cien años, atado como un esclavo, no tiene sentido.

Estar en el mundo del Tantra requiere valor: es aventurero. Hasta ahora, sólo unas pocas personas han sido capaces de avanzar por ese camino. Pero el futuro es muy esperanzador. El Tantra será cada vez más importante. El hombre comprende cada vez mejor lo que es la esclavitud. Y el hombre está comprendiendo también que ninguna revolución política ha resultado revolucionaria.

Todas las revoluciones políticas acaban convirtiéndose en antirrevoluciones. Una vez en el poder se convierten en antirrevolucionarias.

El poder ES antirrevolucionario. Así que hay un mecanismo incorporado en el poder. Dale poder a cualquiera y se convertirá en antirrevolucionario. El poder crea su propio mundo. Así que, hasta ahora, ha habido muchas revoluciones en el mundo y todas han fracasado, totalmente fracasadas - ninguna revolución ha ayudado. Ahora el hombre está tomando conciencia de ello.

El Tantra ofrece una perspectiva diferente. No es revolucionario, es rebelde. Rebelión significa individual.

Puedes rebelarte solo, no necesitas organizar un partido para ello. Puedes rebelarte solo, por tu cuenta. No es una lucha contra la sociedad, recuerda, es simplemente ir más allá de la sociedad. No es antisocial, es asocial; no tiene nada que ver con la sociedad. No es contra la esclavitud, es por la libertad, la libertad de ser.

Sólo mira tu vida. ¿Eres un hombre libre? No lo eres: hay mil y una ataduras a tu alrededor. Puede que no las mires - es muy embarazoso, puede que no las reconozcas - duele, pero eso no cambia la situación: eres un esclavo. Para pasar a la dimensión del Tantra tendrás que reconocer tu esclavitud. Está muy arraigada. Hay que abandonarla. Y ser consciente de ella te ayuda a abandonarla.

No sigas apaciguándote, no sigas consolándote, no sigas diciendo 'Todo va bien'.

No es así; nada está bien, toda tu vida es una pesadilla. Échale un vistazo. No hay poesía, ni canción, ni baile, ni amor, ni oración. No hay celebración. ¿La alegría? - es sólo una palabra del diccionario. ¿Dicha? - Sí, has oído hablar de ella, pero no sabes nada de ella. ¿Dios? - en los templos, en las iglesias. Sí, la gente habla de ello: los que hablan, no saben. Los que oyen, no saben. Todo lo que es bello parece carecer de sentido; y todo lo que carece de sentido parece ser muy, muy importante.

Un hombre sigue acumulando dinero y piensa que está haciendo algo muy importante. La estupidez humana es infinita. Ten cuidado con ella. Destruirá toda tu vida. Ha destruido la vida de millones de personas a lo largo de los siglos.

Apodérate de tu conciencia: es la única posibilidad de salir de la estupidez.

Antes de entrar en los sutras de hoy, hay que entender algo sobre el mapa Tantra de la conciencia interior. Les he dicho algunas cosas sobre él - algunas cosas más tienen que ser dichas.

Primero: El Tantra dice que ningún hombre es sólo hombre y ninguna mujer es sólo mujer, cada hombre es a la vez hombre y mujer, y también lo es cada mujer - mujer y hombre. Adán tiene a Eva en él, y Eva tiene a Adán en ella.

De hecho, nadie es sólo Adán y nadie es sólo Eva: somos Adán-Eva. Este es uno de los mayores conocimientos jamás alcanzados.

La psicología profunda moderna se ha dado cuenta de ello. La llaman bisexualidad. Pero, desde hace al menos cinco mil años, el Tantra la conoce, la predica. Es uno de los mayores descubrimientos del mundo porque con esta comprensión puedes moverte en tu dirección interior, de lo contrario no puedes moverte en tu dirección interior. ¿Por qué un hombre se enamora de una mujer? - Porque lleva una mujer en su interior, de lo contrario no se enamoraría. ¿Y por qué te enamoras de una mujer determinada?

Hay miles de mujeres. Pero ¿por qué, de repente, una determinada mujer se convierte en la más importante para ti, como si todas las demás hubieran desaparecido y ésa fuera la única mujer del mundo? ¿Por qué?

¿Por qué te atrae un hombre determinado? ¿Por qué, a primera vista, algo hace clic de repente? El Tantra dice: Llevas una imagen de una mujer dentro de ti, una imagen de un hombre dentro de ti. Cada hombre lleva una mujer y cada mujer lleva un hombre. Cuando alguien en el exterior encaja con tu imagen interior, te enamoras: ése es el significado del amor.

No lo entiendes. Simplemente te encoges de hombros y dices: "Ha ocurrido". Pero hay un mecanismo sutil en ello. ¿Por qué ocurrió con cierta mujer? ¿Por qué no con otras? Tu imagen interior encaja de algún modo. La mujer exterior es similar en cierto modo. Algo golpea tu imagen interior, sientes que "esta es mi mujer", o "este es mi hombre": este sentimiento es lo que es el amor. Pero la mujer exterior no te va a satisfacer, porque ninguna mujer exterior va a encajar completamente con tu mujer interior.

La realidad no es así en absoluto. Tal vez ella encaja un poco - aquí hay un atractivo, un magnetismo, pero se agotará tarde o temprano. Pronto reconocerás que hay mil y una cosas que no te gustan en la mujer. Tomará un poco de tiempo llegar a conocer esas cosas.

Primero te encapricharás. Primero la similitud será demasiada, te abrumará. Pero poco a poco verás que hay mil y una cosas -detalles de la vida- que no encajan; que sois extraterrestres, extraños. Sí, la sigues queriendo, pero el amor ya no tiene encaprichamiento; esa visión romántica está desapareciendo. Y ella también reconocerá que algo atrae en ti, pero tu totalidad no atrae. Por eso cada marido intenta cambiar a la mujer y cada mujer intenta cambiar al marido. ¿Qué intentan hacer? ¿Por qué? ¿Por qué la mujer intenta continuamente cambiar al marido? ¿Para qué? Ella se ha enamorado de este hombre, entonces inmediatamente empieza a cambiar a este hombre. Ahora que se ha dado cuenta de las diferencias, quiere dejarlas de lado.

Quiere quitarle algunos trozos a este hombre, para que encaje completamente con su idea de hombre.

Y el marido también lo intenta -no con tanta fuerza, no con tanta obstinación como las mujeres, porque el marido se cansa muy pronto- la mujer espera más tiempo.

La mujer piensa 'Hoy o mañana o pasado mañana - algún día cambiaré...'. Se necesitan casi veinte, veinticinco años para reconocer el hecho de que no se puede cambiar al otro. A la edad de cincuenta años, cuando la mujer ha pasado la menopausia y el hombre también, cuando se están haciendo realmente viejos, se dan cuenta de que nada ha cambiado. Se han esforzado, lo han intentado todo... la mujer sigue siendo la misma y el hombre sigue siendo el mismo. Nadie puede cambiar a nadie. Es una gran experiencia, una gran comprensión.

Por eso los viejos se vuelven más tolerantes: saben que no se puede hacer nada. Por eso la gente mayor se vuelve más elegante: sabe que las cosas son como son. Por eso la gente mayor se vuelve más tolerante. Los jóvenes están muy enfadados, no aceptan. Quieren cambiarlo todo. Quieren que el mundo sea como a ellos les gustaría. Luchan mucho, pero nunca ha ocurrido; no puede ocurrir, no está en la naturaleza de las cosas.

El hombre exterior nunca puede encajar con tu hombre interior y la mujer exterior nunca puede ser absolutamente igual a tu mujer interior. Por eso el amor también da placer y dolor. El amor también da felicidad e infelicidad. Y la infelicidad es mucho mayor que la felicidad.

¿Qué propone el Tantra al respecto? ¿Qué hay que hacer entonces?

El Tantra dice: No hay forma de estar satisfecho con lo externo; tendrás que moverte hacia adentro. Tendrás que encontrar a tu mujer interior y a tu hombre interior. Tendrás que entrar en una relación sexual interior.

Es una gran contribución.

¿Cómo puede ocurrir? Trata de entender este mapa. He hablado de siete chakras, la fisiología del Tantra yoga. En el hombre el MULADHAR es masculino y el SWADHISTAN, femenino. En la mujer el MULADHAR es femenino y el SWADHISTAN, masculino, y así sucesivamente. En siete chakras, hasta el sexto, la dualidad permanece; el séptimo es no-dual.

Hay tres pares dentro de ti: MULADHAR-SWADHISTAN tienen que casarse.   MANIPURA-ANAHATA   tienen   que   casarse. VISUDDHA-AJNA tienen que casarse.

Cuando la energía se mueve fuera, necesitas una mujer fuera. Tienes un pequeño atisbo por un momento, porque el coito con una mujer de fuera no puede ser permanente, sólo puede ser momentáneo. Por un momento puedes perderte en el otro. De nuevo vuelves a ti mismo, y vuelves con fuerza. Por eso, después de hacer el amor sientes cierta frustración: has vuelto a fracasar, no ha sucedido como querías. Sí, has llegado a la cima, pero antes de que te dieras cuenta, empezó el declive, la caída. Antes de alcanzar la cima...

el valle. Antes de conocer a la mujer o al hombre... y la separación. El divorcio llega con el matrimonio tan rápido que es frustrante. Todos los amantes son personas frustradas. Esperan mucho, esperan en contra de su experiencia; esperan una y otra vez, pero no se puede hacer nada: no puedes destruir las leyes de la realidad. Tienes que entender esas leyes.

El encuentro exterior sólo puede ser momentáneo, pero el encuentro interior puede llegar a ser eterno. Y cuanto más alto te muevas, más eterno puede llegar a ser.

El primero, MULADHAR, en el hombre es masculino. Incluso al hacer el amor con una mujer en el exterior, el Tantra dice, recuerda el interior. Haz el amor con la mujer exterior, pero recuerda el interior. Deja que tu conciencia se mueva hacia el interior - olvida completamente a la mujer exterior. En el momento del orgasmo olvida a la mujer o al hombre por completo. Cierra los ojos y estate dentro, y deja que sea una meditación. Cuando la energía se agite, no pierdas esta oportunidad. Ese es el momento en el que puedes tener un contacto - un viaje interior.

Normalmente, es difícil mirar dentro, pero en un momento de amor, en un hueco, no eres normal. En un momento de amor estás al máximo. Cuando se produce el orgasmo, toda la energía de tu cuerpo palpita con la danza; cada célula, cada fibra baila a un ritmo, en una armonía que no conoces en la vida ordinaria. Este es el momento: este momento de armonía, utilízalo como un pasaje hacia el interior. Mientras haces el amor, medita, mira hacia dentro.

En ese momento se abre una puerta. Esta es la experiencia del Tantra. Una puerta se abre en ese momento, y el Tantra dice que te sientes feliz sólo porque esa puerta se abre y algo de tu dicha interior fluye hacia ti. No viene de la mujer exterior, no viene del hombre exterior; viene de tu núcleo más íntimo. El exterior es igual de excusable.

El Tantra no dice que hacer el amor con el exterior sea pecado, simplemente dice que no es muy allá. No lo condena, acepta su naturalidad. Pero dice que se puede utilizar esa ola de amor para ir muy lejos en el interior. En ese momento de emoción, las cosas no están en la tierra: puedes volar. Tu flecha puede dirigir el arco hacia la diana. Puedes convertirte en un Saraha.

Si, mientras haces el amor, te vuelves meditativo, te vuelves silencioso, empiezas a mirar hacia dentro, cierras los ojos, te olvidas del hombre o la mujer exterior, entonces sucede. El MULADHAR, tu centro masculino interior, comienza a moverse hacia el centro femenino - el centro femenino es SWADHISTAN - y hay un coito, hay un coito interior.

A veces ocurre sin que te des cuenta. Muchos sannyasins me han escrito cartas.... Nunca he contestado antes porque no era posible contestar, ahora puedo contestar, serás capaz de entender.

Un sannyasin me escribe una y otra vez, y debe estar preguntándose por qué no respondo....

El mapa no estaba disponible hasta ahora, ahora te doy el mapa. Al escucharme, siempre tiene la sensación de llegar al orgasmo. Todo su cuerpo empieza a palpitar, y tiene la misma experiencia que cuando hace el amor con una mujer. Se queda perplejo, como es natural. Pierde la noción de lo que estaba escuchando, se olvida... y la emoción y la alegría son tantas que se preocupa: ¿Qué está pasando? ¿Qué tiene dentro?

Esto está sucediendo: el MULADHAR se encuentra con el SWADHISTAN, tu centro masculino se encuentra con tu centro femenino. Esa es la alegría cuando entras en meditación, cuando entras en oración.

Este es el mecanismo de tu celebración interior. Y en el momento en que MULADHAR y SWADHISTAN se encuentran, la energía se libera. Así como cuando amas a tu mujer la energía se libera, cuando SWADHISTAN y MULADHAR se encuentran, la energía se libera y esa energía golpea el centro superior, MANIPURA.

MANIPURA es masculino, ANAHATA es femenino. Una vez que te has sintonizado con el primer encuentro de tu hombre y tu mujer interior, un día el segundo encuentro ocurre de repente. No tienes que hacer nada al respecto, simplemente la energía liberada del primer encuentro crea la posibilidad para el segundo encuentro. Y cuando la energía es creada por el segundo encuentro, crea la posibilidad para el tercer encuentro.

El tercer encuentro es entre VISUDDHA y AJNA. Y cuando se produce el tercer encuentro, se crea la energía para el cuarto, que no es un encuentro, que no es una unión, sino unidad. SAHASRAR está solo, no hay masculino-femenino. Adán y Eva han desaparecido el uno en el otro, total, completamente. El hombre se ha convertido en la mujer, la mujer se ha convertido en el hombre; toda división desaparece. Esto es lo absoluto, el encuentro eterno. Esto es lo que los hindúes llaman SATCHITANANDA. Esto es lo que Jesús llama "el Reino de Dios".

De hecho, el número siete ha sido utilizado por todas las religiones. Los siete días son simbólicos, y el séptimo es el día festivo, el día sagrado. Seis días trabajó Dios, y el séptimo descansó.

Seis chakras en los que tendrás que trabajar, el séptimo es el estado de gran descanso, descanso total, relajación absoluta - has llegado a casa.

Con el séptimo desapareces como parte de la dualidad; desaparecen todas las polaridades, desaparecen todas las distinciones.

La noche ya no es noche y el día ya no es día. El verano ya no es verano y el invierno ya no es invierno. La materia ya no es materia y la mente ya no es mente: has ido más allá. Este es el espacio trascendental que Buda llama NIRVANA.

Estos tres encuentros dentro de ti y la consecución del cuarto tienen también otra dimensión. Te he hablado muchas veces de cuatro estados: sueño, vigilia, TURIYA. TURIYA significa "el cuarto", "el más allá". Estos siete chakras, y el trabajo a través de ellos, tienen también una correspondencia con estos cuatro estados.

El primer encuentro entre MULADHAR y SWADHISTAN ES como dormir. El encuentro ocurre, pero no puedes ser muy consciente de ello. Lo disfrutarás, sentirás una gran frescura surgiendo en ti. Sentirás un gran descanso, como si hubieras dormido profundamente; pero no podrás verlo exactamente - está muy oscuro. El hombre y la mujer se han encontrado dentro de ti, pero se han encontrado en el inconsciente. El encuentro no fue a la luz del día, fue en la noche oscura. Sí, el resultado se sentirá, la consecuencia se sentirá. De repente sentirás una nueva energía en ti, un nuevo resplandor, un nuevo brillo. Tendrás un aura.

Incluso puede que los demás empiecen a sentir que tienes una presencia ciertamente cualitativa, una "vibración". Pero no estarás exactamente alerta a lo que ocurre. Así que el primer encuentro es como dormir.

El segundo encuentro es como un sueño - cuando MANIPURA y ANAHATA se encuentran, tu encuentro con la mujer interior es como si os hubierais encontrado en un sueño. Sí, puedes recordar un poco de él. Al igual que por la mañana puedes recordar el sueño que tuviste la noche anterior - un poco aquí y allá, unos pocos destellos; tal vez algo se ha olvidado, tal vez no se recuerda la totalidad - pero aún así puedes recordar. El segundo encuentro es como un sueño. Serás más consciente de ello. Empezarás a sentir que algo está sucediendo. Empezarás a sentir que estás cambiando, que una transformación está en camino, que ya no eres la misma persona de antes. Y con el segundo empezarás a ser consciente de que tu interés por la mujer exterior está disminuyendo. Tu interes en el hombre exterior no es tan infatuante como solia ser.

Con la primera también habrá un cambio, pero no serás consciente de ello. Con la primera puedes empezar a pensar que ya no estás interesado en TU mujer, pero no serás capaz de entender que no estás interesado en NINGUNA mujer en absoluto. Puedes pensar que estás aburrido de tu mujer y que serás más feliz con alguna otra mujer; algún cambio será bueno, un clima diferente será bueno, una calidad diferente de mujer será buena. Esto será sólo una suposición. Con la segunda empezarás a sentir que ya no te interesa la mujer o el hombre, que tu interés se está volviendo hacia dentro.

Con el tercero serás perfectamente consciente. Es como despertarse. VISUDDHA encontrándose con AJNA... te volverás perfectamente consciente, el encuentro ocurre a la luz del día. O puedes decirlo de esta manera: el primer encuentro ocurre en la oscuridad de la noche; el segundo encuentro ocurre en un momento crepuscular entre el día y la noche; el tercer encuentro ocurre en pleno mediodía - estás completamente alerta, todo está claro. Ahora ya sabes que has terminado con el exterior. No significa que vayas a dejar a tu mujer o a tu marido, simplemente significa que el enamoramiento ya no existe; sentirás compasión. Ciertamente, la mujer que te ha ayudado hasta ahora es una gran amiga, el hombre que te ha traído hasta aquí es un gran amigo; estás agradecido.

Empezaréis a ser agradecidos y compasivos los unos con los otros. Siempre es así cuando surge la comprensión: trae compasión. Si dejas a tu mujer y escapas al bosque, eso simplemente demuestra que eres cruel y que no ha surgido la compasión. Sólo puede surgir de la no comprensión, no puede surgir de la comprensión. Si comprendes, tendrás compasión.

Cuando Buda se iluminó, lo primero que dijo a sus discípulos fue: "Me gustaría ir a Yashodhara y hablar con ella". Su esposa...

Ananda estaba muy turbado. Dijo: "¿Qué sentido tiene que vuelvas a palacio y hables con tu esposa? La has abandonado. Han pasado doce años". Y Ananda también se turbó un poco, porque ¿cómo puede un Buda pensar en su esposa? No se espera que los budas piensen así.

Cuando los demás se fueron, Ananda le dijo a Buda: "Esto no está bien. ¿Qué pensará la gente?

Buda dijo: '¿Qué pensará la gente? Tengo que expresarle mi gratitud y agradecerle toda la ayuda que me ha prestado. Y tengo que dar algo de lo que me ha sucedido, se lo debo a ella. Tendré que irme".

Volvió. Fue al palacio. Vio a su esposa. ¡Ciertamente Yashodhara estaba loca! Este hombre escapó una noche sin siquiera decirle nada a ella. Ella le dijo a Buda '¿No podías haber confiado en mí? Podrías haber dicho que querías irte, y yo habría sido la última mujer del mundo en impedírtelo. ¿No podías haber confiado en mí ni siquiera tanto? Y se echó a llorar.

¡Doce años de ira! Y ese hombre se había escapado como un ladrón en mitad de la noche, de repente, sin darle ni una sola pista.

Buda se disculpó y dijo: "Fue por falta de comprensión. Era ignorante, no era consciente.

Pero ahora soy consciente y lo sé, por eso he vuelto. Me habéis ayudado muchísimo.

Olvídate de esas cosas viejas, ahora no tiene sentido pensar en la "leche derramada". Mírame a mí. Algo grande ha sucedido. He vuelto a casa. Y sentí que mi primer deber era hacia ti: venir, transmitir y compartir mi experiencia contigo".

La cólera desapareció, la rabia se calmó, Yashodhara miró a través de sus lágrimas. Sí, este hombre ha cambiado mucho'. No era el mismo hombre que ella conocía. Este no era el mismo hombre, en absoluto; esto parecía una gran luminosidad... Casi podía ver el aura, una luz a su alrededor. Y estaba tan tranquilo y tan silencioso; casi había desaparecido. Su presencia era casi ausencia. Y entonces, a pesar suyo, olvidó lo que estaba haciendo: cayó a sus pies y pidió ser iniciada.

Cuando comprendes, es inevitable que haya compasión. Por eso no digo a mis sannyasins que dejen a sus familias. Que estén allí.

Rabindranath ha escrito un poema sobre este incidente cuando Buda viene. Yashodhara le pidió una cosa. "Sólo dime una cosa", le dijo. 'Lo que sea que hayas logrado... Puedo ver que lo has logrado, sea lo que sea. No sé lo que es, pero dime una cosa: ¿no era posible alcanzarlo aquí, en esta casa? Y Buda no pudo decir que no. Era posible alcanzarlo aquí en esta casa.

Ahora lo sabía. Porque no tiene nada que ver con el bosque o con la ciudad, con la familia o con el ashram - no tiene nada que ver con ningún lugar; tiene que ver con tu núcleo más íntimo. Está disponible en todas partes.

En primer lugar, empezarás a sentir que tu interés por el otro se desvanece. Será un fenómeno tenue, oscuro: mirar a través de un cristal oscuro, mirar a través de una mañana con mucha niebla. Segundo, las cosas se vuelven un poco más claras, como un sueño; la niebla no es tanta. Tercero, estás totalmente despierto. Ha sucedido:

la mujer interior se ha encontrado con el hombre interior. La biopolaridad ya no existe, de repente sois uno.

La esquizofrenia ha desaparecido; no estás dividido.

Con esta integración te conviertes en individuo. Antes de eso no eres un individuo, eres una multitud:

eres una multitud, eres muchas personas, eres multipsíquico. De repente caes en el orden. Eso es lo que dice esta antigua historia.

El hombre había pedido tres días... Si a veces te fijas en estas pequeñas historias te quedarás maravillado; sus símbolos son grandiosos. El hombre había pedido tres días para sentarse en silencio. ¿Por qué tres días? Esos son los tres puntos: en el sueño, en el sueño, en la vigilia, quería ponerse en orden.

Primero ocurre en el sueño, luego en el sueño, luego en la vigilia. Y cuando tú estás en orden, toda la existencia está en orden. Cuando eres un individuo, cuando tu división ha desaparecido y estás unido, todo está unido. Parecerá muy paradójico, pero hay que decirlo: lo individual es lo universal. Cuando te has convertido en individuo, de repente ves que eres lo universal. Hasta ahora pensabas que estabas separado de la existencia.

Ahora no puedes pensar eso.

Adán y Eva han desaparecido el uno en el otro. Esta es la meta que todo el mundo trata de encontrar de un modo u otro. El Tantra es la ciencia más segura para lograrlo. Este es el objetivo.

Algunas cosas más:

Te dije que el MULADHAR tiene que estar relajado, sólo entonces la energía puede moverse hacia arriba, hacia adentro.

Y "hacia dentro" y "hacia arriba" significan lo mismo; "hacia fuera" y "hacia abajo" significan lo mismo. La energía puede moverse hacia adentro o hacia arriba sólo cuando el MULADHAR está relajado. Así que lo primero es relajar el MULADHAR.

Estás sujetando tu centro sexual con mucha fuerza. La sociedad te ha hecho muy consciente del centro sexual; te ha obsesionado con él, así que lo estás sujetando fuertemente. Puedes simplemente observar. Siempre estás sujetando tu organismo genital con mucha fuerza, como si tuvieras miedo de que algo vaya mal si te relajas. Todo tu condicionamiento ha sido mantenerlo tenso. Relájalo, déjalo. No tengas miedo: el miedo crea tensión. Deja el miedo. El sexo es hermoso; no es un pecado, es una virtud.

Una vez que pienses en términos de que es una virtud, podrás relajarte. Ya he hablado antes de cómo relajar el MULADHAR. Y he hablado de cómo relajar el SWADHISTAN; es el centro de la muerte. No tengas miedo a la muerte. Estos son los dos miedos que han estado dominando a la humanidad: el miedo al sexo y el miedo a la muerte. Ambos miedos son peligrosos; no te han permitido crecer.

Abandona ambos miedos.

El tercer chakra es MANIPURA; está cargado de emociones negativas. Por eso se te revuelve el estómago: cuando estás emocionalmente perturbado, MANIPURA se ve afectada de inmediato. En todos los idiomas del mundo tenemos expresiones como "No puedo soportarlo". Es literalmente cierto.

A veces, cuando no puedes digerir algo, empiezas a sentir náuseas, te entran ganas de vomitar. De hecho, a veces sucede - un vómito psicológico. Alguien ha dicho algo, y tú NO PUEDES soportarlo; y de repente sientes una náusea, viene el vómito, y después de vomitar te sientes muy relajado.

En Yoga tienen métodos para ello. El yogui tiene que beber bastante agua por la mañana - un cubo de agua con sal, el agua tiene que estar tibia - y luego tiene que vomitarla. Esto ayuda a relajar la MANIPURA. Es un gran proceso, un gran proceso de limpieza.

Te sorprenderá, ahora que muchas terapias modernas se han dado cuenta de ello, que vomitar ayuda.

El Análisis de Acción es consciente de que vomitar ayuda. La Terapia Primal es consciente de que vomitar ayuda. Libera la MANIPURA. El Tantra y el Yoga siempre han sido conscientes de ello.

Las emociones negativas: la ira, el odio, los celos, etcétera, etcétera - todas han sido reprimidas; tu MANIPURA está demasiado cargada. Esas emociones reprimidas no permiten que la energía suba; esas emociones reprimidas funcionan como una roca: tu paso está bloqueado. Encuentro, Gestalt y terapias por el estilo, todas funcionan sin saberlo sobre la MANIPURA. Intentan provocar tu ira, tus celos, tu codicia, tu agresividad, tu violencia, para que aflore a la superficie. La sociedad ha hecho una cosa: te ha entrenado para reprimir todo lo negativo y fingir todo lo positivo. Ambas cosas son peligrosas. Fingir lo positivo es falso - hipocresía, y reprimir lo negativo es peligroso; es venenoso, está envenenando tu sistema.

Tantra dice: Expresa lo negativo y permite lo positivo. Si surge la ira, no la reprimas; si surge la agresividad, no la reprimas. El Tantra no dice: Ve y mata a una persona. Pero el Tantra dice que hay mil y una maneras de expresar las emociones reprimidas. Puedes ir al jardín y cortar leña. ¿Has visto a los leñadores? Parecen más silenciosos que nadie. ¿Has observado a los cazadores? Los cazadores son muy buena gente. Hacen cosas muy sucias, pero son buenas personas. Algo les pasa mientras cazan. Matando animales, su ira, su agresividad se disuelve. Las llamadas personas "no violentas" son las más feas del mundo. No son buenas personas, porque sostienen un volcán. No puedes sentirte a gusto con ellos.

Algo está peligrosamente presente allí. Puedes sentirlo, puedes tocarlo; está rezumando de ellos.

Puedes simplemente ir al bosque y gritar, chillar - la Terapia Primal es simplemente terapia de gritos, terapia de rabietas. Y Encounter y Primal, Gestalt, son de tremenda ayuda para relajar la MANIPURA.

Una vez que MANIPURA ESTÁ relajada, surge un equilibrio entre lo negativo y lo positivo. Y cuando lo negativo y lo positivo están equilibrados, se abre el paso; entonces la energía puede moverse más arriba.

MANIPURA es masculino. Si MANIPURA ESTÁ bloqueada, entonces la energía no puede ir hacia arriba. Tiene que estar relajada.

La Equilibración de Polaridad puede ser de gran ayuda para lograr el equilibrio entre lo positivo y lo negativo.

Por eso estoy permitiendo todo tipo de métodos de todo el mundo en este ashram. Todo lo que pueda ser de ayuda tiene que ser utilizado, porque el hombre ha sido dañado tanto que todas las fuentes de ayuda deben estar disponibles. Puede que ni siquiera seas capaz de entender por qué estoy poniendo a tu disposición todos los métodos: Yoga, Tantra, Tao; Sufi, Jain, Budista, Hindú; Gestalt, Psicodrama, Encuentro, Terapia Primal, Equilibrio de Polaridad, Rolfing, Integración Estructural - por qué estoy poniendo todas estas cosas a tu disposición. Usted nunca ha oído hablar de estas cosas que se hacen en cualquier ashram en cualquier lugar en el Este en absoluto. Hay una razón para ello. El hombre ha sido tan dañado que todas las fuentes deben ser aprovechadas. La ayuda debe ser tomada de todas las fuentes posibles, sólo entonces hay esperanza - de lo contrario el hombre está condenado.

El cuarto chakra es ANAHATA. La duda es el problema con el cuarto chakra. Si eres una persona que duda, tu cuarto chakra permanecerá sin abrir. La confianza lo abre. Así que todo lo que crea duda destruye tu corazón. Es el chakra del corazón: ANAHATA. La lógica, el chasquido lógico, la argumentación, demasiada racionalidad, demasiado Aristóteles en ti, destruyen ANAHATA. La filosofía, el escepticismo, destruyen ANAHATA.

Si quieres abrir el ANAHATA tendrás que ser más confiado. La poesía es más útil que la filosofía, y la intuición es más útil que el razonamiento, y el sentimiento es más útil que el pensamiento.

Así que tendrás que pasar de la duda a la confianza, sólo entonces tu ANAHATA se abre, tu ANAHATA se vuelve capaz de recibir la energía masculina de MANIPURA. ANAHATA es femenino.

Con la duda se vuelve seco; no puede recibir la energía masculina. Con la confianza se abre, con la confianza se libera la humedad en ese chakra y puede permitir la penetración de la energía masculina.

Y el quinto: VISUDDHA. La no-creatividad, la imitación, los loros, los monos, todo esto es perjudicial.

El otro día leía una pequeña anécdota:

A un escolar le preguntaron: "Diez imitadores están sentados en una valla. Uno saltó y se fue. ¿Cuántos quedan?

Y el niño dice "Ninguna".

El profesor dice '¿Ninguno? Sólo queda uno".

Y el niño dice: "Son imitadores".

Cuando salta uno, saltan todos.

VISUDDHA se destruye copiando. No seas un imitador, no seas sólo un calco. No trates de convertirte en un Buda y no trates de convertirte en un Cristo. Cuidado con libros como IMITACIÓN DE CRISTO de Tomás de Kempis. Cuidado. Ninguna imitación te ayudará. La VISUDDHA es destruida por la no creatividad, la limitación; y la VISUDDHA ES ayudada por la creatividad, la expresión, encontrando tu propio estilo de vida, siendo lo suficientemente valiente para "hacer lo tuyo". El arte, la canción, la música, la danza, la inventiva, todo es útil. Pero sé creativo: hagas lo que hagas, intenta hacerlo de una forma nueva. Intenta aportar algo de individualidad, una firma auténtica. Incluso limpiar el suelo, puedes hacerlo a tu manera. Incluso cocinar, puedes hacerlo a tu manera. Puedes aportar creatividad a todo lo que haces; hay que aportarla. En la medida en que seas creativo - bueno, VISUDDHA se abrirá. Y cuando VISUDDHA se abre, entonces sólo la energía puede moverse hacia el AJNA, el centro del tercer ojo, el sexto centro.

Este es el proceso. Primero limpia cada centro, purifícalo, ten cuidado con lo que lo daña, y ayúdalo para que llegue a funcionar de forma natural. Se eliminan los bloqueos... la energía afluye.

Más allá del sexto está SAHASRAR, TURIYA, el loto de mil pétalos. Floreces. Sí, eso es exactamente lo que es. El hombre es un árbol: MULADHAR es la raíz y SAHASRAR es su florecimiento. La flor ha florecido, tu fragancia es liberada a los vientos. Esa es la única oración; esa es la única ofrenda a los pies de lo divino. Las flores prestadas no servirán, las flores robadas de los árboles no servirán; tienes que florecer y ofrecer tus flores.

Ahora los sutras.

El primer sutra:

POR LAS DELICIAS DEL BESO EL ILUSO ANHELA DECLARANDO QUE ES LO ÚLTIMO REAL - COMO UN HOMBRE QUE SALE DE SU CASA Y PARADO EN LA PUERTA PIDE (A UNA MUJER) INFORMES DE DELICIAS SENSUALES.

El beso es simbólico, simbólico de cualquier encuentro entre el yin y el yang, entre lo masculino y lo femenino, entre Shiva y Shakti. Ya sea que tomes de la mano a una mujer, eso es un beso: las manos se besan, o tocas sus labios con los tuyos, eso es un beso; o sus órganos genitales juntos, eso también es un beso. Así que el beso es simbólico en el Tantra de todos los encuentros de polaridades opuestas.

A veces se puede besar con sólo ver a una mujer. Si vuestras miradas se cruzan y se tocan, hay beso; el encuentro se ha producido.

POR EL PLACER DE BESAR EL ENGAÑADO ANSÍA DECLARAR QUE ES LO ULTIMAMENTE REAL - Saraha dice que los engañados - las personas que no están atentas en absoluto a lo que hacen - siguen anhelando, echando de menos, al otro: el hombre, a la mujer; la mujer, al hombre. Están continuamente anhelando encontrarse con el otro. Y el encuentro nunca se produce. Lo absurdo es esto: que anhelas y anhelas, y deseas y deseas, y nada más que la frustración llega a tus manos.

Saraha dice que este no es el encuentro real. El encuentro real en última instancia es el que ocurre en SAHASRAR. Una vez que ha sucedido, ha sucedido para siempre. Eso es real. El encuentro que ocurre fuera es irreal, momentáneo, temporal, sólo una ilusión.

Es...

COMO UN HOMBRE QUE SALE DE SU CASA Y, PARADO EN LA PUERTA, PIDE (A UNA MUJER) INFORMES SOBRE DELEITES SENSUALES.

Un bello símil. Saraha dice que sostener la mano de una mujer fuera, mientras la mujer dentro espera ser tuya y para siempre tuya, es sólo...

COMO UN HOMBRE QUE SALE DE SU CASA Y, PARADO EN LA PUERTA, PIDE (A UNA MUJER) INFORMES SOBRE DELEITES SENSUALES.

Primero: ABANDONA SU CASA... Abandonas tu casa, tu núcleo más íntimo, en busca de una mujer fuera... y la mujer está dentro. La echarás de menos allá donde vayas - puedes seguir corriendo por toda la tierra y persiguiendo a todo tipo de mujeres y hombres. Es un espejismo, es una búsqueda arco iris - nada llega a tus manos. La mujer está dentro... y tú te vas de casa.

Y luego, PARARSE A LA PUERTA... Eso también es simbólico. Siempre estás de pie en la puerta, junto a los sentidos - esas son puertas. Los ojos son puertas, las manos son puertas, los órganos genitales son puertas, los oídos son puertas - son puertas. Siempre estamos ante las puertas. Mirando a través de los ojos, escuchando a través de los oídos, tratando de tocar con las manos, un hombre permanece continuamente en las puertas y se olvida de cómo entrar en la casa. Y lo más absurdo: no sabes lo que es el amor y le preguntas a una mujer por sus delicias, por su experiencia. Crees que escuchando su experiencia te volverás dichoso. Es tomar el menú de la comida.

Saraha esta diciendo que primero salgas de ti mismo - parate en la puerta - y luego pregunta a otros que es el deleite, que es la vida, que es la alegria, que es Dios. Y Dios está esperando todo el tiempo dentro de ti. Él reside en ti... y tú estás preguntando a los demás. ¿Y crees que escuchándoles llegarás a comprender algo?

LA AGITACIÓN DE LAS FUERZAS BIÓTICAS EN LA CASA DE LA NADA HA DADO LUGAR ARTIFICIALMENTE A PLACERES DE MUCHAS MANERAS.

TALES YOGUIS DE LA AFLICCIÓN SE DESMAYAN PORQUE HAN CAÍDO DEL ESPACIO CELESTIAL, ENREDADOS EN EL VICIO.

Primero: el sexo no es lo último en placer, es sólo el principio, el alfa, el ABC del mismo; no es el omega. El sexo no es lo último real, no es la dicha suprema, sino sólo un eco de ella; SAHASRAR está muy lejos. Cuando tu centro sexual siente un poco de felicidad, es sólo un eco lejano de SAHASRAR.

Cuanto más te acerques a SAHASRAR, más felicidad...

Cuando pasas de MULADHAR a SWADHISTAN, te sientes más feliz - el primer encuentro de MULADHAR y SWADHISTAN es de gran alegría. Luego, el segundo encuentro es de una alegría aún mayor.

Luego el tercer encuentro... Usted no puede creer que más alegría puede ser posible - pero más es todavía posible porque usted todavía está lejos, no muy lejos, pero todavía lejos de SAHASRAR. SAHASRAR es simplemente increíble. La dicha es tanta que usted no es más, sólo la dicha es. La dicha es tanta que no puedes decir "soy dichoso", simplemente sabes que ERES dicha.

A la séptima eres sólo un temblor de alegría. Naturalmente. La alegría sucede en SAHASRAR, y entonces tiene que pasar seis capas - se pierde mucho; es sólo un eco. Cuidado, no confundas el eco con lo real.

Sí, incluso en el eco hay algo de lo real. Encuentra en él el hilo de la realidad. Agárrate al hilo y empieza a moverte hacia dentro.

LA AGITACIÓN DE LAS FUERZAS BIÓTICAS EN LA CASA DE LA NADA HA DADO LUGAR ARTIFICIALMENTE A PLACERES DE MUCHAS MANERAS.

Y debido a este engaño de que el sexo es lo último en placer, muchas cosas artificiales se han vuelto muy importantes. El dinero se ha vuelto muy importante, porque puedes comprar cualquier cosa por dinero - puedes comprar sexo... El poder se ha vuelto importante, porque a través del poder puedes tener tanto sexo como quieras. Un hombre pobre no puede permitírselo. Los reyes solían tener miles de esposas; incluso en este siglo XX, el Nizam de Hyderabad tenía quinientas esposas. Naturalmente, quien tiene poder puede tener tanto sexo como quiera.

Debido a este engaño de que el sexo es lo real en última instancia, han surgido miles de otros problemas:

dinero, poder, prestigio.

LA AGITACIÓN DE LAS FUERZAS BIÓTICAS EN LA CASA DE LA NADA...

Es sólo imaginación; es sólo imaginación que estás pensando que es placer. Es una auto-hipnosis, una auto-sugestión. Y una vez que te auto-sugieres, parece placer. Sólo piensa: tomar la mano de una mujer... y te sientes tan placentero. Es sólo una auto-hipnosis, es sólo una idea en la mente.

LA AGITACIÓN DE LAS FUERZAS BIÓTICAS... Debido a esta idea, tu bioenergía se agita. Se agita a veces incluso mirando una foto de PLAYBOY - no hay nadie, sólo líneas y colores - y tu energía puede agitarse. A veces, sólo una idea en la mente, y tu energía puede ser agitada.

La energía sigue a la imaginación.

LA AGITACIÓN DE LAS FUERZAS BIÓTICAS EN LA CASA DE LA NADA...

Puedes crear sueños; puedes proyectar sueños en la pantalla de la nada.

HA DADO LUGAR A PLACERES ARTIFICIALES DE MUCHAS MANERAS.

Si observas la patología del hombre te sorprenderás. La gente tiene tales ideas que no puedes creer que esto esté ocurriendo. Algún hombre no puede hacer el amor con su mujer a menos que mire pornografía primero - lo real parece ser menos real que lo irreal. Sólo se excita a través de lo irreal. ¿No has visto una y otra vez en tu propia vida que lo real parece ser menos excitante que lo irreal?

Justo ahí está sentada Rushma. Ha venido de Nairobi. El otro día preguntó: "Te anhelo tanto, Maestro, en Nairobi. Sueño contigo, fantaseo contigo, y he venido desde tan lejos.

Y ahora mi corazón no revolotea de esa manera. ¿Qué ha pasado? No ha pasado nada. Sólo que estamos más enamorados de lo imaginario que de lo real. Lo irreal se ha vuelto más real. Así que en Nairobi tienes a "tu" Maestro, esa es tu imaginación, yo no tengo nada que ver con ella, esa es tu idea. Pero cuando vienes a verme, yo estoy aquí, y de repente tus ideas imaginarias dejan de ser relevantes: Vienes con un sueño en tu mente. Mi realidad destruirá el sueño.

Recuerda cambiar tu conciencia de lo imaginario a lo real. Escucha siempre lo real.

A menos que estés muy, muy alerta, permanecerás en la trampa de lo imaginario.

Lo imaginario parece ser muy satisfactorio por muchas razones: está bajo tu control. Puedes tener la nariz de Maestro todo el tiempo que quieras - en tu imaginación. Puedes pensar lo que quieras.

Nadie puede impedirlo, nadie puede entrar en tu imaginación; eres totalmente libre. Puedes pintarme como quieras, puedes imaginarme, puedes esperar... puedes hacer de mí lo que quieras -eres libre; el ego se siente muy bien.

Por eso, cuando un Maestro ha muerto, encuentra más discípulos que cuando está vivo. Con un Maestro muerto, los discípulos están completamente tranquilos; con un Maestro vivo, tienen dificultades. Buda nunca tuvo tantos discípulos como ahora, después de veinticinco siglos. Jesús sólo tuvo doce discípulos; ahora, la mitad de la Tierra. Fíjate en el impacto del Maestro ausente: ahora Jesús está en tus manos, puedes hacer lo que quieras con él. Ya no está vivo; no puede destruir tus sueños e imaginaciones. Si los llamados cristianos hubieran visto al Jesús real, sus corazones dejarían de agitarse inmediatamente. ¿Por qué? - Porque no creerían; han imaginado cosas.

Y Jesús es un hombre de verdad. Podrías haberle encontrado en un pub, bebiendo con los amigos y cotilleando.

Ahora bien, esto no parece el 'hijo unigénito de Dios', parece muy ordinario. Tal vez es sólo el hijo del carpintero José. Pero una vez que Jesús se ha ido, entonces no puede interferir con su imaginación.

Luego puedes dibujar, pintar y crear imágenes de él a tu gusto.

Lejos es más fácil - la imaginación tiene todo el poder. Cuanto más te acerques a mí, menos y menos poder tendrá tu imaginación. Y nunca podrás verme a menos que abandones tu imaginación. Lo mismo ocurre con todos los demás placeres.

LA AGITACIÓN DE LAS FUERZAS BIÓTICAS EN LA CASA DE LA NADA HA DADO LUGAR ARTIFICIALMENTE A PLACERES DE MUCHAS MANERAS.

TALES YOGUIS DE LA AFLICCIÓN SE DESMAYAN PORQUE HAN CAÍDO DEL ESPACIO CELESTIAL, ENREDADOS EN EL VICIO.

Si imaginas demasiado, perderás tu espacio celeste. La imaginación es SAMSARA, la imaginación es tu sueño. Si sueñas demasiado, perderás el espacio celeste, perderás tu divinidad; no serás un ser consciente. La imaginación te superará, te sobrecargará; te perderás en una fantasía. Puedes desmayarte en tu fantasía y puedes pensar que esto es SAMADHI. Hay personas que se desmayan y entonces piensan que están en SAMADHI - Buda ha llamado a tales SAMADHIS "SAMADHIS equivocados". Así lo dice Saraha: Es un SAMADHI equivocado. Imaginando sobre Dios, entrando en tu imaginación, alimentando tu imaginación, nutriéndola más y más, fantaseando más y más - te desmayarás, perderás toda conciencia; tendrás hermosos sueños de tu propia creación.

Pero esto es caer del espacio celestial. Y Saraha dice que este es el único vicio: caer de tu pureza de consciencia. ¿Qué quiere decir con "espacio celestial"? El espacio sin sueños.

Soñar es el mundo; sin soñar estás en el NIRVANA COMO UN BRAHMIN, QUE CON ARROZ Y MANTEQUILLA HACE UNA OFRENDA QUEMADA EN EL FUEGO CHISPANTE CREANDO UN VASO PARA EL NÉCTAR DEL ESPACIO CELESTIAL, TOMA ESTO A TRAVÉS DEL PENSAMIENTO DESEADO COMO LO ULTIMO.

En la India, los brahmanes han estado haciendo YAGNAS. Han estado ofreciendo arroz y mantequilla al fuego, al fuego ardiente, e imaginando que esta ofrenda va a Dios. Sentado alrededor de un fuego, ayunando durante muchos días, haciendo ciertos rituales, ciertos mantras, repitiendo ciertas escrituras, puedes crear un estado de autohipnosis. Puedes engañarte a ti mismo y pensar que estás llegando a Dios.

Saraha dice: Aquellos que realmente quieren entrar en Dios, tendrán que quemar su fuego interior - el fuego exterior no servirá. Y aquellos que realmente quieren alcanzar, tendrán que quemar sus propias semillas de deseo - el arroz no servirá. Y aquellos que realmente quieren alcanzar, tendrán que quemar su ego - la mantequilla no servirá. La mantequilla es sólo la parte más esencial de la leche, la parte más purificada de la leche. También el ego es el sueño más purificado; es GHEE, mantequilla purificada. Ofrecer GHEE al fuego no va a ayudar. Tienes que quemar tu fuego interior.

Y la energía sexual moviéndose hacia arriba se convierte en fuego. Se convierte en una llama. Es fuego. Incluso cuando se mueve hacia fuera, da nacimiento a la vida; la energía sexual es la cosa más milagrosa. Es a través de la energía sexual que nace la vida. La vida es fuego: es una función del fuego. Sin fuego la vida no podría existir. Sin el sol no habría árboles, ni hombres, ni pájaros, ni animales. Es el fuego transformado el que se convierte en vida.

Al hacer el amor con una mujer, el fuego se apaga. Mientras te mueves hacia dentro, el fuego entra. Y cuando arrojas tus semillas de deseo, semillas de pensamiento, semillas de ambición, semillas de codicia a este fuego, se queman. Y luego, finalmente, arrojas tu ego - el sueño más purificado - que también se quema. Esto es verdadero YAGNA, verdadero ritual, verdadero sacrificio.

COMO UN BRAHMÁN, QUE CON ARROZ Y MANTEQUILLA HACE UNA OFRENDA QUEMADA EN EL FUEGO ARDIENTE CREANDO UN RECIPIENTE PARA EL NÉCTAR DEL ESPACIO CELESTIAL, TOMA ESTO A TRAVÉS DEL PENSAMIENTO DESEOSO COMO LO ÚLTIMO.

Y él piensa, a través de ilusiones, que esto es lo máximo. El hombre que está haciendo el amor con una mujer y piensa que esto es lo máximo, está arrojando al fuego exterior exactamente de la misma manera. Está vertiendo en algo exterior. Y lo mismo ocurre con la mujer que piensa que está haciendo el amor o moviéndose hacia un gran espacio de dicha y bendición simplemente haciendo el amor con un hombre, simplemente arrojando su fuego.

El fuego tiene que moverse hacia dentro, entonces te hace renacer, te rejuvenece.

ALGUNAS PERSONAS QUE HAN ENCENDIDO EL CALOR INTERIOR Y LO HAN ELEVADO HASTA LA FONTANELA ACARICIAN LA ÚVULA CON LA LENGUA EN UNA ESPECIE DE COITO Y CONFUNDEN LO QUE ENCADENA CON LO QUE DA LIBERACIÓN, EN ORGULLO SE LLAMARÁN YOGUIS.

Y una cosa muy importante: Igual que te he explicado el mapa, tienes que recordar que el VISUDDHA, el quinto CHAKRA, está en la garganta. El VISUDDHA, el chakra de la garganta, es el último punto desde el que puedes caer. Hasta ese punto existe la posibilidad de volver a caer. Cuando se alcanza el sexto chakra, el tercer ojo, no hay posibilidad de retroceder. Has ido más allá del punto del que se puede volver. El punto de no retorno es el tercer ojo. Si mueres en el centro del tercer ojo, nacerás en el centro del tercer ojo. Si mueres en SAHASRAR, no volverás a nacer. Pero si estás en el VISUDDHA, volverás al primero, MULADHAR. En la próxima vida tendrás que empezar de nuevo desde MULADHAR.

Así que hasta el quinto no hay certeza; hay promesa, pero no certeza. Hasta el quinto hay todas las posibilidades de retroceder. Y una de las mayores posibilidades que ha ayudado a muchas personas en la India a retroceder es, dice este sutra, porque ALGUNAS PERSONAS QUE HAN MANIPULADO EL CALOR INTERNO Y LO HAN ELEVADO HASTA EL FONTANELLE...

Puedes crear el calor interior; la llama empieza a moverse hacia arriba y llega a la garganta. Entonces surge un gran deseo de hacer cosquillas en la garganta con la lengua. Cuidado con ello. En la India han ideado grandes técnicas para hacerle cosquillas con la lengua. Incluso han cortado las raíces de la lengua para que ésta se alargue y pueda moverse fácilmente hacia atrás. La lengua puede moverse hacia atrás y hacer cosquillas en el quinto centro. Ese cosquilleo es masturbatorio porque la energía sexual ha llegado allí.

Como te dije, el quinto chakra, VISUDDHA, es masculino. Cuando la energía masculina llega a la garganta, tu garganta se convierte casi en un órgano genital - de más superioridad, de más finura, que el órgano genital. Sólo un pequeño cosquilleo con la lengua y disfrutas enormemente. Pero eso es masturbatorio, y una vez que empiezas a hacerlo... Y es un placer muy, muy grande. El sexo no es nada comparado con esto - recuérdalo - el sexo no es nada comparado con esto. Cosquillas con tu propia lengua... puedes disfrutarlo mucho. Así que en Yoga hay métodos.

Saraha está dejando claro que ningún TANTRIKA debe hacer eso. Es un engaño y un gran fracaso porque la energía ha llegado hasta el quinto, y ahora surge el deseo de hacerle cosquillas - ese es el último deseo.

Si puedes mantenerte alerta y puedes ir más allá de ese deseo, entonces llegarás al sexto centro, AJNA, de lo contrario empezarás a retroceder. Esa es la última tentación. De hecho, en el Tantra esa es la tentación que puedes decir que Jesús tuvo cuando Satanás vino y le tentó, o que Buda tuvo cuando Mara vino y le tentó. Esta es la última tentación, el último esfuerzo de tu mente de deseos, el último esfuerzo de tu mundo onírico, el último esfuerzo de tu ego antes de perderse por completo. Hace un último esfuerzo para tentarte. Y la tentación es realmente grande: es muy difícil evitarla. Es tan placentera, infinitamente más placentera que el placer sexual.

Cuando la gente piensa que el placer sexual es lo máximo, ¿qué decir de este placer? Y no pierde energía. En el sexo tienes que perder energía, te sientes frustrado, cansado, débil. Pero si haces cosquillas a tu energía sexual cuando ha llegado a la garganta, no hay pérdida de energía. Y puedes seguir haciéndote cosquillas todo el día. Eso es lo que ha conseguido Delgado con los dispositivos mecánicos.

ALGUNAS PERSONAS QUE HAN ENCENDIDO EL CALOR INTERIOR Y LO HAN ELEVADO HASTA LA FONTANELA ACARICIAN LA ÚVULA CON LA LENGUA EN UNA ESPECIE DE COITO Y CONFUNDEN LO QUE ENCADENA CON LO QUE LIBERA...

Esto es de nuevo SAMSARA... volver a caer en SAMSARA...

... Y CONFUNDEN LO QUE ENCADENA CON LO QUE DA LIBERACIÓN, EN ORGULLO SE LLAMARÁN A SÍ MISMOS YOGUIS.

Pero no lo son: han fallado. De hecho, la palabra correcta para ellos es YOGABRASHTA, 'el que ha caído del Yoga'.

El quinto centro es el más peligroso. No puedes hacerle cosquillas a ningún otro centro, ese es su peligro. No puedes hacerle cosquillas a SWADHISTAN, no puedes hacerle cosquillas a MANIPURA, no puedes hacerle cosquillas a ANAHATA.

Están más allá de ti: no hay manera de llegar a ellos y hacerles cosquillas. No puedes hacerle cosquillas al tercer ojo.

El único punto que puede ser cosquilleado es VISUDDHA, el centro de tu garganta, porque está disponible. La boca está abierta, está disponible. Y la forma más fácil es girar la lengua hacia atrás y hacerle cosquillas.

En los tratados de yoga se describe como algo grandioso. No lo es. Ten cuidado.

Este es el mapa interior de la alquimia del Tantra. La energía puede empezar a moverse en cualquier momento; sólo tienes que traer a tu hacer el amor un poco de meditación, un poco de interioridad. El Tantra no está en contra de hacer el amor, recuérdalo. Que se repita una y otra vez. Es todo para ello, pero no sólo para ello. Es el primer peldaño de la escalera, una escalera de siete peldaños.

El hombre es una escalera. El primer peldaño es el sexo y el séptimo es SAHASRAR - SAMADHI. El primer peldaño te une con SAMSARA, el mundo, y el séptimo te une con NIRVANA, el más allá.

Con el primer peldaño, te mueves en un círculo vicioso de nacimiento y muerte una y otra vez; es repetitivo.

Con el séptimo peldaño, vas más allá del nacimiento y la muerte. La vida eterna es tuya... el Reino de Dios.

La libertad es un valor superior

Pregunta 1:

EL AMOR QUE HAY EN MI DEPENDE DEL MUNDO EXTERIOR. AL MISMO TIEMPO VEO LO QUE DICES DE ESTAR COMPLETO POR DENTRO. ¿QUE LE PASA AL AMOR SI NO HAY NADA NI NADIE QUE LO RECONOZCA Y LO SABOREE?

¿QUIÉN ERES TÚ SIN DISCÍPULOS?

Lo primero: hay dos clases de amor. C.S. Lewis ha dividido el amor en estas dos clases: "amor-necesidad" y "amor-don". Abraham Maslow también divide el amor en dos tipos. Al primero lo denomina "amor carencia" y al segundo "amor ser". La distinción es significativa y hay que entenderla.

El "amor-necesidad" o el "amor-deficiencia" dependen del otro; es amor inmaduro. De hecho, no es verdadero amor, es una necesidad. Utilizas al otro, lo utilizas como un medio. Se explota, se manipula, se domina. Pero el otro es reducido, el otro es casi destruido. Y exactamente lo mismo hace el otro. Intenta manipularte, dominarte, poseerte, utilizarte. Utilizar a otro ser humano es muy poco amoroso. Así que sólo parece amor; es una moneda falsa. Pero esto es lo que le ocurre a casi el noventa y nueve por ciento de la gente, porque la primera lección de amor que aprendes es en tu infancia.

Un niño nace, depende de la madre. Su amor hacia la madre es un "amor carencial": necesita a la madre, no puede sobrevivir sin ella. Ama a la madre porque la madre es su VIDA. De hecho, no hay amor; amará a cualquier mujer, a la que le proteja, a la que le ayude a sobrevivir, a la que satisfaga sus necesidades. La madre es una especie de alimento que come. No es sólo leche lo que obtiene de la madre, también es amor, y eso también es una necesidad.

Millones de personas permanecen infantiles toda su vida; nunca crecen. Crecen en edad, pero nunca crecen en sus mentes; su psicología sigue siendo juvenil, inmadura. Siempre necesitan amor. Lo anhelan como si fuera comida.

El hombre madura en el momento en que empieza a amar en lugar de necesitar. Empieza a desbordarse, a compartir; empieza a dar. El énfasis es totalmente diferente. Con el primero, el énfasis está en cómo conseguir más. Con el segundo, el énfasis está en cómo dar, cómo dar más y cómo dar incondicionalmente. Esto es crecimiento, madurez, que viene a ti.

Una persona madura da. Sólo una persona madura puede dar, porque sólo una persona madura lo tiene. Entonces el amor no es dependiente. Entonces puedes ser amoroso tanto si el otro lo es como si no. Entonces el amor no es una relación, es un estado.

¿Qué pasará si todos los discípulos desaparecen y sólo estoy yo? ¿Crees que habrá algún cambio? ¿Qué ocurre cuando una flor florece en un bosque profundo sin nadie que la aprecie, sin nadie que conozca su fragancia, sin nadie que haga un comentario y diga "hermosa", sin nadie que saboree su belleza, su alegría, sin nadie que la comparta? ¿Muere? ¿Sufre? ¿Entra en pánico? ¿Se suicida? Sigue floreciendo, simplemente sigue floreciendo. No importa si alguien pasa o no, es irrelevante. Sigue esparciendo su fragancia a los vientos.

Sigue ofreciendo su alegría a Dios, al todo.

Si estoy solo, también seré tan amoroso como cuando estoy contigo. No eres tú quien crea mi amor. Si tú estuvieras creando mi amor, entonces, naturalmente, cuando te vayas, mi amor se habrá ido. Tú no sacas mi amor, yo lo derramo sobre ti: es "amor-regalo", es "amor-ser".

Y no estoy muy de acuerdo con C.S. Lewis y Abraham Maslow. El primer amor que ellos llaman "amor" no es amor, es una necesidad. ¿Cómo puede una necesidad ser amor? El amor es un lujo. Es abundancia. Es tener tanta vida que no sabes qué hacer con ella, así que la compartes. Es tener tantas canciones en el corazón que tienes que cantarlas; que alguien te escuche o no es irrelevante. Si nadie escucha, entonces también tendrás que cantarlas, tendrás que bailar tu danza.

El otro puede tenerlo, el otro puede perderlo, pero en lo que a ti respecta, está fluyendo, está desbordándose. Los ríos no fluyen por ti; fluyen tanto si estás allí como si no. No fluyen por tu sed, no fluyen por tus campos sedientos; simplemente están fluyendo allí. Puedes saciar tu sed, puedes faltar, eso depende de ti. El río no fluía realmente por ti, el río simplemente fluía. Es accidental que puedas obtener el agua para tu campo, es accidental que puedas obtener agua para tus necesidades.

Un Maestro es un río, el discípulo es accidental. El Maestro fluye; puedes participar, puedes disfrutar, puedes compartir su ser. Puedes sentirte abrumado por él, pero no es PARA ti. No fluye para ti en particular, simplemente fluye. Recuerda esto. Y a esto lo llamo amor maduro, amor real, amor auténtico, amor verdadero.

Cuando dependes del otro siempre hay miseria. En el momento en que dependes, empiezas a sentirte miserable, porque la dependencia es esclavitud. Entonces empiezas a vengarte de formas sutiles, porque la persona de la que tienes que depender se vuelve poderosa sobre ti. A nadie le gusta que nadie sea poderoso sobre él, a nadie le gusta ser dependiente; porque la dependencia mata la libertad, y el amor no puede florecer en la dependencia. El amor es una flor de libertad, necesita espacio, necesita espacio absoluto.

El otro no debe interferir. Es muy delicado.

Cuando eres dependiente, el otro ciertamente te dominará, y tú intentarás dominar al otro. Esa es la lucha que hay entre los llamados amantes; son enemigos íntimos - continuamente luchando. Maridos y mujeres, ¿qué hacen? Amar es muy raro; pelear es la regla, amar es una excepción. Y de todas las maneras tratan de dominar - incluso a través del amor tratan de dominar. Si el marido se lo pide a la mujer, ésta se niega, es reacia. Es muy avara:

ella da, pero muy a regañadientes; quiere que agites la cola a su alrededor. Y lo mismo ocurre con el marido. Cuando la mujer tiene necesidad y se lo pide, el marido dice que está cansado. En la oficina había demasiado trabajo, "muy agobiado", y le gustaría irse a dormir.

He leído una carta escrita por Mulla Nasruddin a su esposa. Escúchala.

A mi querida y siempre amada esposa, Durante el último año he intentado hacerte el amor 365 veces, una media de una vez al día, y la siguiente es una lista de las razones que me diste para rechazarme:

Semana equivocada 11 Despertará a los niños 7 Hace demasiado calor 15 Hace demasiado frío 3 Demasiado cansado 19 Demasiado tarde 16

Demasiado pronto 9 Fingir que duermo 33 La ventana está abierta, los vecinos podrían oír 3 Dolor de espalda 16 Dolor de muelas 2 Dolor de cabeza 6 No estoy de humor 31 Bebé inquieto, podría llorar 18 He visto un programa tarde 15 Manchas de barro 8 Grasa en la cara 4 Demasiado borracho 7 Olvidé ir a la farmacia 10 Visitantes durmiendo en la habitación de al lado 7 Me acabo de arreglar el pelo 28 '¿Es eso en todo lo que piensas?62 Querida, ¿crees que podemos mejorar nuestros resultados el año que viene?

Tu siempre amado esposo, Mulla Nasruddin.

Son formas de cómo manipular, de cómo matar de hambre, al otro, de cómo hacerle cada vez más hambriento para que sea cada vez más dependiente.

Naturalmente, las mujeres son más diplomáticas al respecto que los hombres, porque el hombre ya es poderoso. No necesita encontrar formas sutiles y astutas de ser poderoso, es poderoso. Gestiona el dinero: ése es su poder. Muscularmente, es más fuerte. A lo largo de los siglos ha condicionado la mente de la mujer a que él es más poderoso y ella no lo es. En todos los sentidos, siempre ha intentado encontrar a una mujer que sea, en todos los sentidos, inferior a él. Un hombre no quiere casarse con una mujer que tenga más educación que él, porque entonces el poder está en juego. No quiere casarse con una mujer que sea más alta que él, porque una mujer más alta parece superior. No quiere casarse con una mujer que sea demasiado intelectual, porque entonces discute, y la discusión puede destruir el poder. Un hombre no quiere una mujer que sea muy famosa, porque entonces él pasa a un segundo plano. Y a lo largo de los siglos el hombre ha pedido una mujer que sea más joven que él. ¿Por qué la mujer no puede ser mayor que tú? ¿Qué tiene de malo? Pero una mujer mayor tiene más experiencia: eso destruye el poder.

Así que el hombre siempre ha pedido una mujer menor, en todos los sentidos, y por eso las mujeres han perdido su estatura. No hay ninguna razón para que sean de menor estatura que los hombres, ninguna razón en absoluto; han perdido su estatura porque siempre se ha elegido sólo a la mujer más pequeña. La cosa ha calado tan hondo en sus mentes que han perdido su estatura. Han perdido su inteligencia, porque una mujer inteligente no era necesaria; una mujer inteligente era un bicho raro. Te sorprenderá saber que justo en este siglo su estatura está aumentando de nuevo. Y te sorprenderá...

incluso sus huesos se están haciendo más grandes, y su esqueleto se está haciendo más grande. Sólo en cincuenta años... particularmente en América. Y su mente también está creciendo y haciéndose más grande de lo que solía ser: su cráneo se está haciendo más grande.

Con la idea de libertad, se han destruido algunos condicionamientos profundos. El hombre ya tiene poder, así que no necesita ser muy listo, no necesita ser muy indirecto. Las mujeres no tienen poder. Cuando no tienes poder, tienes que ser más diplomático, eso es un sustituto. La única forma en que pueden sentirse poderosas es que se las necesite, que el hombre las necesite continuamente.

Esto no es amor, es una ganga. Y están continuamente regateando el precio; es una lucha continua. C.S. Lewis y Abraham Maslow dividen el amor en dos. Yo no lo divido en dos. Yo digo que el primer tipo de amor es sólo un nombre, una pseudo moneda; no es verdadero. Sólo el segundo tipo de amor es amor.

Sólo se ama cuando se es maduro. Sólo eres capaz de amar cuando eres adulto. Cuando sabes que el amor no es una necesidad sino un desbordamiento: ser-amor o regalo-amor, entonces das sin condiciones.

El primer tipo, el llamado amor, deriva de la profunda necesidad de una persona por otra, mientras que el "amor-don" o "amor-ser" fluye o se desborda de una persona madura a otra por abundancia; uno está inundado de él. Lo tienes y empieza a moverse a tu alrededor, igual que cuando enciendes una lámpara, los rayos empiezan a extenderse en la oscuridad. El amor es un subproducto del ser. Cuando ERES, tienes el aura del amor a tu alrededor. Cuando no eres, no tienes esa aura a tu alrededor. Y cuando no tienes esa aura a tu alrededor, le pides al otro que te dé amor. Que se repita: Cuando no tienes amor, le pides al otro que te lo dé; eres un mendigo. Y el otro te pide que se lo des a él o a ella. Ahora, dos mendigos extienden sus manos el uno ante el otro, y ambos esperan que el otro lo tenga... Naturalmente, ambos se sienten finalmente derrotados, y ambos se sienten engañados.

Puedes preguntar a cualquier marido y a cualquier mujer, puedes preguntar a cualquier amante: ambos se sienten engañados; era tu proyección la que tenía el otro. Si tienes una proyección equivocada, ¿qué puede hacer el otro al respecto? Tu proyección se ha roto; el otro no probó según tu proyección, eso es todo. Pero el otro no tiene ninguna obligación de demostrar su ser según tus expectativas.

Y has engañado al otro... ése es el sentimiento del otro, porque el otro esperaba que el amor fluyera de ti. Ambos esperaban que el amor fluyera del otro, y ambos estaban vacíos. ¿Cómo puede surgir el amor? Como mucho, podéis ser desgraciados juntos. Antes, solíais ser desgraciados solos, separados, ahora podéis ser desgraciados juntos. Y recuerda, siempre que dos personas son desgraciadas juntas, no es una simple suma, es una multiplicación.

Solo te sentías frustrado, ahora juntos os sentís frustrados. Lo bueno es que ahora puedes echarle la responsabilidad al otro: el otro te está haciendo sentir desgraciado, eso es lo bueno. Puedes sentirte tranquilo. No me pasa nada... el otro... ¿Qué hacer con una mujer así, desagradable y gruñona? Hay que ser desgraciado. ¿Qué hacer con un marido así? - feo, avaro. Ahora puedes echar la responsabilidad al otro; has encontrado un chivo expiatorio. Pero la miseria permanece, se multiplica.

Esta es la paradoja: los que se enamoran no tienen amor, por eso se enamoran. Y como no tienen amor, no pueden dar. Y una cosa más: una persona inmadura siempre se enamora de otra persona inmadura, porque sólo ellos pueden entender el lenguaje del otro. Una persona madura ama a una persona madura. Una persona inmadura ama a una persona inmadura.

Puedes seguir cambiando a tu marido o a tu mujer mil y una veces, y volverás a encontrar el mismo tipo de mujer y la misma miseria repetida en diferentes formas - pero la misma miseria repetida; es casi la misma. Puedes cambiar a tu mujer, pero tú no cambias. Ahora, ¿quién va a elegir a la otra mujer? Tú elegirás. La elección saldrá de nuevo de tu inmadurez.

Volverá a elegir un tipo de mujer similar.

El problema básico del amor es primero llegar a ser maduro, entonces encontrarás una pareja madura; entonces la gente inmadura no te atraerá en absoluto. Es exactamente así. Si tienes veinticinco años, no te enamoras de un bebé de dos años, no te enamoras. Exactamente así. Cuando eres una persona madura psicológicamente, espiritualmente, no te enamoras de un bebé. No sucede, NO PUEDE suceder. Puedes ver que no va a tener sentido.

De hecho, una persona madura no se enamora, se enamora. La palabra "caer" no es correcta. Sólo las personas inmaduras caen; tropiezan y se caen en el amor. De alguna manera se las arreglaban y se mantenían en pie. No pueden arreglárselas y no pueden mantenerse en pie: encuentran a una mujer y se van, encuentran a un hombre y se van. Siempre estaban listos para caer al suelo y arrastrarse. No tienen la espina dorsal, la columna vertebral; no tienen esa integridad para mantenerse solos.

Una persona madura tiene la integridad de estar sola. Y cuando una persona madura da amor, lo hace sin ataduras: simplemente da. Y cuando una persona madura da amor, se siente agradecida de que hayas aceptado su amor, no al revés. No espera que se lo agradezcas, no, en absoluto, ni siquiera necesita que se lo agradezcas. Te da las gracias por aceptar su amor. Y cuando dos personas maduras están enamoradas, se produce una de las mayores paradojas de la vida, uno de los fenómenos más bellos: están juntas y, sin embargo, tremendamente solas; están juntas tanto que casi son una. Pero su unidad no destruye su individualidad, sino que la realza: se vuelven más individuales. Dos personas maduras enamoradas se ayudan mutuamente a ser más libres.

No hay política de por medio, ni diplomacia, ni esfuerzo por dominar. ¿Cómo puedes dominar a la persona que amas?

Piénsalo. La dominación es una especie de odio, ira, enemistad. ¿Cómo puedes pensar en dominar a una persona que amas? Te encantaría ver a esa persona totalmente libre, independiente; le darías más individualidad. Por eso lo llamo la mayor paradoja: están tan juntos que son casi uno, pero en esa unidad siguen siendo individuos. Sus individualidades no se han borrado, sino que se han potenciado. El otro les ha enriquecido en lo que respecta a su libertad.

Las personas inmaduras que se enamoran destruyen la libertad del otro, crean una esclavitud, hacen una prisión.

Las personas maduras en el amor se ayudan mutuamente a ser libres; se ayudan mutuamente a destruir todo tipo de ataduras. Y cuando el amor fluye con libertad hay belleza. Cuando el amor fluye con dependencia hay fealdad.

Recuerda, la libertad es un valor más elevado que el amor. Por eso en la India, lo último que llamamos MOKSHA; MOKSHA significa libertad. La libertad es un valor superior al amor. Así que si el amor está destruyendo la libertad, no tiene valor. El amor puede ser abandonado; la libertad tiene que ser salvada: la libertad es un valor superior. Y sin libertad nunca podrás ser feliz, eso no es posible. La libertad es el deseo intrínseco de cada hombre, de cada mujer: libertad total, libertad absoluta. Así que cualquier cosa que se convierta en destructiva para la libertad, uno empieza a odiarla.

¿No odias al hombre que amas? ¿No odias a la mujer que amas? Odias. Es un mal necesario; tienes que tolerarlo. Como no puedes estar solo, tienes que arreglártelas para estar con alguien, y tienes que adaptarte a las exigencias del otro. Tienes que tolerarlas, tienes que soportarlas.

El amor, para ser realmente amor, tiene que ser "ser-amor", "regalo-amor". Ser-amor" significa un estado de amor. Cuando has llegado a casa, cuando sabes quién eres, surge el amor en tu ser. Entonces la fragancia se extiende y puedes dársela a los demás. ¿Cómo puedes dar algo que no tienes? Para darlo, el primer requisito básico es tenerlo.

Usted pregunta: EL AMOR EN MÍ DEPENDE DEL MUNDO EXTERIOR... Entonces no es amor; o si quieres jugar con las palabras como C.S. Lewis y A.H. Maslow, entonces llámalo "amor-necesidad", "amor-deficiencia". Es como llamar a una enfermedad 'enfermedad-sana' - no tiene sentido, es una contradicción en los términos.

Deficiencia de amor" es una contradicción en los términos. Pero si estás demasiado apegado a la palabra "amor" no pasa nada, puedes llamarlo "amor carencial" o "amor necesario".

AL MISMO TIEMPO VEO LO QUE DICES DE ESTAR COMPLETO POR DENTRO... No, aún no puedes verlo. Me oyes, lo comprendes intelectualmente, pero aún no puedes verlo. De hecho, yo hablo un idioma y tú entiendes otro distinto. Estoy gritando desde un plano y tú estás escuchando en un plano diferente. Sí, estoy usando las mismas palabras que tú usas, pero no soy como tú, así que ¿cómo puedo dar a esas palabras el mismo significado que tú les das?

Intelectualmente puedes comprender y eso será un malentendido: toda comprensión intelectual es un malentendido.

Permítanme contarles algunas anécdotas.

Un francés, que estaba de visita en Irlanda, entró en un compartimento de un tren, y en el vagón había dos irlandeses que eran viajeros comerciales. Uno de ellos le dijo al otro: "¿Y dónde has estado últimamente?".

Y yo acabo de estar en Kilmary y ahora me voy a Kilpatrick. ¿Y tú?

A lo que el primero respondió: "He estado en Kilkenny y Kilmichael y ahora voy a Kilmore".

El francés escuchó asombrado. "¡Sinvergüenzas asesinos!", pensó, y se apeó en la siguiente estación.

Ahora escucha: Kil-mary, Kil-patrick, Kil-kenny, Kil-michael y Kil-more, Kill more... el francés debe haberse asustado. "¡Sinvergüenzas asesinos!

Algo exactamente así sigue ocurriendo continuamente. Si yo digo algo, tú entiendes otra cosa. Pero es natural, no lo estoy condenando, simplemente te estoy haciendo consciente de ello.

Había tres niños, uno llamado Trouble, otro Manners y otro Mindyourownbusiness. El padre era filósofo, así que les había puesto nombres muy significativos.

Ahora, es muy peligroso dar a la gente nombres significativos...

Los problemas se perdieron, así que Manners y Mindyourownbusiness fueron a la comisaría.

Mindyourownbusiness dijo a Manners "Ahora espera aquí fuera" y entró.

Dentro le dijo al policía del mostrador: "Mi amigo se ha perdido".

El policía me dijo: "¿Cómo te llamas?".

"Ocúpate de tus asuntos".

¿Dónde están tus modales?", dijo el policía.

'Afuera en la puerta.'

"¿Estás buscando problemas?

Sí, ¿lo has visto?

Esto continúa continuamente. Yo digo que hasta que no seas total en tu interior, el amor no fluirá. Por supuesto que entiendes las palabras, pero les das tu propio significado. Cuando digo "a menos que seas total dentro de ti mismo", no estoy proponiendo una teoría, no estoy filosofando en absoluto; simplemente estoy indicando un hecho de la vida. Estoy diciendo: ¿Cómo puedes dar si no tienes? ¿Y cómo puedes desbordarte si estás vacío? Y el amor es un desbordamiento: cuando tienes más de lo que necesitas, sólo entonces puedes dar, de ahí que sea un "regalo-amor".

¿Cómo puedes hacer regalos si no tienes? Esto lo oyes y lo entiendes, pero entonces surge el problema porque la comprensión es intelectual. Si ha penetrado en tu ser, si has visto la facticidad de ello, entonces la pregunta no surgirá. Entonces olvidarás todas tus relaciones de dependencia y empezarás a trabajar en tu propio ser: limpiando, limpiando, haciendo que tu núcleo interno esté más alerta, más consciente; empezarás a trabajar de esa manera. Y cuanto más empieces a sentir que estás llegando a una cierta totalidad, más te darás cuenta de que el amor crece a la par, es un subproducto.

EL AMOR ES UNA FUNCIÓN DE SER TOTAL.

Entonces la pregunta no estará ahí. Pero la pregunta está ahí, así que no has visto el hecho. Lo has escuchado como una teoria y lo has entendido, has entendido su logica. Entender la lógica no es suficiente, tendrás que probarla.

EL AMOR EN MI DEPENDE DEL MUNDO EXTERIOR. AL MISMO TIEMPO, VEO LO QUE DICES DE ESTAR COMPLETO EN EL INTERIOR. ¿QUÉ LE PASA AL AMOR SI NO HAY NADA NI NADIE QUE LO RECONOZCA Y LO SABOREE?

No necesita ser reconocido: no necesita reconocimiento, no necesita certificados, no necesita que nadie lo pruebe. El reconocimiento del otro es accidental, no es esencial para el amor; el amor seguirá fluyendo. Nadie lo saborea, nadie lo reconoce, nadie se siente feliz, encantado, por ello - el amor seguirá fluyendo, porque en el mismo fluir te sientes tremendamente dichoso, te sientes tremendamente regocijado. En el mismo fluir... cuando tu energía está fluyendo...

Estás sentado en una habitación vacía y la energía fluye y llena la habitación vacía con tu amor; no hay nadie allí -las paredes no dirán "gracias"-, nadie que lo reconozca, nadie que lo saboree. Pero eso no importa en absoluto. Tu energía liberándose, fluyendo... te sentirás feliz. La flor es feliz cuando la fragancia se libera a los vientos; que los vientos lo sepan o no no es lo importante.

Y tú preguntas: ¿QUIÉN ERES TÚ SIN TUS DISCÍPULOS?

Yo soy. Yo soy. Si hay discípulos o no, eso es irrelevante; no dependo de ti. Y todo mi esfuerzo aquí es que tú también puedas independizarte de mí.

Estoy aquí para daros libertad. No quiero imponeros nada, no quiero paralizaros de ninguna manera; quiero que seáis vosotros mismos. Y el día en que seáis independientes de mí, podréis amarme de verdad, no antes.

Te quiero. No puedo evitarlo. No se trata de si puedo amarte o no, simplemente te amo. Si no estás aquí, este Auditorio Chuang Tzu estará lleno de mi amor; no habrá ninguna diferencia.

Estos árboles seguirán recibiendo mi amor, estos pájaros seguirán recibiéndolo. E incluso si todos los árboles y todos los pájaros desaparecieran, no habría ninguna diferencia: el amor seguiría fluyendo. El amor es, así que el amor fluye.

El amor es una energía dinámica, no puede estancarse. Si alguien participa, bien. Si nadie participa, también está bien.

Lo que Dios dijo a Moisés - ¿lo recuerdas? Cuando Moisés se encontró con Dios, por supuesto Dios le dio algunos mensajes para que los transmitiera a su pueblo. Y Moisés era un verdadero judío, preguntó "¡Señor, pero por favor dime tu nombre! Preguntarán: "¿Quién te ha dado estos mensajes?". Preguntarán el nombre de Dios, así que ¿cuál es tu nombre?'.

Y Dios dijo 'Yo soy el que soy'. Ve a tu pueblo y dile que YO SOY EL QUE YO SOY lo dice. Es un mensaje de YO SOY EL QUE YO SOY'.

Parece muy absurdo, pero tiene un significado tremendo: Yo soy el que soy. Dios no tiene nombre, ni definición, sólo ser.

Pregunta 2:

NO VOY A NINGUNA PARTE. ¿POR QUÉ ES NECESARIO UN MAPA? ¿NO BASTA CON ESTAR AQUÍ Y AHORA?

Sí, no hay meta ni lugar adonde ir. Y el mapa no es necesario si me has entendido. Pero no me has entendido, y el mapa es necesario. Y la necesidad del mapa no es porque haya una meta, no es para ir a alguna parte para lo que se necesita el mapa; el mapa es necesario porque has ido a alguna parte y tienes que volver al aquí-ahora. No es necesario para ir a alguna parte, pero has soñado que ibas a alguna parte; el mapa es necesario para volver a casa. Te has extraviado; te has movido en tu imaginación, en tu deseo, en tu ambición; no te miras a ti mismo; tu ser está a tu espalda y te estás alejando a toda prisa. El mapa es necesario para mirar atrás, para encontrarte con tu ser, para encontrarte contigo mismo.

Pero si me entiendes -que aquí y ahora es todo lo que es- puedes quemar el mapa, puedes tirar el mapa; entonces el mapa no es necesario para ti. Para quien ha llegado a casa, el mapa no es necesario.

Pero no quemes el mapa hasta que hayas llegado a casa.

Hay un famoso cuadro de un monje zen quemando escrituras budistas. Alguien le pregunta: "Maestro, ¿qué está haciendo? Usted siempre ha enseñado estas escrituras y siempre ha comentado y reflexionado sobre ellas, ¿por qué las quema?".

Y el Maestro se ríe y dice 'Porque he vuelto a casa, así que el mapa no es necesario'.

Pero no debes quemarlos hasta que vuelvas a casa. Llevas un mapa: tiene sentido mientras estás fuera. Cuando llegas, lo tiras. Si lo tiras antes de llegar, estarás en peligro.

Sí, aquí y ahora es más que suficiente -no suficiente, más que suficiente-, es todo lo que hay.

Pero ahora no estás aquí, así que todos estos mapas son necesarios para llevarte a casa. En realidad no has ido a ninguna parte, pero sueñas que has ido a alguna parte. Estos mapas también son mapas de sueños. Recuerda, estos mapas son mapas de sueños; estos mapas son tan falsos como tu SAMSARA, como tu mundo.

La última escritura no tiene ninguna palabra. Los sufíes tienen un libro, EL LIBRO DE LOS LIBROS. Está simplemente vacío: no hay ni una sola palabra escrita en él. A lo largo de los siglos ha pasado de un Maestro a otro, del Maestro al discípulo, y ha sido guardado con tremendo respeto. Eso es lo ultimo en escrituras. Los Vedas no son tan hermosos, la Biblia no es tan hermosa porque algo está escrito allí. EL LIBRO DE LOS LIBROS es realmente de un valor tremendo, pero ¿serás capaz de leerlo? Cuando los sufíes quisieron publicarlo por primera vez en Occidente, ningún editor estuvo dispuesto a hacerlo. No hay nada que publicar", decían. Será un libro vacío. ¿Para qué publicarlo?

La mente occidental puede entender la palabra: la tinta negra extendida sobre la página blanca; no puede ver la página blanca directamente. La página blanca no existe para la mente occidental, sólo la tinta negra. Las nubes existen para la mente occidental, no el cielo: la mente existe para la mente occidental, no la conciencia.

El contenido existe, pero se han olvidado por completo del contenedor.

Los pensamientos son como tinta negra sobre papel blanco; los pensamientos son sólo el mensaje escrito. Cuando los pensamientos desaparezcan, te convertirás en EL LIBRO DE LOS LIBROS - vacío. Pero esa es la voz de Dios.

Tú dirás: NO VOY A NINGUNA PARTE. ¿POR QUÉ HACE FALTA UN MAPA? ¿NO BASTA CON ESTAR AQUÍ Y AHORA?

Por el mero hecho de formular la pregunta, seguirá necesitando el mapa: una pregunta es una pregunta para el mapa.

Si me has entendido, no queda ninguna pregunta. Entonces, ¿qué hay que preguntar? Aquí y ahora es suficiente. ¿Qué hay que preguntar? ¿Qué puedes preguntar sobre el aquí y el ahora? Todo preguntar es preguntar sobre los objetivos de algún otro lugar, entonces y allí.

Pregunta 3:

YA LLEVO VEINTE AÑOS CASADO Y ESA SENSACIÓN DE "¿POR QUÉ NO PUEDE ENTENDERLO? Y ENTONCES NO LA HE VISTO EN MI VIDA, Y ENTONCES ESTOY EN MEDIO DE UNA LUNA DE MIEL, Y ENTONCES... ¡MI MENTE SE VUELVE LOCA!

La mente siempre se vuelve loca, así es la mente.

La mente es un flujo: cambia continuamente. No es la misma en dos momentos consecutivos, cada momento es diferente. Sí, en un momento sientes que no has visto a tu mujer en toda tu vida, que aún no la conoces aunque lleves veinte años viviendo con ella. En otro momento te ves justo en plena luna de miel, has visto su belleza, su gracia, su alegría, su núcleo más íntimo; y luego se ha ido. Y la escena sigue cambiando.

La mente es muy resbaladiza: sigue resbalando, no puede quedarse en ningún sitio, no tiene capacidad para mantenerse; es un flujo. Con la mente todo es así. En un momento eres feliz, en otro eres infeliz. En un momento estás tan alegre, en otro tan triste. Y así sucesivamente.

La rueda de la mente sigue moviéndose: en un momento un radio está arriba, en otro momento otro radio ha llegado arriba, y así sigue. Por eso en Oriente la llamamos SAMSARA, la rueda. El mundo es una rueda: sigue moviéndose, la misma rueda, una y otra vez. Y no es estable ni un solo momento.

Es como una película. Si la película se detiene un momento, podrás ver la pantalla. Pero la película sigue moviéndose, y se mueve tan rápido y tú estás tan absorto en ella, tan ocupado con ella, que no puedes ver la pantalla. Y la pantalla es la realidad. Las imágenes proyectadas en ella son sólo sueños. La mente sigue proyectando...

He oído...

Un millonario entró en una oficina de Correos y vio a una pareja de ancianos de pie ante el mostrador cobrando su pensión de vejez. Estaba de buen humor. Sintió mucha pena por la pareja de ancianos y pensó que debían tener una semana de vacaciones para conocer las bellezas y las alegrías de la vida. Estaba de buen humor. Se acercó a ellos y les dijo: "¿Les gustaría pasar una semana en mi residencia? Os lo pasaréis muy bien".

Bueno, la pareja de ancianos accedió y entonces el millonario se los llevó a su casa en su Rolls y, tal como había prometido, se encargó de que pasaran unas vacaciones realmente buenas, con excelente comida, televisión en color y muchos lujos que nunca soñaron que llegarían a tener. Al final de la semana entró en la biblioteca, donde el viejo muchacho disfrutaba de un momento de tranquilidad con una copa de vino y fumando un puro.

Bueno", dijo, "¿te lo has pasado bien?".

Claro que sí", respondió el anciano. Pero, ¿puedo hacerte una pregunta?

Por supuesto", respondió el millonario.

'Entonces' dijo el otro '¿quién es la vieja con la que me he estado acostando toda la semana?'

Esta será la situación de las personas que han vivido con su mujer, con su marido, toda su vida. ¿Quién es la mujer con la que te acuestas desde hace veinte años? Hay momentos en los que sientes que lo sabes. Hay momentos en los que de repente hay una Muralla China, opaca, oscura: no puedes ver nada. No sabes quién es este extraño.

Todo nuestro conocimiento es tan superficial. Seguimos siendo extraños. Puedes acostarte con una mujer durante veinte años, eso no cambia mucho las cosas, seguís siendo extraños. Y la razón es que ni siquiera te conoces a ti mismo, ¿cómo puedes conocer al otro? Es imposible, estás esperando lo imposible.

Ni siquiera te conoces a ti mismo. No conoces al hombre que eres, y has estado aquí en la existencia por la eternidad - has estado aquí por millones de vidas, ¡y todavía no sabes quién eres! Entonces, ¿qué decir de veinte años?

¿Y cómo puedes conocer a la otra mujer que está lejos de ti? No puedes entrar en sus sueños, no puedes entrar en sus pensamientos, no puedes entrar en sus deseos, ¿cómo puedes conocer su ser? Ni siquiera los sueños puedes conocer. Puedes estar durmiendo con la misma mujer durante veinte años en la misma cama, pero ella sueña sus sueños, tú sueñas los tuyos; vuestras subjetividades siguen siendo mundos aparte.

Incluso cuando haces el amor con una mujer y la sostienes en tus manos, ¿sostienes realmente a la mujer que está allí, o sostienes sólo una imagen, una proyección, una "sombra"? ¿Sostienes realmente a la mujer real en tus manos, o sólo una imagen mental, un fantasma? ¿Amas a esa mujer que está ahí, o tienes ciertas ideas que amas y encuentras esas ideas reflejadas en esa mujer?

Cuando hay dos personas en una cama, tengo la sensación de que siempre hay cuatro personas: dos fantasmas que yacen justo en medio de las dos: la proyección de la mujer sobre el marido y la proyección del marido sobre la mujer.

No es casual que el marido siga intentando cambiar a la mujer según algún ideal, y que la mujer siga cambiando -intentando, al menos, cambiar-al marido según algún ideal. Esos son los dos fantasmas. No puedes aceptar a la mujer tal como es, ¿verdad? Tiene muchas mejoras que hacer, muchos cambios. Y si fuera realmente posible... Si un día Dios viniera al mundo y dijera 'De acuerdo. Ahora todas las esposas pueden cambiar a sus maridos como quieran' o 'Todos los maridos pueden cambiar a sus esposas como quieran' ¿qué pasaría, sabes? El mundo se volvería loco. Si se permitiera a las mujeres cambiar a sus maridos, no quedaría ni un solo hombre que pudieras reconocer: todos los viejos habrían desaparecido. Si se permitiera a los maridos cambiar a sus esposas, no quedaría ni una sola mujer tal como era.

¿Y crees que serías feliz? No lo serías, porque entonces la mujer que cambiaste e hiciste según tus ideas no te atraería; no tendría un misterio en ella.

Mira los absurdos de la mente, las exigencias de la mente: exigencias suicidas. Si eres capaz de cambiar a tu marido y realmente llegas a ser lo suficientemente poderosa como para cambiarlo totalmente, ¿amarás a ese hombre? No será más que una "cosa" creada por ti. No tendrá ningún misterio, no tendrá ningún alma, no tendrá ninguna integridad propia, y no tendrá nada que explorar por ti. Perderás el interés, te aburrirás con él; será simplemente "casero". ¿Qué interés?

El interés sólo surge porque hay algo desconocido que explorar, un misterio, una invocación que te reta a adentrarte en lo desconocido.

Lo primero: no te has conocido a ti mismo, ¿cómo vas a conocer a tu mujer? No es posible. Empieza por conocerte a ti mismo. Y esto es lo bonito: el día que te conozcas a ti mismo, lo conocerás todo. No sólo a tu mujer, conocerás toda la existencia; no sólo al hombre, sino también a los árboles, los pájaros, los animales, las rocas, los ríos y las montañas. Lo conocerás todo porque tú lo contienes todo; eres un universo en miniatura.

Y otra belleza, otra experiencia increíble es que en el momento en que te conoces a ti mismo, el misterio no se acaba. De hecho, por primera vez, el misterio se vuelve tremendo. Sabes, y sin embargo sabes que queda mucho por saber. Sabes, y sin embargo sabes que este conocimiento no es nada. Sabes, y sin embargo el límite está LEJOS - sólo entras en el océano del conocimiento, nunca llegas a la otra orilla. En ese momento toda la existencia es misteriosa: tu mujer, tu hijo, tu amigo. Y ese conocimiento no es destructivo de la magia, de la poesia de la vida - ese conocimiento realza la poesia, la magia, el milagro, el misterio.

LLEVO VEINTE AÑOS CASADO Y ESA SENSACIÓN DE "¿POR QUÉ NO LO ENTIENDE? ESTÁ AHÍ.

¿Te entiendes a ti mismo? ¿No has hecho cosas de las que luego te arrepientes? Y dices 'lo he hecho a pesar mío'. ¿Te comprendes a ti mismo? ¿Haces las cosas con comprensión? Cuando alguien te pega y te enfadas, ¿te enfadas con comprensión? ¿O sólo porque te ha tocado la fibra sensible?

Tu conocimiento sobre ti mismo es muy superficial. Es como un conductor: un conductor que conduce un coche. Sí, sabe algunas cosas: manejar el volante, manejar el acelerador, manejar el embrague, manejar la caja de cambios, manejar el freno, eso es todo. ¿Crees que lo sabe todo sobre el coche? Lo que se esconde bajo el capó no lo sabe en absoluto, y ese es el "coche real"; ahí es donde está la acción, ahí es donde ocurre lo real. Y lo que está pulsando y tirando no son más que botones. Tarde o temprano estas cosas van a desaparecer de los coches. Deberían desaparecer, son muy primitivos. Este volante, este acelerador, este freno, deberían desaparecer. No son necesarios, un ordenador puede hacer todo eso. Y entonces incluso un niño pequeño puede conducir el coche - no hay necesidad de una licencia realmente.

Pero, ¿comprendes lo que ocurre dentro? Cuando aprietas un botón y se enciende la luz eléctrica, ¿comprendes la electricidad? Simplemente sabes apretar el botón, eso es todo lo que sabes.

He oído una historia:

Cuando la electricidad llegó por primera vez a Viena, un amigo de Sigmund Freud fue a visitarle. Nunca había visto la electricidad. Por la noche Freud le dejó en su habitación para que descansara. Estaba muy preocupado porque nunca había visto la electricidad. Lo intentó con todas sus fuerzas. Se puso de pie sobre la cama, intentó apagar la luz, pero no encontró la manera de hacerlo. Y tenía miedo de volver y preguntarle a Freud, porque eso sería demasiado tonto. ¿Qué pensará esta gente: que ni siquiera puedes apagar una luz? ¿No sabes ni siquiera eso? Parecería demasiado ignorante... Y él era de un pueblo pequeño, así que se reirían, y eso no sería bueno. Así que cubrió la lámpara con una toalla y se fue a dormir. No podía dormir bien; una y otra vez pensaba en ello: 'Tiene que haber alguna manera'.

Se levantó; una y otra vez lo intentó. Y allí estaba la luz y era difícil dormir. Y más que la luz era este punzante, un continuo punzante pensamiento 'No sé ni siquiera una cosa tan pequeña...'.

Por la mañana, cuando Freud le preguntó: "¿Has dormido bien? Respondió: "Todo ha ido bien. Sólo tengo que preguntarte una cosa: cómo apagar esta luz".

Y Freud dijo 'Parece que no sabes nada de electricidad. Ven aquí. Justo en la pared está el interruptor.

Pulsas el interruptor y la luz se apaga".

Entonces el aldeano dijo '¡Qué sencillo! Ahora sé lo que es la electricidad'.

¿Pero sabes lo que es la electricidad? ¿Sabes lo que es la ira? ¿Sabes lo que es el amor? ¿Sabes lo que es la felicidad, la alegría? ¿Sabes lo que es la tristeza?

No se conoce nada. No te conoces a ti mismo. No conoces tu mente. No conoces tu ser interior. No sabes cómo sucede toda esta vida. ¿De dónde viene? ¿De dónde viene la ira? ¿De dónde viene la alegría? ¿De dónde...? En un momento te sientes tan feliz y al siguiente estás a punto de suicidarte.

POR FAVOR, ¿POR QUÉ NO PUEDE ENTENDER ESE SENTIMIENTO? Sobre su esposa es natural. ¿Cómo puedes entenderla? Ni siquiera has comprendido tu mente. El día que comprendas tu mente y tu ser, habrás comprendido todas las mentes y todos los seres, porque la ley fundamental es la misma. Si puedes comprender una sola gota de agua de mar, habrás comprendido todos los mares -pasados, presentes, futuros- de esta tierra, de otros planetas. Porque una vez que has comprendido que es H20, has comprendido el agua. Dondequiera que haya agua, habrá H20. Una vez que hayas comprendido tu ira, habrás comprendido todas las iras de todos los seres humanos pasados, presentes y futuros. Si has comprendido tu sexualidad, has comprendido todo el sexo.

Por favor, no intentes comprender al otro, ése no es el camino. Intenta comprenderte a ti mismo, ése es el camino. Eres un universo en miniatura. En ti está todo el mapa de la existencia.

Pregunta 4:

QUIERO A MI MARIDO PERO ODIO EL SEXO, Y ESO CREA CONFLICTO. ¿NO ES EL SEXO ALGO ANIMAL?

Lo es. Pero el hombre es un animal, tan animal como cualquier otro animal. Pero cuando digo que el hombre es un animal, no quiero decir que el hombre acabe con la animalidad; puede ser más que el animal, puede ser menos también. Esa es la gloria del hombre, la libertad y el peligro, la agonía y el éxtasis. Un hombre puede ser mucho más bajo que los animales, y un hombre puede ser mucho más alto que los dioses. El hombre tiene una potencialidad infinita.

Un perro es un perro: sigue siendo un perro. Nace perro y morirá perro. Un hombre puede convertirse en Buda y también en Adolf Hitler. Así que el hombre está muy abierto por ambos lados: puede retroceder.

¿Puedes encontrar algún animal más peligroso que el hombre, más loco que el hombre? Piensa en una escena:

cincuenta mil monos sentados en un estadio matando a niños pequeños, arrojándolos al fuego. ¿Qué pensarás de ellos? Miles de niños son arrojados al fuego... Un gran fuego está ardiendo justo en medio del estadio, y cincuenta mil monos disfrutando con alegría, bailando, y los niños están siendo arrojados - sus propios hijos. ¿Qué pensarás de estos monos? ¿No pensarás que los monos se han vuelto locos? Pero esto ha sucedido en la humanidad. En Cartago sucedió:

cincuenta mil hombres quemando niños. Quemaron a trescientos niños a la vez como ofrenda a su dios. ¡Sus propios hijos!

Pero olvídate de Cartago, hace tiempo que pasó. ¿Qué hizo Adolf Hitler en este siglo? Por supuesto, este es un siglo muy avanzado, así que Adolf Hitler fue capaz de hacer cosas mayores que Cartago. Mató a millones de judíos, miles a la vez serían forzados a entrar en una cámara y gaseados. Y cientos de personas estarían mirando desde afuera... mirando a través de espejos unidireccionales. ¿Qué pensarán de estas personas? ¿Qué tipo de hombres...? Gente siendo gaseada, quemada, evaporada, ¿y otros están mirando? ¿Puedes pensar en animales haciendo tal cosa?

Durante tres mil años, el hombre ha pasado por cinco mil guerras: matar y matar y matar. ¿Y llamas al sexo animal? Los animales nunca han hecho nada más "animal" que el hombre.

¿Y crees que el hombre no es un animal?

El hombre ES un animal. Y la idea de que el hombre no es un animal es uno de los obstáculos para su crecimiento.

Así que dais por sentado que no sois animales, y entonces dejáis de crecer. El primer reconocimiento tiene que ser éste: 'Soy un animal y tengo que estar alerta e ir más allá'.

Sucedió:

Un hombre escribió a un hotel rural de Irlanda para preguntar si su perro podía alojarse allí. Recibió la siguiente respuesta Estimado señor, llevo más de treinta años en el negocio de la hostelería. Nunca he tenido que llamar a la policía para expulsar a un perro alborotador a altas horas de la madrugada. Ningún perro ha intentado nunca endosarme un cheque sin fondos. Nunca un perro ha prendido fuego a la ropa de cama por fumar. Nunca he encontrado una toalla de hotel en la maleta de un perro. Su perro es bienvenido.

P.D. Si él responde por ti, ¡tú también puedes venir!

Los animales son hermosos, sean como sean; son simplemente inocentes. El hombre es muy astuto, muy calculador, muy feo. El hombre puede caer más bajo que los animales, porque el hombre puede elevarse más alto que los dioses. El hombre tiene una potencialidad infinita: puede ser lo más bajo y puede ser lo más alto. Tiene toda la escalera en su ser, desde el primer peldaño hasta el último.

Así que lo primero que me gustaría decirte: no llames al sexo sólo animal, porque el sexo puede ser sólo animal, es posible, pero no tiene por qué serlo.

Puede elevarse más, puede convertirse en amor, puede convertirse en oración. Depende de ti.

El sexo en sí mismo no es nada parecido a una entidad fija; es sólo una posibilidad. Puedes hacerlo como te guste, como quieras. Ese es todo el mensaje del Tantra: que el sexo puede convertirse en SAMADHI. Esa es la visión del Tantra: que el sexo puede convertirse en SAMADHI, que a través del sexo puede entrar en ti el éxtasis supremo. El sexo puede convertirse en el puente entre tú y lo último.

Usted dice: AMO A MI MARIDO PERO ODIO EL SEXO, Y ESO CREA UN CONFLICTO. ¿Cómo puedes amar a tu marido y odiar el sexo? Debes estar jugando con las palabras. ¿Cómo puedes amar a tu marido y odiar el sexo?

Intenta comprenderlo. Cuando amas a un hombre, también te gustaría cogerle de la mano. Cuando amas a un hombre, también te gustaría abrazarle de vez en cuando. Cuando amas a un hombre, no solo te gustaria oir su sonido, tambien te gustaria ver su cara. Cuando sólo oyes el sonido de tu amado, el amado está lejos, el sonido no es suficiente; cuando lo ves también estás más satisfecha.

Cuando lo tocas, te sientes aún más satisfecho. Cuando lo saboreas, te sientes aún más satisfecha. ¿Qué es el sexo? Es sólo el encuentro de dos energías profundas.

Debes llevar algunos tabúes en tu mente, inhibiciones. ¿Qué es el sexo? Sólo dos personas que se encuentran en el punto máximo, no sólo cogiéndose de la mano, no sólo abrazándose, sino penetrando en el reino energético del otro. ¿Por qué deberías odiar el sexo? Tu mente debe haber sido condicionada por los MAHATMAS, las llamadas personas "religiosas" que han envenenado a toda la humanidad, que han envenenado tu misma fuente de crecimiento.

¿Por qué odiar? Si amas a tu hombre, te gustaría compartir todo tu ser con él: no hay necesidad de odiar. Y si odias el sexo, ¿qué estás diciendo? Simplemente estás diciendo que quieres que el hombre se ocupe de ti económicamente, que se ocupe de la casa, que te traiga un coche y un abrigo de piel.

¿Quieres usar al hombre... y lo llamas amor'? Y no quieres compartir nada con él.

Cuando amas, lo compartes todo. Cuando amas, no tienes secretos. Cuando amas, tienes el corazón totalmente abierto; estás disponible. Cuando amas, estás dispuesto a ir con él incluso al infierno si él va a ir al infierno.

Pero ocurre esto. Somos muy expertos con las palabras: no queremos decir que no amamos, así que hacemos ver que amamos y odiamos el sexo. El sexo no es todo amor, eso es cierto, el amor es más que el sexo, eso es cierto; pero el sexo es su fundamento. Sí, un día el sexo desaparecerá, pero odiarlo no es la manera de hacerlo desaparecer. Odiarlo es la manera de reprimirlo. Y todo lo que se reprime sale a la luz de una forma u otra.

Por favor, no intentes convertirte en monje o monja.

Escucha esta historia:

Las monjas dirigían un orfanato, y un día la madre superiora llamó a su despacho a tres muchachas pechugonas que se marchaban y les dijo: 'Ahora, todas vais a salir al gran mundo pecaminoso y debo advertiros contra ciertos hombres. Hay hombres que os invitan a una copa, os llevan a una habitación, os desnudan y os hacen cosas indecibles. Luego os dan dos o tres libras, y os echan, ¡arruinadas!

'Perdone, reverenda madre', dijo el más atrevido, '¿ha dicho usted que estos malvados nos hacen esto y además nos dan tres libras?'.

Sí, querida niña. ¿Por qué lo preguntas?

'Bueno, los curas sólo nos dan manzanas'.

Recuerda, el sexo es natural. Se puede ir más allá, pero no a través de la represión. Y si lo reprimes, tarde o temprano encontrarás alguna otra manera de expresarlo; alguna perversión está destinada a entrar - tendrás que encontrar algún sustituto. Y los sustitutos NO son de ninguna ayuda; NO ayudan, NO PUEDEN ayudar. Y una vez que un problema natural ha sido transformado de tal manera que te has olvidado de él, y ha surgido en otra parte como un sustituto, puedes seguir luchando con el sustituto, pero no va a ayudar.

He oído...

Un desconocido subió a un vagón de tren de cercanías en el que ya estaban sentados dos hombres. Uno de ellos tenía un manierismo peculiar: se rascaba el codo una y otra vez. Este rascarse el codo casi estaba volviendo loco al desconocido cuando la víctima bajó en su estación.

Gravemente afligido, su amigo", dijo al otro hombre.

Sí, en efecto. Tiene una terrible dosis de almorranas'.

'No estoy hablando de almorranas. Estoy hablando de todo ese rascado de hace un momento'.

Sí, así es, pilas. Ya ves que es un hombre muy religioso y además funcionario. Y ese rascarse el codo es sólo un sustituto'.

Pero los sustitutos nunca ayudan; sólo crean perversiones. obsesiones. Sé natural si algún día quieres ir más allá de la naturaleza. Ser natural: ése es el primer requisito. No estoy diciendo que no haya nada más que la naturaleza, hay una naturaleza superior: ése es todo el mensaje del Tantra. Pero sé muy terrenal si realmente quieres elevarte en el cielo.

¿No ves estos árboles? Están arraigados en la tierra, y cuanto mejor arraigados estén, más alto llegarán. Cuanto más alto quieran llegar, más profundo tendrán que adentrarse en la tierra. Si un árbol quiere tocar las estrellas, tendrá que ir a tocar el mismísimo infierno, es la única manera.

Enraízate en tu cuerpo si quieres convertirte en un alma. Arráigate en tu sexo si realmente quieres convertirte en un amante. Sí, cuanta más energía se convierta en amor, menos necesidad de sexo habrá, pero no lo odiarás.

El odio no es una relación correcta con nada. El odio simplemente muestra que tienes miedo. El odio simplemente muestra que hay un gran miedo en ti. El odio simplemente muestra que en el fondo todavía te atrae. Si odias el sexo, entonces tu energía empezará a moverse hacia otro lado. La energía tiene que moverse.

El hombre, si suprime el sexo, se vuelve más ambicioso. Si realmente quieres ser ambicioso tienes que suprimir el sexo. Sólo entonces la ambición puede tener energía, de lo contrario no tendrás ninguna energía. Un político tiene que suprimir el sexo, sólo entonces puede correr hacia Nueva Delhi. Se necesita energía sexual.

Siempre que reprimes el sexo, estás enfadado con el mundo entero puedes convertirte en un gran revolucionario. Todos los revolucionarios están obligados a ser reprimidos sexualmente.

Cuando, en un mundo mejor, el sexo sea sencillo, natural, aceptado sin ningún tabú y sin ninguna inhibición, la política desaparecerá y no habrá revolucionarios, no habrá necesidad. Cuando un hombre reprime el sexo, se vuelve demasiado apegado al dinero; tiene que poner su energía sexual en alguna parte.

¿No has visto a gente sosteniendo sus billetes de cien rupias como si estuvieran tocando a su amada?

¿No ves en sus ojos la misma lujuria? Pero esto es feo. Sostener a una mujer con profundo amor es hermoso; sostener un billete de cien rupias con lujuria es feo, es un sustituto.

No se puede engañar a los animales...

Un hombre fue al zoo y llevó a su hijo; quería enseñarle los monos que había allí. El hijo estaba muy interesado: nunca había visto monos. Fueron allí, pero no había monos. Así que preguntó al guarda del zoo: "¿Qué ha pasado? ¿Dónde están los monos?

Y el cuidador del zoo dijo: 'Esta es su época de amor, así que se han metido en la cabaña'.

El hombre estaba muy frustrado. Llevaba meses intentando traer al chico. Habían viajado mucho y ahora era la época del amor. Así que preguntó: "¿Si tiramos nueces no saldrán?".

Y el cuidador del zoo dijo: "¿Lo harías?".

Pero creo que el hombre puede salir; si tiras nueces, el hombre TIENE que salir. El guardián del zoo se equivoca:

los monos no vendrán, eso es seguro; si les das dinero no vendrán. Te dirán: "Guárdate tu dinero". Ha empezado la temporada del amor. Guarda tu dinero'.

Y si dices 'Podemos hacerte Presidente de la India', te dirán 'Quédate con tu presidencia. La temporada del amor está en marcha".

Pero el hombre, si lo haces presidente, puede matar a su amada. Si esa es la apuesta, él puede hacer eso. Estos son sustitutos. No puedes engañar a los animales.

He oído...

La solterona tenía un loro que no paraba de repetir '¡Quiero pinchar! Quiero pinchar". Le resultaba un poco irritante, hasta que un amigo casado le explicó lo que significaba. Entonces se alarmó mucho... "Me encanta ese pájaro, pero tendré que deshacerme de él o el vicario no volverá a llamarme", dijo.

Pero su amiga más experimentada le dijo: 'Bueno, si le quieres de verdad, le conseguirás lo que anhela, que es una mujer, y así no estará todo el rato con el tema'.

La solterona fue a la pajarería, pero el hombre le dijo: "No puedo, no hay loros en toda la temporada, señorita. Pero puedo hacerle una lechuza a un precio razonable'.

Cualquier cosa era mejor que nada, así que metió la lechuza en la jaula del loro y esperó emocionada...

Quiero pinchar. Quiero pinchar", dijo el loro.

Ooo-Ooo' dijo la señora lechuza.

'¡Tú no, friki de las gafas!', dijo el loro. '¡No soporto a las mujeres que llevan gafas!'.

Los sustitutos no sirven. El hombre vive con sustitutos. El sexo es natural, el dinero es antinatural. El sexo es natural; el poder, el prestigio, la respetabilidad, son antinaturales. Si realmente quieres odiar algo, odia el dinero, odia el poder, odia el prestigio. ¿Por qué odiar el amor?

El sexo es uno de los fenómenos más bellos del mundo. Por supuesto, lo más bajo, eso es cierto, pero lo más alto se mueve a través de lo más bajo: el loto sale del barro. No odies el barro, de lo contrario, ¿cómo ayudarás al barro a liberar el loto? Ayuda al barro, cuida del barro, para que el loto se libere. Ciertamente, el loto está tan lejos del barro que ni siquiera puedes concebir ninguna relación. Si ves un loto, no puedes creer que salga del barro sucio. Pero sale: es la expresión del barro sucio.

El alma se libera del cuerpo. El amor se libera del sexo. El sexo es algo corporal, el amor es algo espiritual. El sexo es como el barro, el amor es como el loto. Pero sin el barro el loto no es posible, así que no odies el barro.

Todo el mensaje del Tantra es sencillo; es muy científico y muy natural. El mensaje es que si realmente quieres ir más allá del mundo, entra en el mundo PROFUNDAMENTE, totalmente alerta. consciente.

Pregunta 5:

AMADO MAESTRO,

TENGO MUCHAS PREGUNTAS, PERO CADA VEZ, UNA VOZ EN MI INTERIOR ME DICE 'NO PREGUNTES, AVERÍGUALO POR TI MISMO'.

PERO AHORA ES DEMASIADO, PORQUE NO SE DE DONDE VIENE ESTA VOZ.

La pregunta es de Dharma Chetana.

¿No reconoces mi voz?

Romper los cuatro Sellos

COMO CONCIENCIA SUPERIOR, ENSEÑAN LO QUE EXPERIMENTAN EN SU INTERIOR.

LO QUE LES ENCADENA LO LLAMARÁN LIBERACIÓN.

UNA BARATIJA DE CRISTAL DE COLOR VERDE, PARA ELLOS ES UNA ESMERALDA (DE VALOR INCALCULABLE), ENGAÑADOS, NO SABEN DISTINGUIR UNA GEMA DE LO QUE CREEN QUE DEBERÍA SER.

TOMAN EL COBRE POR ORO. ATADOS POR EL PENSAMIENTO DISCURSIVO PIENSAN QUE ESTOS PENSAMIENTOS SON LA REALIDAD ÚLTIMA.

ANHELAN LOS PLACERES EXPERIMENTADOS EN SUEÑOS.

LLAMAN AL PERECEDERO CUERPO-MENTE DICHA ETERNA SUPREMA.

POR EL SÍMBOLO EVAM (PIENSAN) SE LOGRA LA AUTOCLARIDAD, POR LAS DIFERENTES SITUACIONES QUE EXIGEN CUATRO SELLOS LLAMAN A LO QUE HAN IMAGINADO ESPONTANEIDAD, PERO ESTO ES MIRAR REFLEJOS EN UN ESPEJO.

ASÍ COMO BAJO EL PODER DEL ENGAÑO UNA MANADA DE CIERVOS SE PRECIPITA HACIA EL AGUA EN UN ESPEJISMO QUE NO SE RECONOCE, ASÍ TAMBIÉN LOS ENGAÑADOS NO SACIAN SU SED, ESTÁN ATADOS POR CADENAS Y ENCUENTRAN PLACER EN ELLAS, DICIENDO QUE TODO ES FINALMENTE REAL.

El Tantra es trascendencia. No es ni indulgencia ni represión. Es caminar sobre la cuerda floja: es uno de los mayores equilibrios. No es tan fácil como parece; requiere una conciencia muy delicada. Es una gran armonía.

Para la mente es muy fácil complacerse. También es muy fácil renunciar a lo contrario. Ir al extremo es muy fácil para la mente. Permanecer en el medio, exactamente en el medio, es lo más difícil para la mente, porque es un suicidio para la mente. La mente muere en el medio y surge la no-mente. Por eso Buda ha llamado a su camino MAJJHIM NIKAYA - el camino del medio.

Saraha es un discípulo de Buda, en el mismo linaje, con la misma comprensión, con la misma conciencia. Así que esta cosa tan fundamental tiene que ser entendida, de lo contrario entenderás mal el Tantra: ¿Qué es el filo de la navaja? ¿Qué es este ser exactamente en el medio?

Para disfrutar del mundo, no se necesita conciencia. Para reprimir los deseos mundanos, tampoco se necesita conciencia. La llamada gente mundana y la llamada gente mundana no son muy diferentes.

Pueden estar uno detrás del otro, pero no son muy diferentes en absoluto; tienen exactamente el mismo tipo de mentalidad. Alguien tiene ansia de dinero, y alguien está tan en contra del dinero que ni siquiera puede mirar los billetes. Tiene miedo y le entra un temblor. Estas personas no son diferentes - para ambas el dinero es de gran importancia. Uno tiene codicia, el otro tiene miedo; pero la importancia del dinero es la misma - ambos están obsesionados con el dinero.

Uno está continuamente pensando en mujeres, soñando, fantaseando. Otro ha llegado a tener tanto miedo que se ha escapado al Himalaya sólo para evitar a las mujeres, pero ambos son iguales. Para ambos, la mujer es importante, o el hombre; el otro es importante. Uno busca al otro, el otro lo evita, pero el otro sigue siendo su centro.

El Tantra dice: El otro no tiene que ser el foco, ni de esta manera ni de aquella. Esto sólo puede suceder a través de una gran comprensión. La lujuria por una mujer tiene que ser comprendida - ni complacida, ni evitada, sino comprendida. El Tantra es muy científico.

La palabra "ciencia" significa comprensión. La palabra "ciencia" significa saber. El Tantra dice: Conocer libera. Si sabes exactamente lo que es la codicia, estás libre de codicia; no hay necesidad de renunciar a ella. La necesidad de renunciar surge sólo porque no has comprendido lo que es la codicia. La necesidad de hacer un voto contra el sexo es necesaria sólo porque no has comprendido lo que es el sexo. Y la sociedad no te permite comprenderlo.

La sociedad te ayuda a NO entender. La sociedad ha estado evitando el tema del sexo y la muerte a lo largo de los siglos. No se debe pensar en estos temas, no se deben contemplar, no se deben discutir, no se debe escribir sobre ellos, no se deben investigar; se deben evitar. A través de esa evitación, ha existido una gran ignorancia sobre ellos, y esa ignorancia es la causa fundamental. Entonces hay dos tipos de personas que salen de esa ignorancia: una que se entrega locamente, y otra que se cansa mucho y escapa.

El Tantra dice: El que se entrega locamente nunca comprenderá, porque simplemente estará repitiendo un hábito. Y nunca mirará dentro del hábito y la causa raíz del mismo. Nunca mirará la causalidad de ello. Y cuanto más se complace, más mecánico se vuelve.

¿No lo has observado? Tu primer amor tuvo algo soberbio, el segundo no lo fue tanto, el tercero fue aún más ordinario, el cuarto, simplemente mundano. ¿Qué ha pasado? ¿Por qué se alaba tanto el primer amor? ¿Por qué la gente siempre ha dicho que el amor sólo ocurre una vez? ¿Por qué? Porque la primera vez no fue mecánico, así que estabas un poco alerta al respecto. La siguiente vez, lo esperabas: no estabas tan alerta. La tercera vez pensabas que ya lo sabías, así que no lo exploraste. La cuarta vez fue algo mundano; te habías acostumbrado a lo mecánico.

La indulgencia convierte el sexo en un hábito. Sí, te libera un poco, como un estornudo, pero nada más. Es una liberación física de energía. Te cargas demasiado de energía, tienes que tirar esa energía sólo para reunirla de nuevo a través de la comida, a través del ejercicio, a través de la luz del sol, de nuevo reunirla y de nuevo tirarla. Eso es lo que hace la persona indulgente: crea una gran energía y luego la tira, sin ningún propósito, sin ningún significado. Al tenerla, sufre su tensión. Al arrojarla, sufre su debilidad. Simplemente sufre.

Nunca pienses que el hombre que se complace es un hombre feliz. Jamás. Es el hombre más miserable del mundo. ¿Cómo puede ser feliz? Espera, desea la felicidad, pero nunca la alcanza.

Pero recuerda, diciendo estas cosas, el Tantra no te propone que te vayas al otro extremo.

El Tantra no dice que debas escapar de este mundo de indulgencia. Escapar se convertirá de nuevo en un hábito mecánico. Sentado en una cueva, la mujer no estará disponible, pero eso no hace mucha diferencia. Si en algún momento la mujer se vuelve disponible, el hombre que ha renunciado será más propenso a caer que el hombre que estaba complaciéndose en el mundo. Lo que reprimes se vuelve muy poderoso dentro de ti.

He oído....

Había un bombero que era horriblemente malo tanto con su mujer como con su inquilino. Una noche trajo a casa un espléndido pastel de cerdo y se comió la mitad para cenar. Su mujer y el inquilino tuvieron que conformarse con pan seco y queso. Guardó cuidadosamente el resto del pastel y todos se fueron a la cama.

En mitad de la noche sonaron las campanas y el casero tuvo que salir corriendo. La mujer, desnuda, entró en la habitación del inquilino, lo despertó y le dijo: "Ha salido. ¡Rápido! Ahora es tu oportunidad".

"¿Seguro que está bien?", preguntó el inquilino.

Por supuesto. ¡Date prisa! No pierdas tiempo". El inquilino bajó las escaleras y se terminó el pastel de cerdo.

Esa debe haber sido su represión: el pastel de cerdo. Debe haber estado soñando con ella, pensando en ella, fantaseando con ella. La mujer desnuda no le atraía, pero el pastel de cerdo...

Recuerda, lo que reprimas se convertirá en tu atracción, tendrá una atracción magnética sobre ti.

Lo reprimido se vuelve poderoso; adquiere un poder desproporcionado.

Escucha esta anécdota.

En las profundidades de un hermoso parque arbolado había dos hermosas estatuas de bronce: un chico y una chica, en actitud de amor y anhelo. Llevaban así trescientos años, con los brazos extendidos hacia el otro, pero sin llegar a tocarse. Un día pasó por allí un mago y dijo con compasión: "Tengo poder suficiente para darles vida durante una hora, así que voy a hacerlo. Durante una hora podrán besarse, tocarse, abrazarse y hacer el amor". El mago agitó su varita mágica. Inmediatamente, las estatuas saltaron de sus pedestales y, cogidas de la mano, corrieron hacia los arbustos.

Se produjo un gran alboroto, fuertes golpes, gritos, graznidos y aleteos. Con una curiosidad irresistible, el mago se puso de puntillas y miró entre las hojas.

El chico sujetaba un pájaro, sobre el que la chica estaba en cuclillas. De repente, se levantó de un salto. Ahora te toca a ti sujetarlo mientras yo cago sobre él", exclamó.

Trescientos años de pájaros cagándose en ellos... Entonces, ¿quién se preocupa por hacer el amor? Esa fue su represión.

Puedes ir a sentarte en una cueva y convertirte en una estatua, pero aquello que has reprimido revoloteará a tu alrededor, será lo único en lo que pensarás.

Tantra dice: Cuidado. Cuidado con la indulgencia y cuidado con la renuncia. Cuidado con ambas: ambas son trampas. Y de cualquier manera estás atrapado en la mente. ¿Dónde está el camino?

El Tantra dice: La conciencia es el camino. La indulgencia es mecánica, la represión es mecánica; ambas son cosas mecánicas. La única manera de salir de las cosas mecánicas es volverse consciente, alerta. No vayas al Himalaya, trae el silencio del Himalaya dentro de ti. No huyas, vuélvete más despierto. Mira las cosas profundamente sin miedo... sin miedo, mira las cosas profundamente. No escuches lo que tus supuestos religiosos te enseñan. Te hacen tener miedo: no te permiten mirar en el sexo, no te permiten mirar en la muerte. Han explotado tremendamente tus miedos.

La única manera de explotar a una persona es: primero, meterle miedo. Una vez que tienes miedo, estás listo para ser explotado. El miedo es la base, primero hay que crearlo. Te han metido miedo. El sexo es pecado, el miedo también. Incluso mientras haces el amor con tu mujer o tu hombre, nunca lo miras directamente. Incluso mientras haces el amor estas evitando. Estas haciendo el amor Y evitando. No quieres ver su realidad, qué es exactamente, por qué te encapricha, por qué ejerce una atracción magnética sobre ti. ¿Por qué? ¿Qué es exactamente, cómo surge, cómo se apodera de ti, qué te da y adónde te lleva? ¿Qué ocurre en ella y qué ocurre fuera de ella? ¿A dónde llegas una y otra vez haciendo el amor? ¿Se llega a alguna parte? Estas cosas hay que encontrarlas.

El Tantra es un encuentro con la realidad de la vida. Y el sexo es fundamental. También lo es la muerte. Son los dos chakras más básicos y fundamentales: MULADHAR y SWADHISTAN. Comprendiéndolos, se abre el tercer chakra. Entendiendo el tercero, se abre el cuarto, y así sucesivamente. Cuando has comprendido los seis chakras, esa misma comprensión golpea el séptimo chakra y florece en un loto de mil pétalos. Ese día es de soberbia gloria. Ese día Dios viene a ti, ese día tú vienes a Dios. Ese día es el día del encuentro. Ese día es el día del orgasmo cósmico. Ese día abrazas a lo divino y lo divino te abraza a ti. Ese día el río desaparece en el océano para siempre jamás. Entonces no hay vuelta atrás.

Pero, desde cada estado de tu mente, hay que ganar comprensión. Estés donde estés, no tengas miedo. Ese es el mensaje del Tantra: Dondequiera que estés, no tengas miedo. Deja sólo una cosa: el miedo.

Sólo hay que temer a una cosa, y es al miedo. Sin miedo, con gran coraje, mira la realidad, sea cual sea la realidad. Si eres un ladrón, míralo. Si eres una persona enfadada, míralo. Si eres codicioso, míralo. Dondequiera que estés, MIRA dentro de ello. No escapes. Mirando en ello, ve a través de ello. Mirando, ve a través de ello. Si puedes recorrer el camino hacia la codicia, hacia el sexo, hacia la ira, hacia los celos, con los ojos abiertos, te liberarás de ello. Esta es la promesa del Tantra: La verdad libera. El conocimiento libera. Saber es libertad. De lo contrario, tanto si reprimes como si consientes, el final es el mismo.

Sucedió:

Había un hombre que tenía una esposa muy atractiva. Pero empezó a sospechar de ella...

Es natural, cuanto más bella es la mujer que se tiene, mayor es el recelo.

Mulla Nasruddin se ha casado con una de las mujeres más feas. Le pregunté '¿Por qué Mulla? ¿Qué salió mal?

¿Qué se apoderó de ti?

Dijo: "Nada, sólo comprensión".

Dije: "¿Qué tipo de entendimiento es éste?".

Dijo: 'Ahora nunca seré celoso, y nunca sospecharé de mi mujer, porque no puedo imaginarme a ninguna persona enamorada de ella'.

Este hombre sospechaba mucho de ella. Al final no pudo soportarlo más. Como trabajaba de noche, le pidió al capataz que le dejara salir, y volvió a casa a las dos de la madrugada para encontrarse el coche de su mejor amigo fuera, tal como se había temido. Entró, subió sigilosamente las escaleras y se precipitó al dormitorio de su mujer. Allí estaba ella, tumbada encima de la cama, completamente desnuda, fumando un cigarrillo y leyendo un libro.

Se volvió loco y buscó debajo de la cama, en el armario, incluso en el armario de la ventilación, pero no pudo encontrar a ningún hombre. Se volvió loco y destrozó el dormitorio. Luego empezó por el salón: tiró el televisor por la ventana, rajó los sillones, volcó la mesa y el aparador. Luego se centró en la cocina, donde destrozó todos los cacharros y tiró la nevera por la ventana. Después se pegó un tiro.

Cuando llegó a las puertas del cielo, ¿a quién vio esperando para entrar sino a su difunto mejor amigo, que le dijo: "¿Qué haces aquí arriba?"?

El marido agraviado le explicó cómo había perdido los nervios y añadió: "Pero, ¿cómo es que tú también estás aquí arriba?

Ah, ¿yo? Estaba en la nevera.

Ambas terminan de la misma manera - que estés en la cueva del Himalaya o en el mundo no hace mucha diferencia. La vida de indulgencia y la vida de represión terminan de la misma manera porque su mecanismo no es diferente. Su apariencia es diferente, pero su cualidad interior es la misma.

La conciencia aporta una cualidad diferente a tu vida. Con la consciencia, las cosas empiezan a cambiar, a cambiar tremendamente - no es que tú las cambies, no, en absoluto. Un hombre consciente no cambia nada, y un hombre inconsciente intenta continuamente cambiarlo todo. Pero el hombre inconsciente nunca consigue cambiar nada, y el hombre consciente simplemente descubre que se está produciendo un cambio, un cambio tremendo.

Es la conciencia la que produce el cambio, no tu esfuerzo. ¿Por qué se produce a través de la conciencia?

Porque la conciencia te cambia, y cuando tú eres diferente el mundo entero es diferente. No se trata de crear un mundo diferente, sólo se trata de crear un TÚ diferente. TÚ eres tu mundo, así que si tú cambias, el mundo cambia. Si no cambias, puedes seguir cambiando el mundo entero - nada cambia; seguirás creando el mismo mundo una y otra vez.

Tú creas tu mundo. Es a partir de ti que tu mundo se proyecta. El Tantra dice: La conciencia es la llave, la llave maestra que abre todas las puertas de la vida.

Así que recuerda, es realmente delicado: si hablo de la estupidez de la represión, empiezas a pensar en la indulgencia. Si hablo de la estupidez de la indulgencia, empiezas a pensar en la represión. Ocurre todos los días: se pasa inmediatamente a lo contrario. Y de lo que se trata es de no dejarse tentar por lo contrario.

Ser tentado por lo contrario es ser tentado por el diablo. Ese es el diablo en el sistema del Tantra: ser tentado por lo opuesto. No hay otro demonio.

El único demonio es que la mente puede jugarte una mala pasada, puede proponerte lo contrario. ¿Estás en contra de la indulgencia? La mente dice 'Tan simple...

ahora reprime. No te complazcas, escapa. Deja todo este mundo. Olvídalo todo'. ¿Pero cómo puedes olvidarlo todo? ¿Es tan simple olvidarlo todo? Entonces, ¿por qué te escapas lejos? Entonces, ¿por qué tienes miedo? Si puedes olvidarlo todo tan simplemente, entonces estate aquí y olvídalo todo. Pero no puedes estar aquí, sabes que el mundo te tentará. Y esta comprensión momentánea, esta falsa comprensión que crees que tienes, no servirá de mucho. Cuando la tentación venga de los deseos, serás una víctima. Lo sabes. Antes de que ocurra quieres escapar, quieres escapar rápido. Quieres escapar de la oportunidad. ¿Por qué? ¿Por qué quieres escapar de la oportunidad?

En la India, los llamados santos no se quedan con los dueños de casa. ¿Por qué? ¿Cuál es el miedo? En la India, los llamados santos no tocan a una mujer, ni siquiera miran. ¿Por qué? ¿Cuál es el miedo? ¿Cuál es el miedo? ¿De dónde viene este miedo? - simplemente evitar la oportunidad. Pero evitar la oportunidad no es un gran logro.

Y al evitar la oportunidad, si llegas a cierto celibato, ese celibato es simplemente falso.

He oído...

Un paisano entró en un pub londinense con un perro. El hombre pidió una pinta. El perro pidió un whisky. ¿Qué demonios...?", dijo el camarero.

Sí", dijo el dueño, "es el perro más inteligente de West Country. Lo he traído para que vea la ciudad".

Si le doy cinco peniques, ¿me traerá un periódico?", dijo el camarero, "porque se me ha olvidado cogerlo".

Claro que sí", dijo el perro. Luego, recibiendo el dinero: "Vuelve pronto. Ta, ta'.

El perro no regresó. Al cabo de una hora, el dueño, preocupado, fue en su busca. Finalmente encontró a su perro en un callejón trasero muy a gusto con una perra.

Pues que me aspen", dijo el dueño. Nunca lo habías hecho'.

No", dijo el perro, "nunca antes había tenido dinero".

Evitar la oportunidad no sirve de mucho. Es sólo una falsa fachada. Puedes creer en ella, pero no puedes engañar a Dios. De hecho, ni siquiera puedes engañarte a ti mismo. Continuamente, en tu sueño, lo que has dejado atrás de forma represiva aparecerá una y otra vez. Te volverá loco. Tus supuestos santos ni siquiera son capaces de dormir bien. Tienen miedo de dormir. ¿Por qué? Porque en el sueño, el mundo que han reprimido se afirma en sueños; el inconsciente empieza a relacionarse.

El inconsciente dice '¿Qué haces aquí? Eres un tonto'. El inconsciente extiende de nuevo su red.

Mientras estás despierto puedes reprimir, pero cuando estás dormido ¿cómo puedes reprimir? Pierdes todo el control. El consciente reprime, pero el consciente se duerme. Por eso en todas las tradiciones antiguas los santos siempre han tenido miedo del sueño. Redujeron su sueño de ocho horas a siete, de siete a seis, de seis a cinco... cuatro, tres, dos. Y la gente tonta piensa que es un gran logro. Piensan 'Este santo es un gran santo. Duerme sólo dos horas'. De hecho, él simplemente está mostrando una cosa:

que tiene miedo de su inconsciente. No da tiempo al inconsciente para que se relacione.

Cuando duermes dos horas, el inconsciente no puede relacionarse, porque esas dos horas son necesarias para el descanso del cuerpo. Sueñas mejor, sueñas bien, sueñas bonito cuando has terminado de dormir, por eso sueñas mejor por la mañana, por la mañana temprano. Primero hay que terminar la necesidad del cuerpo; el cuerpo necesita descansar. Una vez que el cuerpo ha descansado, entonces la mente necesita descansar - eso es algo secundario.

Una cosa es que cuando la mente necesita descansar, entonces el inconsciente, en estado de reposo, libera sus deseos y surgen los sueños. Lo segundo es que si sólo descansas dos horas por la noche puede que haya sueños, pero no serás capaz de recordarlos. Por eso sólo recuerdas los sueños tardíos que sueñas por la mañana temprano. Olvidas los otros sueños de toda la noche porque estás tan profundamente dormido que no puedes recordarlos. Así que el santo piensa que no ha soñado con sexo, que no ha soñado con dinero, que no ha soñado con poder, prestigio, respetabilidad. Si duerme dos horas, el sueño es tan profundo, es tal la necesidad del cuerpo, que es casi como un coma, así que no puede recordar. Sólo se recuerdan los sueños cuando se está medio despierto y medio dormido. Entonces se puede recordar el sueño, porque está cerca de lo consciente. Medio dormido, medio despierto, algo del sueño se filtra en tu consciente, se traslada al consciente. Por la mañana puedes recordar un poco de él. Por eso te sorprenderá que si vas y le preguntas a un obrero que trabaja duro todo el día: "¿Sueñas?", te dirá: "No".

Los primitivos no sueñan. No es cierto que no sueñen; no pueden recordar, eso es todo. Todos sueñan, pero no pueden recordar. Trabajar duro todo el día cortando leña o cavando una zanja o rompiendo piedras es un trabajo tan duro, ocho horas, que cuando te duermes estás casi en coma.

Los sueños llegan, pero no puedes recordarlos, no puedes recuperarlos.

Tus supuestos santos siempre le han tenido miedo al sueño.

Una vez me trajeron a un joven. Se estaba volviendo loco. Era seguidor de Swami Sivananda de Rishikesh. Le pregunté: "¿Qué te pasa?" Me contestó: "No me pasa nada. Soy un hombre espiritual. La gente cree que me estoy volviendo loco". Pregunté a sus padres, que estaban muy preocupados.

Los detalles fueron los siguientes: fue a ver a Swami Sivananda, y Sivananda le dijo 'Duermes demasiado. Esto no es bueno para la salud espiritual. Deberías dormir menos'. Así que redujo su sueño a tres horas - ¡de ocho horas a tres! Empezó a tener sueño todo el día, naturalmente. Entonces Sivananda le dijo: "Eres TAMÁSICO, tienes muy poca y mala energía. Cambia tu alimentación. Debes tomar alimentos que te hagan sentir pesado y somnoliento". Así que empezó a vivir sólo de leche. Ahora empezó a debilitarse. Primero dejó de dormir, luego dejó de comer. Ahora estaba en tal estado que en cualquier momento podía caerse.

Sin comida es más difícil conciliar un sueño profundo incluso durante tres horas; la comida es imprescindible para dormir bien. Cuando el estómago no tiene nada que digerir, toda la energía se traslada a la cabeza - por eso en un día de ayuno no se puede dormir bien. La energía no está en el estómago, se va a la cabeza. Cuando la energía se necesita en el estómago, la cabeza no puede obtenerla porque la cabeza es secundaria, el estómago es primario.

Hay una cierta jerarquía en el cuerpo... lo primero es lo primero. El estómago es básico. El estómago puede existir sin la cabeza, pero la cabeza no puede existir sin el estómago; así que el estómago es básico, más fundamental. Cuando el estómago necesita energía, saca energía de todas partes.

Ahora, ni siquiera podía dormir tres horas. Sus ojos se volvieron opacos, muertos. Su cuerpo perdió todo el brillo, la vitalidad, y había un sutil temblor. Cogiéndole la mano, notaba que todo su cuerpo temblaba; llevaba meses sin descansar. Y ahora pensaba que se estaba volviendo espiritual.

Este tipo de tonterías han continuado el tiempo suficiente como para haberse convertido en respetables. Cuando una cosa se prolonga lo suficiente, se convierte en respetable, simplemente porque lleva ahí mucho tiempo.

De hecho, escucha a tu cuerpo, a tus necesidades corporales. Escucha a tu mente, a las necesidades de tu mente. No las evites. Entra en esas necesidades, explora esas necesidades con cuidado amoroso. Hazte amigo de tu cuerpo, hazte amigo de tu mente, si quieres ir más allá de ellos algún día. La amistad es esencial. Esa es la visión Tantra de la vida: Hazte amigo de las energías vitales. No te vuelvas antagonista.

Ahora los sutras. Los sutras son de gran importancia.

Dice Saraha al rey COMO ALTA CONCIENCIA, ENSEÑAN LO QUE EXPERIMENTAN DENTRO.

LO QUE LES ENCADENA LO LLAMARÁN LIBERACIÓN.

UNA BARATIJA DE CRISTAL DE COLOR VERDE, PARA ELLOS ES UNA ESMERALDA (DE VALOR INCALCULABLE); ENGAÑADOS, NO DISTINGUEN UNA GEMA DE LO QUE CREEN QUE DEBERÍA SER.

Está hablando de los llamados MAHATMAS, los llamados yoguis - de la misma manera que yo hablo una y otra vez de los llamados santos.

Saraha está diciendo QUE COMO ALTA CONCIENCIA, ENSEÑAN LO QUE EXPERIMENTAN DENTRO.

Esta es una GRAN afirmación; hay que descodificarla.

Primero: la experiencia última de la realidad no es una experiencia en absoluto, porque cuando experimentas algo, siempre hay dualidad: el experimentador y lo experimentado. Así que no puede haber ninguna experiencia última en el sentido de que te experimentes a ti mismo, no. ¿Cómo puedes experimentarte a ti mismo?

Entonces te dividirás en dos, entonces entrará la dualidad sujeto-objeto.

El Tantra dice: Sepas lo que sepas, sabe que no eres eso. Esta es una gran afirmación, una visión muy penetrante. Si ves algo, debes saber que tú no eres eso, porque tú eres el que ve. Nunca puedes ser lo visto. No puedes ser reducido a un objeto. Eres subjetividad, subjetividad pura, subjetividad irreductible. No hay forma de convertirte en un objeto, en una cosa.

No puedes ponerte delante de ti mismo, ¿o sí? No puedes ponerte delante de ti mismo, porque lo que pongas ahí no serás tú. Siempre serás la persona delante de la cual se pone la cosa.

Saraha dice: La verdad no es una experiencia - no puede ser. La verdad es una experiencia, no una vivencia. Es un saber, no un conocimiento.

La diferencia es grande. Experimentas una cosa cuando está separada de ti. No puedes experimentarte a ti mismo de la misma manera. Así que el Tantra ha acuñado una palabra diferente: "experimentar". En sánscrito tenemos dos palabras: ANUBHAV, ANUBHUTI. ANUBHAV significa "experiencia"; ANUBHUTI significa "experimentar". No hay nada que experimentar. No hay nada delante de ti, sólo hay vacío; pero TÚ estás ahí, completamente ahí, sin nada que te obstruya. No hay objeto - pura subjetividad; sólo el contenedor, sin contenido; la película se ha detenido, sólo la pantalla, la pura pantalla blanca. Pero no hay nadie que bloquee esta pantalla blanca: TÚ ERES LA PANTALLA BLANCA. De ahí una nueva palabra: ANUBHUTI, experimentar.

En inglés no existe una palabra separada, así que tengo que usar "experiencing". Para mostrar la diferencia:

la experiencia se convierte en un objeto; experimentar es un proceso, no un objeto. El conocimiento es un objeto, conocer es un proceso. El amor es un objeto, amar es un proceso.

Y el Tantra dice: Tu núcleo más íntimo consiste en procesos, no en cosas. El conocimiento está ahí, no el conocimiento. Amar existe, no el amor. Los sustantivos NO existen, ¡sólo los verbos! Esta es una profunda percepción de la realidad... sólo verbos. Cuando dices "Esto es un árbol" estás afirmando algo muy erróneo -esto es un árbol-no un árbol porque está creciendo; no es algo estático. Cuando dices "Esto es un río", fíjate en lo que estás diciendo. No tiene sentido. Es un río: se mueve, es dinámico. Ni por un momento es lo mismo, así que ¿por qué lo llamas "río"? Ni siquiera una roca es una roca; también es un proceso.

La existencia no consiste en cosas, sino en acontecimientos. No le digas a una mujer 'te quiero', dile 'estoy en ese estado de amar'. El amor no es una cosa. Sólo puedes estar en un estado de amar; no puedes amar.

Hay lenguas budistas en las que todo existe como un proceso. Cuando, por primera vez, se tradujo la Biblia en algunos países budistas, Birmania, Tailandia, los misioneros cristianos estaban perdidos, no encontraban una palabra para Dios. Porque está bien decir que un río es un río, que un árbol es un árbol, que un hombre es un hombre y que una mujer es una mujer; pero Dios ES. No hay devenir en Dios. Pero en birmano todas las palabras son verbos. Cada verbo muestra un devenir.

Pero llamar a Dios 'convertirse' en un proceso - era muy duro para los cristianos, muy difícil. Dios es... siempre el mismo, eternamente el mismo. A Dios nunca le pasa nada. Los budistas dicen: "Si a Dios nunca le pasa nada, entonces está muerto". Entonces, ¿cómo puede estar vivo? En la vida suceden cosas. La vida está sucediendo.

Y sobre la experiencia última... Está bien decir esto sobre la realidad mundana. Puedes decir "Esto es una silla" y no hay necesidad de molestarse mucho por ello; es simple. Ahora bien, decir de todo "Esto es una silla y esto es un árbol" creará dificultades de expresión...

Pero sobre la realidad última hay que estar muy alerta. Al menos allí, hay que estar alerta.

Saraha dice QUE COMO ALTA CONCIENCIA, ENSEÑAN LO QUE EXPERIMENTAN...

Ahora, si has leído los libros de Pundit Gopi Krishna, él dice 'Kundalini es la experiencia última'. No puede ser. Saraha no estaría de acuerdo; se reiría de Pundit Gopi Krishna.

Si experimentas que cierta energía se eleva en tu columna vertebral, eres tú quien la está viendo. La columna vertebral está separada, por lo que la kundalini que se eleva en ella también está separada. ¿Cómo puedes SERlo?

Puedo ver esta mano. Sólo por ver esta mano me he separado de ella. No puedo ser esta mano. Estoy usando esta mano, pero estoy separado de ella. Tal vez estoy dentro de la mano, pero no puedo SER la mano.

Kundalini no es una experiencia espiritual. Experiencia espiritual significa simplemente el momento en que no hay nada que experimentar.

Todas las experiencias se disuelven, te sientas solo en tu pureza. No puedes llamarlo experiencia.

Así Saraha dice: Estos llamados yoguis y santos siguen diciendo que han alcanzado una conciencia superior. ¿Y qué han alcanzado? Alguien ha elevado su kundalini, alguien ha visto una luz azul en su interior - y cosas por el estilo. Alguien ha visto visiones: alguien ha visto a Krishna, y alguien ha visto a Mahoma, y alguien ha visto a Mahavir, y alguien ha visto a la Madre Kali - pero todo esto es imaginación.

Toda experiencia es imaginación.

La palabra "imaginación" es hermosa; viene de "imagen". Toda experiencia no es más que imágenes flotando en tu conciencia. Cuando nada flota en tu conciencia -recuerda, ni siquiera "nada" flota en tu conciencia-, cuando tu conciencia está simplemente ahí sin contenido, esa pureza sin contenido es lo que el Tantra llama experiencia real.

No se le puede llamar experiencia. Por su propia naturaleza, no lo es. Cuando presencias al testigo, ¿cómo puedes llamarlo presenciar? Cuando conoces al conocedor, ¿cómo puedes llamarlo conocimiento?

Así que lo primero que dice es que COMO ALTA CONCIENCIA, ENSEÑAN LO QUE EXPERIMENTAN DENTRO.

Y lo segundo que hay que recordar: la distinción entre dentro y fuera vuelve a ser falsa. Tú vives en el afuera, por eso hay que decirte que entres. Pero dentro y fuera son dos aspectos de la misma moneda. Un día, te dirán que abandones ambos, ya que has abandonado el exterior, ahora abandona también el interior. Se trascendental - ni fuera ni dentro.

El interior es tanto exterior como exterior: esa es la percepción del Tantra.

¿Qué hay dentro? Te estoy mirando; tú estás fuera. Entonces cierro los ojos y veo mi kundalini, ¿está dentro? Todo lo que puedo ver está fuera, está "fuera" de mí; no puede estar "dentro" de mí. Entonces veo una luz azul; eso está fuera. Por supuesto, la veo con los ojos cerrados, está más cerca de mí, pero sigue estando fuera.

Te veo con los ojos abiertos; estás fuera. En la noche veo un sueño, y tú vienes en mi sueño - ¿entonces estás dentro? También estás fuera, aunque mis ojos estén cerrados; pero te estoy viendo tal como te estoy viendo ahora mismo.

Lo que se ve está fuera. El vidente no está ni fuera ni dentro.

Entonces Saraha dice: Esta gente primero habla de sus experiencias fuera, y luego empiezan a hablar de sus experiencias dentro.

El otro día hablábamos de esto: haces el amor con una mujer - esta mujer está sin. Ahora, la energía, el fuego de tu sexualidad sube alto en ti, llega a tu garganta, a VISUDDHA, al chakra de la garganta. Y allí empiezas a masturbarla con la lengua vuelta hacia dentro. ¿Lo llamas dentro? Está fuera. Está tanto fuera como cuando hacías el amor con una mujer.

El Tantra es una visión tan grande, tan profunda que dice: Uno tiene que dejar caer el afuera; uno tiene que dejar caer el adentro también. Uno tiene que estar en un estado en el que pueda decir "no estoy ni fuera ni dentro".

Ni extrovertido ni introvertido, ni hombre ni mujer, ni cuerpo ni mente". Uno tiene que llegar a un punto en el que pueda decir "No estoy ni en SAMSARA ni en NIRVANA" Este es el punto, la puerta de todas las dualidades: el medio exacto de todas las dualidades.

LO QUE LES ENCADENA LO LLAMARÁN LIBERACIÓN.

Ahora este será un nuevo grillete - tal vez un poco más hermoso que los grilletes exteriores. Tal vez los grilletes exteriores son de hierro y este grillete es de oro, pero un grillete es un grillete - si es de hierro o de oro no hace ninguna diferencia - usted está encadenado.

Ahora este nuevo grillete se convertirá en tu esclavitud. Kundalini elevándose, visiones, visiones espirituales, visiones cósmicas - ahora éstas se convertirán en tus grilletes. Ahora las anhelarás, las desearás.

Primero deseabas dinero, ahora desearás estas experiencias espirituales. Primero deseabas poder, ahora desearás SIDDHIS, poderes espirituales - pero el deseo permanece ahí, y el deseo es la traba. Sólo en el no-deseo hay liberación.

UNA LLAVERA DE VIDRIO COLOR VERDE, PARA ELLOS ES UNA ESMERALDA (SIN PRECIO); ENGAÑADOS, NO CONOCEN UNA GEMA DE LO QUE PIENSAN QUE DEBE SER Si no lo sabes, si no estás alerta y consciente, puedes ser engañado. UNA LLAVERA DE VIDRIO DE COLOR VERDE... y puedes pensar que se trata de una esmeralda. Sí, el color es el mismo, la forma puede ser la misma, incluso el peso puede ser el mismo, pero aún así el valor es diferente, y el valor es la cosa.

Sí, la gente tiene poderes en el mundo exterior. Un presidente, un primer ministro tiene algún poder, y luego un yogui, un MAHATMA tiene algunos otros poderes -del mundo interior-, pero nada que pueda compararse con la esmeralda real. El exterior era una cosa de cristal, y este "interior" es también una baratija de cristal, coloreada, cortada con la misma forma, del mismo peso como si fuera la cosa espiritual; no lo es.

La espiritualidad es el cielo puro donde no existe ninguna nube. Así pues, un verdadero hombre espiritual no puede pretender tener ninguna experiencia espiritual, porque todas las experiencias espirituales son baratijas de cristal coloreadas de verde; no son esmeraldas.

Por eso Buda permaneció en silencio. Cuando la gente le preguntaba "¿Te has dado cuenta?", se callaba. Cuando le preguntaban "¿Conoces a Dios?", no decía nada. Sonreía o se reía. ¿Por qué lo evitaba? ¿Por qué lo evitaba? Y los necios pensarán que lo evitaba porque no lo había conocido, que lo evitaba porque no lo había experimentado. Lo evitaba PORQUE lo había experimentado. Lo evitaba porque sabía que hablar de ello no sería bueno; sería un sacrilegio.

No se puede hablar de la verdad. Podemos hablar de la Vía, pero no podemos hablar de la verdad. Podemos hablar de cómo alcanzarla, pero no podemos decir qué es cuando la alcanzamos.

Saraha está diciendo: Todos los que afirman tener experiencias son falsos.

ILUSOS, NO SABEN NI UNA JOYA DE LO QUE CREEN QUE DEBERÍA SER.

CREEN QUE EL COBRE ES ORO. ATADOS POR EL PENSAMIENTO DISCURSIVO CREEN QUE ESTOS PENSAMIENTOS SON LA REALIDAD ÚLTIMA.

ANHELAN LOS PLACERES EXPERIMENTADOS EN SUEÑOS.

LLAMAN AL PERECEDERO CUERPO-MENTE DICHA ETERNA SUPREMA.

TOMAN EL COBRE POR ORO... Lo más bajo, lo objetivo, creen que es lo subjetivo. El conocedor aún no es conocido. Han conocido algo más, y lo han entendido mal: creen que han conocido al conocedor. Pueden haber conocido la kundalini; pueden haber conocido algunas visiones espirituales - grandes visiones de poesía, visiones de esplendor y grandeza - grandes visiones, psicodélicas, pero TUTAN EL COBRE COMO ORO. ATADOS

POR EL PENSAMIENTO DISCURSIVO PIENSAN QUE ESTOS PENSAMIENTOS SON LA REALIDAD ÚLTIMA.

Y estos llamados santos y MAHATMAS están atados por la lógica, ATADOS POR EL PENSAMIENTO DISCURSIVO... Siguen discutiendo; incluso siguen tratando de probar que Dios existe.

En el cristianismo se han malgastado dos mil años en demostrar que Dios existe. ¿Cómo se puede demostrar que Dios existe? Y si se puede demostrar, también se puede refutar. La lógica es un arma de doble filo. La lógica es una puta. Si puede probar que Dios existe, también puede probar que Dios no existe. Y de hecho la belleza de esto es: el mismo argumento puede probar que Dios es, y el mismo argumento puede probar que Dios no es.

Ahora bien, el mayor argumento que estos supuestos santos han estado dando al mundo es que el mundo necesita un creador, porque ¿cómo puede existir el mundo sin un creador? Ahora parece atractivo - al menos para las mentes infantiles; para las mentes inmaduras parece atractivo. Sí... ¡una existencia tan vasta! ¿Cómo puede existir sin un creador? Tiene que haber alguien que la haya creado. Y entonces, sólo un pequeño pinchazo, y la lógica desaparece, y la lógica desaparece, y el globo explota: alguien pregunta: "¿Y quién creó al creador?". Es la misma lógica. Si dices que el mundo necesita un creador, entonces de nuevo tu creador necesitará un creador, y así sucesivamente, ad nauseam. Puedes seguir diciendo: "El número uno creó el mundo, y el número dos creó al número uno, y el número tres creó al número dos". Puedes seguir y seguir, pero la pregunta final seguirá siendo la misma: ¿quién creó al primero, al original?

Si se acepta que el original no fue creado, ¿a qué viene tanto alboroto? Entonces, ¿por qué no decir que el mundo es increado? Si Dios puede ser increado, entonces ¿qué hay de malo en decir simplemente que el mundo ha estado ahí sin que nadie lo haya creado? Eso parecería más razonable, en lugar de entrar en esta lógica insensata que no lleva a ninguna parte.

Mira los argumentos que se han dado a favor de Dios; son todos tontos y estúpidos, por eso no puedes convencer a un solo ateo sobre tu Dios. Los que ya están convencidos, sí, están convencidos - esa no es la cuestión. No puedes convencer a una sola mente escéptica; tus argumentos no servirán de nada. De hecho, tus propios argumentos te crearán dificultades.

¿Qué está diciendo Saraha? Saraha está diciendo: Un hombre que ha conocido su realidad interior, sabe que no hay más prueba que darse cuenta de ella. No cree en pensamientos discursivos. No le da ninguna lógica; es ilógico, está más allá de la razón. Es así. Puedes experimentarlo, o puedes abandonarlo, pero no hay forma de probarlo o refutarlo. Tanto el teísmo como el ateísmo carecen de sentido. La religión no tiene nada que ver con ellos; la religión es una experiencia de lo que es. Llámalo como quieras - llámalo Dios, llámalo NIRVANA, llámalo XYZ, lo que sea, no importa - pero experiméntalo.

El Tantra cree en la experiencia. El Tantra no es cerebral, es existencial.

TOMAN EL COBRE COMO ORO ..

Y este Dios probado con argumentos creen que es su Dios. Entonces hacen imágenes del dios, y entonces adoran: están adorando su propio silogismo. ¿Qué hay en sus iglesias y templos y mezquitas? - Nada más que silogismo. El mundo necesita un creador, así que creen en un creador.

Esto es una creencia, y todas las creencias son falsas. La creencia es algo casero. Sí, consuela, te da cierta seguridad, comodidad; es conveniente creer que alguien cuida del mundo.

De lo contrario, uno se vuelve temeroso: nadie lo cuida, en cualquier momento algo puede salir mal. Te da confianza.

Es casi como cuando estás en un avión y sabes que el piloto está allí y se ocupa de todo. Y de repente vas y miras en la cabina, ¡y no hay nadie! ¿Qué va a pasar ahora? Hace un momento estabas tomando el té, y hablabas, y te interesabas por la mujer que estaba sentada a tu lado, y tratabas de tocar su cuerpo... y todo eso.

Ahora todo ha desaparecido: el piloto no está. Hasta este momento todo era conveniente. Te pondrás muy nervioso. Empezarás a temblar. Perderá todo interés por los hombres y las mujeres, por la comida y la bebida... ¡y todo habrá terminado! Su respiración se alterará, su presión sanguínea se alterará, su corazón empezará a agitarse y empezará a sudar... ¡en un avión con aire acondicionado!

Es conveniente creer que en la cabina hay un piloto que sabe, y todo va bien - Dios cuida. Puedes quedarte como estás. Él es "el padre"; conoce a todo el mundo. Ni una sola hoja cae sin su voluntad, así que todo va bien. Esto es una comodidad.

La mente es muy astuta. Este Dios es parte de la mente astuta. Saraha dice: La creencia no es la verdad, y la verdad nunca es una creencia; la verdad es una experiencia.

CREEN QUE ESTOS PENSAMIENTOS SON LA REALIDAD ÚLTIMA.

ANHELAN LOS PLACERES EXPERIMENTADOS EN SUEÑOS.

Son placeres que se experimentan en sueños.

LLAMAN AL PERECEDERO CUERPO-MENTE DICHA ETERNA SUPREMA.

A veces te engaña el cuerpo. Y de alguna manera, si consigues ir más allá del cuerpo, te engaña la mente, que es más bien un engañador.

Los tres primeros chakras pertenecen al cuerpo. Los tres siguientes pertenecen a la mente. Y el séptimo chakra está más allá de ambos.

Normalmente, las personas que se dejan llevar permanecen en los tres primeros chakras inferiores, se quedan ahí. Esos tres primeros chakras: MULADHAR, SWADHISTAN y MANIPURA están atados a la tierra. Son chakras terrestres, son atraídos por la gravitación, son arrastrados hacia abajo. Los siguientes tres chakras:

ANAHATA, VISUDDHA y AJNA están ligados al cielo. La gravitación no les afecta. Están bajo otra ley llamada levitación; son atraídos hacia arriba. Estos tres consisten en la mente. El cuerpo es atraído hacia abajo, la mente es atraída hacia arriba.

Pero tú no eres ni lo uno ni lo otro. Eres el séptimo, que no es ni cuerpo ni mente.

Así que las personas que se complacen viven en los tres primeros chakras. Y las personas que reprimen los tres primeros chakras empiezan a vivir en los tres segundos. Pero crean un mundo de ensueño.

Es casi como esto: un día ayunas, y por la noche sueñas que has sido invitado por la Reina de Inglaterra, y que se celebra un gran banquete en tu honor. Y estás comiendo todo tipo de cosas, todas las cosas que siempre quisiste comer pero que el médico no te permitía. El ayuno crea este sueño, pero este sueño no puede alimentarte. Por la mañana tendrás tanta hambre como antes, o más. Pero este sueño ayuda un poco. ¿Cómo ayuda? Te ayuda a seguir durmiendo, de lo contrario el hambre te despertaría una y otra vez; seguirías despertándote. Este sueño es un truco de la mente. La mente dice:

"No hace falta que te despiertes, no hace falta que vayas a oscuras a buscar la nevera. Puedes dormir tranquilo. Mira, la Reina te ha invitado. Hay tanta comida en la mesa, ¿por qué no comes? Y empiezas a comer. Esto es un truco de la mente. Te ayuda a seguir durmiendo.

Ocurre muchas veces. Tienes la vejiga llena y empiezas a soñar que estás en el baño.

Esto ayuda. No es que descargue la vejiga, pero te mantiene ilusionado y el sueño puede continuar.

Tus creencias, tu imaginación, tus sueños, tus templos, tus iglesias, tus GURUDWARAS, te ayudan a permanecer dormido. Son tranquilizantes.

LLAMAN AL PERECEDERO CUERPO-MENTE DICHA ETERNA.SUPREMA.

A veces piensan que la dicha suprema está ahí en el cuerpo, y entonces empiezan a pensar en la imaginación de la mente que la kundalini está subiendo... Luz, y mil y una visiones y experiencias. Cuidado con estas visiones. Una persona realmente orientada espiritualmente no está interesada en ningún contenido de la conciencia; está interesada en la conciencia misma.

POR EL SIMBOLO EVAM (PIENSAN) SE LOGRA EL AUTOCONOCIMIENTO, POR LAS DIFERENTES SITUACIONES QUE EXIGENCUATRO SELLOS LLAMAN A LO QUE HAN IMAGINADO ESPONTANEIDAD, PERO ESTO ES MIRAR REFLEJOS EN UN ESPEJO.

A través de los mantras, de los sonidos, se puede alcanzar cierta tranquilidad mental. Sí, a través de la MT uno puede lograr cierto sosiego: si repites un cierto sonido continuamente te tranquiliza. Te da un cierto ritmo en la mente; es rítmico. Si repites 'Om, Om, Om' o 'Evam, Evam, Evam' o cualquier mantra... Si repites "Coca-Cola, Coca-Cola, Coca-Cola" con mucho amor y respeto, te ayudará. También puedes tener una botella de Coca-Cola delante de ti y ponerle flores y fruta. Tienes que crear ambiente. Puedes quemar incienso delante de la botella de Coca-Cola y repetir el mantra. Si lo haces el tiempo suficiente, es muy posible que te sientas bien. Te has autohipnotizado, te has sugerido algo a ti mismo:

has sugerido que viene la tranquilidad, que viene el silencio, que viene la felicidad. No es más que autosugestión, autosugestión muy indirecta.

Emile Coue propone sugerencias directas. Piensa "cada vez soy más feliz": sugerencias directas. Emile Coue es un hombre occidental - más honesto, verdadero y directo. Maharishi Mahesh Yogi sugiere que repitas 'Om, Om', 'Ram, Ram' - esto es indirecto, más de la mente oriental; no directo, sino indirecto.

Pero se dan todas las sugerencias: que si repites este mantra dos veces al día durante veinte minutos por la mañana y veinte minutos por la tarde, te volverás más sano, te volverás más silencioso, te volverás más dichoso, esto y aquello. Todo está prometido, incluso tu salario aumentará. Conseguirás ascensos, y el mundo entero cooperará contigo en tus ambiciones.

Esto se da indirectamente. Y entonces no estás interesado en el mantra. Estás interesado en estas cosas: salud, riqueza, poder, prestigio, silencio, alegría - estás interesado en estas cosas. Debido a este interés repites el mantra. Pero cada vez que repites "Om", sabes que estas cosas van a suceder. Y estos mantras sólo funcionan en la medida en que crees en ellos. Si no crees, no funcionarán. Si usted no cree, Mahesh Yogi dirá '¿Cómo pueden funcionar? Tienes que creer en ellos, entonces funcionan'.

La verdad funciona sin tu creencia. La verdad no necesita tu creencia. Sólo la falsedad funciona a través de la creencia. La falsedad necesita creencia por tu parte, porque sólo si crees puedes crear una actitud mental, una autosugestión, un clima en el que funcione.

MEDIANTE EL SÍMBOLO EVAM (PIENSAN) SE ALCANZA LA AUTOCLARIDAD.

Y Saraha dice que esto no tiene sentido. Repitiendo un cierto sonido no se alcanza ninguna claridad, sólo te vuelves más turbio. No es que te vuelvas más inteligente y consciente, te vuelves más soñoliento. Por supuesto, tendrás un mejor sueño - esa es la parte buena de ello. Y no es accidental que la MT de Mahesh Yogi se haya vuelto influyente en América, porque América es el país que está sufriendo tremendamente de insOmnio. La gente no puede dormir; necesitan algún truco para dormir. La MT puede ayudar a dormir bien. Y no estoy en contra de la MT si solo la usas para dormir bien; estoy a favor de dormir bien. Pero recuerda, no puede llevarte a ningún otro reino. No puede convertirse en tu viaje espiritual.

Es un consuelo.

POR LAS DIFERENTES SITUACIONES QUE EXIGEN CUATRO FOCAS..

Hay que comprender estos cuatro sellos. El Tantra habla de cuatro sellos, cuatro MUDRAS. Para alcanzar lo último, una persona pasa por cuatro puertas; tiene que abrir cuatro cerraduras. Esas cuatro cerraduras se llaman cuatro sellos, cuatro MUDRAS. Son muy importantes.

El primer MUDRA se llama KARMA MUDRA. Es la puerta más externa, la periferia misma de tu ser. Es tan exterior - como la acción, por eso se llama KARMA MUDRA. KARMA significa acción. La acción es el núcleo más externo de tu ser; es tu periferia. Lo que haces es tu periferia.

Amas a alguien, odias a alguien, matas a alguien, proteges a alguien: lo que haces es tu periferia. La acción es la parte más externa de tu ser.

El primer sello se abre volviéndote total en tu acción... TOTAL en tu acción. Cualquier cosa que hagas, hazla totalmente, y surgirá una gran alegría - no repitiendo algún mantra, sino haciéndolo totalmente. Si estás enfadado, enfádate totalmente; aprenderás mucho de la ira total. Si estás totalmente enfadado y eres plenamente consciente de tu enfado, un día el enfado desaparecerá. Ya no tendrá sentido que te enfades. Ya lo has comprendido. Ahora puedes abandonarla.

Todo lo que se entiende se puede abandonar fácilmente. Sólo las cosas que no se entienden se quedan a tu alrededor. Así que sé total, sea lo que sea. Intenta ser total y estar alerta: esta es la primera cerradura que hay que abrir.

Recuerda siempre que el Tantra es muy científico. No dice: Repite un mantra. Dice: Hazte consciente en tu acción.

El segundo sello se llama GYANA MUDRA - un poco más profundo que el primero, un poco más interior que el primero - como el conocimiento. La acción es lo más externo, el conocimiento es un poco más profundo. Puedes mirar lo que hago, pero no puedes mirar lo que sé. El conocimiento es interior. Las acciones se pueden observar, pero el conocimiento no, es interior. El segundo sello es el del conocimiento, GYANA MUDRA.

Ahora, empieza a saber lo que realmente sabes, y deja de creer cosas que realmente no sabes.

Si alguien te pregunta: "¿Existe Dios?", y tú respondes: "Sí, existe Dios", recuerda: ¿lo sabes realmente? Si no lo sabes, no digas que lo sabes. Di 'No lo sé'. Si eres honesto y sólo dices lo que sabes, y sólo crees lo que sabes, el segundo candado se romperá. Si sigues sabiendo cosas, creyendo cosas que realmente no sabes, el segundo candado nunca se romperá.

El conocimiento falso es enemigo del conocimiento verdadero. Y todas las creencias son conocimiento falso; simplemente las crees. Y tus supuestos santos siguen diciéndote 'Primero cree, luego sabrás'.

El Tantra dice: Primero SABER, luego creer. Pero eso es un tipo de creencia totalmente diferente; es confianza.

Si crees en Dios, conoces el sol. El sol sale; no necesitas creer en él, simplemente está ahí, lo conoces. Crees en Dios. Dios es falso; tu Dios es falso.

Hay otro Dios: el Dios que llega a través del conocimiento. Pero lo primero que hay que resolver es: deja todo lo que no sabes, pero cree que lo sabes. Siempre has creído, y siempre has llevado la carga - suelta esa carga. De cien cosas, te librarás de casi noventa y ocho, te librarás. Sólo unas pocas cosas permanecerán allí que realmente conoces. Sentirás una gran libertad. Tu cabeza no pesará tanto. Y con esa libertad e ingravidez entras en el segundo MUDRA. La segunda cerradura se rompe.

El tercer MUDRA se llama SAMAYA MUDRA. SAMAYA significa tiempo. La primera capa, la más externa, es la acción, la segunda capa es el conocimiento, la tercera capa es el tiempo. El conocimiento ha desaparecido, sólo estás en el ahora; sólo ha quedado el tiempo más puro. Observa, medita sobre ello. En el ahora no hay conocimiento. El conocimiento siempre tiene que ver con el pasado. En el ahora no hay conocimiento; está completamente libre de conocimiento. Justo en este momento, mirándome, ¿qué sabes? No se sabe nada. Si empiezas a pensar que sabes esto y aquello, eso vendrá del pasado. Eso no vendrá de este momento, no de ahora. El conocimiento es del pasado, o una proyección hacia el futuro.

El ahora es puro conocimiento.

Así que el tercero es SAMAYA MUDRA - estar en este momento. Por qué Saraha lo llama SAMAYA, tiempo?

Normalmente piensas que el pasado, el presente y el futuro son tres divisiones del tiempo, pero no es así como lo entiende el Tantra. El Tantra dice: Sólo el presente es tiempo. El pasado NO es, ya se ha ido. El futuro NO es, aún no ha llegado. Sólo el presente es.

Estar en el presente es estar realmente en el tiempo. De lo contrario, o estás en la memoria o estás en sueños, que son ambos falsos, ilusiones. Así que el tercer sello se rompe estando en el ahora.

Primero, sé total en tu acción - el primer sello está roto. Segundo, sé honesto en tu conocimiento - el segundo sello está roto. Ahora, sé justo aquí-ahora - el tercer sello está roto.

Y el cuarto sello se llama MAHAMUDRA, el gran gesto... más interior, como el espacio. Ahora, el espacio más puro ha permanecido. Acción, conocimiento, tiempo, espacio - estos son los cuatro sellos. El espacio es tu núcleo más interno, el eje de la rueda, o el centro del ciclón. En tu vacío más interior está el espacio, el cielo. Estas son las tres capas: la primera capa es la del tiempo, la segunda es la del conocimiento y la tercera es la de la acción. Estos son los cuatro sellos que hay que romper. Recitar un mantra no va a suceder. No te engañes a ti mismo.

Se necesita un gran trabajo para entrar en tu realidad.

POR EL SIMBOLO EVAM (ELLOS PIENSAN) SE LOGRA LA AUTOLIMPIEZA, POR LAS DIFERENTES SITUACIONES QUE EXIGEN CUATRO SELLOS...

La claridad NO se logra sin que rompas estos cuatro sellos. La claridad sólo se alcanza cuando has entrado en tu espacio puro.

LLAMAN ESPONTANEIDAD A LO QUE HAN IMAGINADO, PERO ESTO ES MIRAR REFLEJOS EN UN ESPEJO.

Sí, puedes crear un espejo cantando un mantra, y en el espejo puedes ver cosas. Es mirar el cristal; no tiene mucho valor. Es sólo mirar el lago y pensar que la luna está allí. La luna no está allí, sólo se refleja. Es mirarse en el espejo y pensar que TÚ estás ahí; tú no estás ahí. No seas infantil. Los niños pequeños hacen eso.

¿Has visto a un niño pequeño llevado por primera vez ante un espejo? Intenta entrar en el espejo. Agarra el espejo e intenta encontrar la manera de entrar en él y encontrarse con el niño que está allí.

Cuando le resulta difícil, intenta pasar por detrás del espejo: quizá haya una habitación y el niño esté sentado allí... Esto es lo que seguimos haciendo.

La mente es un espejo, Si, repitiendo un mantra TM, puedes hacer este espejo muy, muy claro. Pero mirando en el espejo, no lo lograrás. De hecho, el espejo tiene que ser completamente abandonado, desechado. Tienes que moverte hacia adentro. Y esto es muy práctico. Primero la acción, luego el conocimiento, luego el tiempo, luego el espacio.

ASÍ COMO BAJO EL PODER DEL ENGAÑO UNA MANADA DE CIERVOS SE PRECIPITA HACIA EL AGUA EN UN ESPEJISMO QUE NO SE RECONOCE, ASÍ TAMBIÉN LOS ENGAÑADOS NO SACIAN SU SED, ESTÁN ATADOS POR CADENAS Y ENCUENTRAN PLACER EN ELLAS, DICIENDO QUE TODO ES FINALMENTE REAL.

Este es el último sutra.

Saraha dice: Mirándote en el espejo estás mirando un espejismo. Estás soñando. Estás ayudando a que se cree una ilusión a tu alrededor. Estás cooperando en un sueño.

COMO BAJO EL PODER DEL ENGAÑO UNA MANADA DE CIERVOS SE PRECIPITA HACIA EL AGUA EN UN ESPEJISMO QUE NO SE RECONOCE, ASÍ TAMBIÉN LOS ENGAÑADOS NO SACIAN SU SED, ESTÁN ATADOS POR CADENAS...

Nos engañamos con los reflejos que se producen en nuestra mente.

He oído una hermosa historia:

Un hombre que deseaba caminar por las montañas galesas, se instaló en un pub de una ciudad rural.

Las tardes le parecían aburridas, pues no ocurría nada, y la conversación de bar versaba sobre todo sobre ovejas, casi siempre en Gales.

Preguntó al dueño de la casa cómo hacer para encontrar a las damas de la ciudad, y aquel dignatario se quedó estupefacto.

'Mira tío, esto es Gales, tío. No podemos tener prostitutas; la capilla nunca lo permitiría'.

El visitante parecía triste, y el hombre continuó: "Por supuesto, tenemos la misma naturaleza humana que en cualquier parte, pero lo que usted menciona se mantiene fuera de la vista". Continuó explicando que en lo alto de la montaña, al fondo, había cuevas, bien amuebladas y con todas las comodidades. Lo que debía hacer el forastero era subir a la montaña al anochecer y gritar "¡Yoo-hoo!", y si la dama respondía "yoo-hoo", se podrían negociar las condiciones. Si ya estaba comprometida, no habría respuesta.

Aquella noche, el inglés fue de cueva en cueva, pero no tuvo suerte. Finalmente decidió volver y emborracharse. Pero al pie de la montaña encontró una cueva nueva. Gritó: "¡Yoo-hoo! ¡Yoo-hoo! Yoo-hoo!' volvió tan claramente. Se precipitó a la cueva y murió arrollado por un tren.

Eso es un espejismo. Imaginas, fantaseas, luego empiezas a ver. Y entonces sirve cualquier excusa. Cuando un hombre está sediento en un desierto, perdido, y la sed arde como una llama en su interior, y sólo piensa en agua, sólo en agua y nada más, hay muchas posibilidades de que empiece a ver agua en alguna parte. La proyectará. Su deseo es tan grande que la proyectará. Empezará a ver lagos de agua ilusorios; pensará que ha llegado una brisa fresca. Pensará que ha visto algunos pájaros volando, incluso pensará que puede ver algunos árboles verdes, no sólo árboles verdes, sino sus reflejos en el agua. Se precipitará.

Así hemos estado corriendo durante millones de vidas... yendo de una cueva a otra. Y no ves que cada vez que vas, no encuentras agua; la sed no se sacia. Pero no aprendes nada.

El mayor problema del hombre es que no aprende. Amaste a una mujer o a un hombre, pensaste que tu sed se saciaría - no se sacia. Pero no aprendes nada; empiezas a moverte hacia otra cueva. No tienes dinero y pensabas que con diez mil rupias todo iría bien. Y entonces esas diez mil rupias también pasan, pero no has aprendido nada. En ese momento empiezas a pensar "A menos que haya un lakh de rupias, ¿cómo puedo ser feliz?" También ocurre un lakh, pero aún no has aprendido nada. Y así sucesivamente... de una cueva a otra, de un nacimiento a otro, ¡de una muerte a otra! El hombre parece casi incapaz de aprender. Los que aprenden, sólo ellos saben. Empieza a aprender. Estate un poco más alerta. Deja que cada experiencia te dé algo de conocimiento.

Has pedido tantas veces tantas cosas y no ha pasado nada. Ahora deja de pedir. Has deseado tantas cosas, y cada deseo te ha llevado a la frustración. ¿Aún sigues deseando? Hiciste lo mismo ayer y anteayer, y seguirás haciendo lo mismo hoy, y mañana también - y nada sale de ello. Y sigues moviéndote y haciendo lo mismo una y otra vez.

Aprender es hacerse religioso. La palabra "discípulo" es hermosa. Significa "el que es capaz de aprender". Proviene de una raíz que significa "aprender": el que es capaz de aprender es un discípulo.

Conviértanse en discípulos... discípulos de su propia vida. La vida es realmente tu maestro. Y si no podéis aprender de la vida, ¿de dónde más podéis aprender? Si el gran maestro de la vida es derrotado por ti y no puede enseñarte nada, entonces ¿quién podrá enseñarte algo?

Este universo es una universidad. Cada momento es una lección. Cada frustración es una lección. Cada vez que falles, ¡aprende algo! Poco a poco, entra el rayo del conocimiento. Pulgada a pulgada, uno se vuelve alerta. Pulgada a pulgada, uno se vuelve capaz de no repetir los viejos errores. En el momento en que empiezas a aprender, te estás acercando a Dios.

Y no confíes en los pequeños conocimientos. No creas que has llegado. Un pequeño aprendizaje a veces satisface tanto a la gente. Luego se detienen y dejan de avanzar.

Es un gran viaje, es un viaje sin fin. Cuanto más aprendas, más podrás aprender.

Cuanto más aprendas, más consciente serás de que aún queda mucho por aprender. Cuanto más sabes, más intenso se vuelve el misterio. Cuanto más sabes, menos sientes que sabes. Al conocer, se abren nuevas puertas. Al conocer, se revelan nuevos misterios.

Así que no te conformes con un poco de conocimiento. A menos que Dios se te revele, nunca te conformes.

Que haya un gran descontento espiritual. Sólo aquellos que tienen la suerte de tener este descontento divino en ellos - que nada menos que Dios los satisfará - sólo ellos llegan, nadie más.

La confianza no puede traicionarse

Pregunta 1:
¿POR QUÉ SIEMPRE ME INTERESAN LAS MUJERES CASADAS?

No tiene nada de especial, es una enfermedad muy común que existe en proporciones casi epidémicas. Pero hay razones para ello.

Millones de personas, tanto hombres como mujeres, se interesan más por la persona casada. En primer lugar, la persona soltera demuestra que nadie la ha deseado todavía; la persona casada demuestra que alguien la ha deseado. Y eres tan imitativo que ni siquiera puedes amar por ti mismo. Eres tan esclavo que cuando otra persona está amando a alguien, sólo entonces puedes seguirla. Pero si la persona está sola y nadie está enamorado de ella, entonces sospechas. Tal vez la persona no valga la pena, de lo contrario, ¿por qué debería esperarte?

La persona casada siente una gran atracción por el imitador.

En segundo lugar, la gente ama menos - la gente, de hecho, no sabe lo que es el amor - compite más. El hombre casado... y te interesas. O la mujer casada... y te interesas - porque ahora hay una posibilidad de competir. La lucha triangular es posible. La mujer no es fácil de conseguir. Va a haber lucha.

De hecho, no te interesa la mujer, te interesa la lucha. Ahora la mujer es casi una mercancía. Puedes luchar por ella y demostrar tu valía. Puedes desplazar al marido, y te sentirás muy bien - un viaje de ego; no es un viaje de amor. Pero recuerda, una vez que consigas deshacerte del marido, la mujer dejará de interesarte. Quieres probarte a ti mismo contra el hombre. Mira, ¿ahora me he interesado por la mujer soltera? De nuevo empezarás a buscar pelea en alguna parte: siempre lo convertirás en un triángulo. Esto no es amor.

En nombre del amor hay celos, hay competencia, hay agresión, hay violencia.

Quieres probarte a ti mismo. Quieres probarte a ti mismo contra el hombre: 'Mira, te he quitado a tu mujer'. Una vez que te hayas llevado a la mujer, no te interesará en absoluto, porque ella no era lo que deseabas; lo que deseabas era una especie de victoria.

He oído...

Cierto prominente hombre de negocios perdió a su esposa, y el funeral se convirtió en una ocasión pública. Asistieron todos los dignatarios de la ciudad y casi todos eran conocidos del difunto. Sin embargo, había un desconocido que parecía más afectado que nadie. Antes de que terminara el funeral, se derrumbó por completo.

El viudo-marido preguntó: "¿Quién era ese forastero llorón?".

'Ah' susurró alguien '¿no lo sabías? Era el amante de tu difunta esposa".

El afligido se acercó al hombre que sollozaba, le dio unas palmaditas en la espalda y le dijo: "Anímate, muchacho, anímate. Seguramente volveré a casarme".

Cuidado. Enamorarse de una mujer casada o de un hombre casado es una enfermedad. Busca las razones. No es amor. Hay algo más trabajando detrás de tu mente, en tu inconsciente.

Otra cosa: la mujer casada no está fácilmente disponible. Eso también crea deseo. La fácil disponibilidad mata el deseo. Cuanto más inabordable, cuanto más inaccesible es la mujer, mayor es el deseo; puedes soñar con ella. Y, de hecho, no hay muchas posibilidades de que se convierta en realidad. Hay muchas posibilidades de ser romántico con una mujer casada: puedes jugar con tu fantasía. No es fácil ponerla a tu disposición. No te interesan las mujeres solteras porque no dejan muchas oportunidades para el romanticismo. Si usted está interesado, ellas están listas. No queda espacio. La espera no es tan larga.

Muchas personas no se interesan por el amor, sino por la espera; dicen que esperar es mucho más hermoso que el amor. En cierto modo es así, porque mientras esperas simplemente estás proyectando, estás soñando.

Por supuesto, tu sueño es tu sueño y puedes hacerlo tan bonito como quieras.

La mujer real va a destrozar todos tus sueños. La gente tiene miedo de la mujer real. Y una mujer casada se vuelve más irreal que real.

Lo mismo ocurre con un hombre casado: está lejos. No hay muchas posibilidades de que realmente entre en una relación amorosa contigo.

He oído...

Un joven fue a ver a un anciano muy sabio, y el joven le dijo: 'Estoy enfermo de amor, señor. ¿Puede usted ayudarme?

El sabio reflexionó y dijo: "Sólo hay una cura para el amor: el matrimonio. Y si el matrimonio no puede curarlo, ¡nada puede curarlo! Si te casas, te curarás. Nunca más volverás a pensar en el amor".

Sí, el matrimonio lo cura tan ciertamente, tan absolutamente, que si el matrimonio no puede curar el amor, entonces nada puede curarlo. Entonces eres incurable. Es bueno enamorarse de una mujer casada porque entonces no hay posibilidad de cura; sigues enfermo de amor.

Hay gente que disfruta enormemente de su mal de amores: llorando. llorando, esperando, fantaseando, poetizando, leyendo, escribiendo poesía, pintando, haciendo música... todo sucedáneos. La mujer real es peligrosa. La mujer real sólo parece musical desde lejos. Si te acercas, es una mujer REAL. No es un hada ni una ficción. Habrá que contar con su realidad. Y cuando una mujer se acerca a ti, no sólo es real, sino que te hace bajar de tus torres de marfil a la tierra.

En todas las culturas del mundo, la mujer se representa como la tierra y el hombre como el cielo. La mujer es muy terrenal, gravita hacia la tierra. Es más terrenal que el hombre, más práctica, más pragmática que el hombre. Por eso no hay grandes mujeres poetas, no hay grandes mujeres pintoras, no hay grandes mujeres compositoras. No vuelan tanto por el cielo. Se agarran a la tierra, penetran en ella con sus raíces y se quedan ahí como árboles fuertes.

El hombre se parece más a un pájaro. Cuando el hombre se casa, la mujer lo lleva también a la tierra, al mundo práctico. A los poetas no les gusta casarse. Siempre quieren permanecer enamorados, no quieren curar esa enfermedad.

La gente se enamora de una mujer casada - esto es una casa a medio camino, es un truco. Pueden creer que están enamorados y también pueden evitarlo.

El amor crea un gran miedo porque el amor es un reto, un gran reto. Tendrás que crecer. No puedes seguir siendo juvenil e inmaduro. Tendrás que enfrentarte a las realidades de la vida. Tus llamados grandes poetas son casi siempre personas inmaduras muy infantiles que aún viven en el país de las hadas de la infancia.

No saben lo que es la realidad; no permiten que la realidad penetre en sus sueños.

Una mujer es una destructora segura de ficciones. Ella no es ficticia, es un hecho, una verdad. Así que si quieres creer que estás enamorado y aún así quieres evitar el amor, es bueno, seguro, enamorarse de una mujer casada o de un hombre casado. Esto es muy engañoso, es un engaño, un autoengaño.

Las mujeres también tienen miedo de enamorarse de un hombre libre, porque con el hombre libre o la mujer libre hay implicación, una implicación de veinticuatro horas. Con una mujer casada la implicación no es tan grande. Puedes robarle algunos besos, puedes encontrarte con ella en algún rincón oscuro, siempre con el miedo de que venga el marido, de que alguien te vea. Siempre es a medias, siempre con prisas, y no llegas a conocer a la mujer tal y como es en su vida de veinticuatro horas. Sólo llegas a conocer su cara pintada, sólo llegas a conocer su actuación, no su verdad.

Cuando una mujer sale de casa dispuesta a ir de compras, ya no es la misma. Es casi otra persona. Ahora es una mujer administrada, ahora es una artista. Las mujeres son grandes actrices. En casa no están tan guapas. Fuera de casa de repente se vuelven tremendamente bellas, alegres, joviales. Encantadas. Vuelven a ser niñas pequeñas, risueñas, enamoradas de la vida. Sus caras son diferentes, radiantes. Sus ojos son diferentes; su maquillaje, su actuación.

Ver a una mujer en la playa o en un centro comercial es ver una realidad totalmente distinta. Vivir con una mujer veinticuatro horas al día es muy mundano, tiene que serlo. Pero si realmente amas a una mujer, te gustaría conocer su realidad y no su ficción, porque el amor sólo puede existir con la realidad. Y el amor es suficientemente capaz de conocer la realidad y aun así ser capaz de amarla, de conocer todos los defectos y aun así ser capaz de amarla. El amor es una fuerza tremenda.

Cuando estás con una persona veinticuatro horas al día -hombre o mujer- llegas a conocer todos sus defectos: todo lo que es bueno, y todo lo que es malo también; todo lo que es bello, y todo lo que es feo también; todo lo que es como los rayos de luz, y todo lo que es como la noche oscura. Llegas a conocer a la persona en su totalidad. El amor es lo suficientemente fuerte como para amar al otro, conociendo todos los defectos, limitaciones, fragilidades a las que es propenso un ser humano.

Pero este amor ficticio no es lo bastante fuerte. Sólo puede amar a una mujer en la pantalla de cine. Sólo puede amar a una mujer en una novela. Sólo puede amar a una mujer en la poesía. Sólo puede amar a la mujer como una estrella lejana y distante. Sólo puede amar a una mujer que no es real.

El amor es una dimensión totalmente diferente. Es enamorarse de la realidad. Sí, la realidad tiene defectos, pero esos defectos son retos para el crecimiento. Cada defecto es un reto para superarlo. Y cuando dos personas están realmente enamoradas, se ayudan mutuamente a crecer. Se miran; se convierten en espejos el uno para el otro: se reflejan mutuamente. Se ayudan, se sostienen. En los buenos momentos, en los malos, en los momentos de felicidad, en los momentos de tristeza, están juntos, están implicados: en eso consiste la implicación.

Si sólo estoy contigo cuando eres feliz y no estoy contigo cuando eres infeliz, eso no es implicación, es explotación. Si sólo estoy contigo cuando fluyes y no estoy contigo cuando no fluyes, entonces no estoy contigo en absoluto. Entonces no te amo, sólo me amo a mí mismo y sólo amo mi placer. Cuando seas placentero, bien; cuando te vuelvas doloroso te desecharé. Esto no es amor, esto no es implicación, esto no es compromiso. Esto no es respeto por la otra persona.

Es fácil amar a la mujer de otro porque él tiene que sufrir la realidad y tú disfrutas de la ficción.

Es una división del trabajo muy buena. Pero esto es inhumano. El amor humano es un gran encuentro. Y el amor es sólo si el crecimiento se produce a partir de él, de lo contrario ¿qué tipo de amor es?

Los amantes se enriquecen mutuamente, en todos los sentidos. Cuando están juntos, alcanzan las cimas más altas de la felicidad, pero también las profundidades más profundas de la tristeza. Su abanico de felicidad y tristeza se amplía: eso es el amor. Solo, si lloras y lloras, tus lágrimas no tienen mucha profundidad. ¿Lo has visto? Solas, son superficiales. Cuando lloras con alguien, tus lágrimas adquieren profundidad, una nueva dimensión. Solo puedes reír, pero tu risa será superficial. De hecho, será una locura: sólo los locos se ríen solos.

Cuando te ríes con alguien hay profundidad en ello, hay cordura en ello. Solo, puedes reír, pero la risa no llegará muy profundo, no puede llegar. Juntos, llega a lo más profundo de tu ser.

Dos personas juntas, juntas en todos los climas - día y noche, verano e invierno - en todos los estados de ánimo, crecen. El árbol necesita todos los climas y todas las estaciones. Sí, necesita el ardiente calor del verano y el frío hielo del invierno. Necesita la luz del día, la lluvia del sol, y necesita el silencio de la noche para encerrarse en sí mismo y dormir profundamente. Necesita días silenciosos, alegres, gozosos; necesita también días sombríos, nublados. Crece a través de todas estas dialécticas.

El amor es una dialéctica. Solo, no puedes crecer. Recuerda siempre que si estás enamorado no evites el compromiso, no evites implicarte. Métete de lleno en ello. No te quedes en la periferia listo para escapar si las cosas se ponen demasiado problemáticas.

Y el amor también es un sacrificio. Tienes que sacrificar mucho... tu ego. Tienes que sacrificar tu ambición, tienes que sacrificar tu intimidad, tienes que sacrificar tus secretos; tienes que sacrificar muchas cosas. Así que sólo estar en un amor romántico no necesita sacrificio. Pero cuando no hay sacrificio no hay crecimiento.

El amor te cambia casi por completo: es un nuevo nacimiento. Nunca vuelves a ser la misma persona que eras antes de amar a una mujer o a un hombre. Has pasado por el fuego, estás purificado. Pero hace falta valor.

Tú preguntas: ¿POR QUÉ SIEMPRE ME INTERESAN LAS MUJERES CASADAS?

Porque no eres valiente. Quieres evitar la implicación. Lo quieres barato, no quieres pagar el precio por ello.

Pregunta 2:

MAESTRO MISERICORDIOSO, YA NO ES HACER EL AMOR... SIENTO QUE ESTOY EN UN TEMPLO CONTIGO POR TODAS

PARTES. EN ESTE MOMENTO SOY CONSCIENTE - LO QUE NUNCA FUI ANTES DE CONOCERTE.

TODO ES DIFERENTE CADA VEZ - PARA MÍ Y PARA LA OTRA MITAD. DAR LAS GRACIAS NUNCA ES ADECUADO EN ESE MOMENTO. Y SIN EMBARGO VOLVEMOS A RESBALAR. ¿CÓMO PODEMOS DESPEGAR?

¿CÓMO PUEDO TOMAR LA AYUDA DE LA MUJER QUE ESTÁ FUERA PARA UNIRME A LA MUJER QUE ESTÁ DENTRO DE MÍ?

La pregunta es de Anand Kul Bhushan.

Lo primero: nunca pienses en la mujer como "la otra mitad"; ella no lo es, tú tampoco. Tú eres completo, ella es completa. Ella es un individuo y tú eres un individuo. Tú eres completo y ella es completa.

Esa vieja actitud de que la mujer es la otra mitad ha resultado ser un gran desastre. En el momento en que empiezas a poseer -es una especie de posesión-, en el momento en que empiezas a destruir la individualidad del otro, estás destruyendo algo de gran valor. Es poco creativo. Nunca pienses en la mujer como la otra mitad, ¡no lo es!

Dos amantes son como dos pilares en un templo. Así lo dice Kahlil Gibran. Sostienen el mismo tejado, pero están distanciados; no están juntos. Si los dos pilares del templo se acercaran mucho, el templo se vendría abajo: el tejado no se sostendría en absoluto. Mira estos pilares en el Auditorio Chuang Tzu; están distantes, pero sostienen el mismo techo. Así deberían ser los amantes: distantes, individuales y, sin embargo, sosteniendo algo en común.

La mujer no es la mitad del marido, ni el marido es la mitad de la mujer. Ni el marido está rendido a la mujer, ni la mujer está rendida al marido; ambos están rendidos al dios amor. Recuérdalo - por lo demás ha demostrado ser realmente paralizante. Ciertamente el hombre no ha sufrido mucho, porque la idea que el hombre tiene de la mujer es que ella es "la otra mitad". No piensa que él mismo es también la otra mitad, no. La idea del hombre es que la mujer es la otra mitad. El hombre permanece entero; la mujer se convierte en la otra mitad.

Por eso, después del matrimonio, la mujer tiene que tomar el nombre del marido, no el marido. Ella desaparece, es destruida. Ya no es una mujer, es una esposa. La esposa es una institución.

El hombre sigue siendo el mismo de antes. Al hombre se le ha añadido algo, pero a la mujer se le ha quitado algo: esto es feo.

El otro día leía el hermoso poema de una mujer:

No me hables de tu amor (Le dice a su amante)...

No me hables de tu amor Lo conozco bien Lo he sentido en tu mirada Lo he sentido del látigo y peor aún de tu lengua No me hables de tu amor Es tan fluido Me ha ahogado a mí y a los míos en su ardiente intensidad Me quedan pocos lugares sin cicatrices El calor de tu amor La seguridad de tu amor me ha dejado sin padre El regalo de tu amor me marcó como bastardo El testimonio de tu amor me ha encarcelado Tu canción de amor me ha dejado sin voz No cantaré más Ya no soy más Me has amado hasta el olvido Déjame repetirlo: Me has amado hasta el olvido...

Entonces el amor no ha demostrado mucho de amor. Es una forma sutil de dominación. Y cuando hay dominación, el amor desaparece. Cuando hay posesión, el amor desaparece.

Por favor, no poseas a una mujer y no poseas a un hombre Posesión, posesividad no es amor. Recuerda, la mujer tiene que permanecer INTACTA como individuo. Su libertad no debe ser destruida; su libertad debe ser respetada, signifique lo que signifique. Esta es la visión del Tantra:

signifique lo que signifique - incondicionalmente - su libertad tiene que permanecer intacta. Si la amas de verdad, amarás también su libertad, y ella amará la tuya.

Si amas a una persona, ¿cómo puedes destruir su libertad? Si confías en una persona, también confías en su libertad.

Un día vino a verme un hombre que estaba muy mal, muy triste. Y me dijo: 'Voy a suicidarme'.

Le dije: "¿Por qué?".

Confiaba en mi mujer y me ha traicionado. Confiaba plenamente en ella y se ha enamorado de otro hombre. Y no me he enterado hasta ahora. He conseguido algunas cartas. Entonces pregunté, insistí y ahora me ha confesado que ha estado enamorada todo el tiempo. Me suicidaré", dijo.

Le dije: "¿Dices que confiabas en ella?".

Dijo: 'Sí, confié en ella y me traicionó'.

¿Qué entiende por confianza? - alguna noción errónea sobre la confianza; la confianza también parece ser política.

'Confiaste en ella para que no te traicionara. Tu confianza era un truco. Ahora quieres hacerla sentir culpable. Esto no es confianza'.

Se quedó muy perplejo. Me dijo: "¿Qué entiendes por confianza, si esto no es confianza? Yo confiaba en ella incondicionalmente'.

Si yo estuviera en tu lugar, la confianza significaría que confío en su libertad, en su inteligencia y en su capacidad de amar. Si se enamora de otra persona, también confío en ella.

Es inteligente, puede elegir. Es libre, puede amar. Confío en su comprensión".

¿Qué entiendes por confianza? Cuando confías en su inteligencia, en su comprensión, en su conciencia, confías en ella. Y si ella descubre que le gustaría enamorarse de otra persona, está perfectamente bien. Incluso si sientes dolor, es tu problema, no el de ella. Y si tú sientes dolor, no es por amor, sino por celos.

¿Qué clase de confianza es ésta, que dices que ha sido traicionada? Lo que yo entiendo por confianza es que no puede ser traicionada. Por su propia naturaleza, por su propia definición, la confianza no puede ser traicionada. Es imposible traicionar la confianza. Si la confianza puede ser traicionada, entonces no es confianza. Piénsalo.

Si amo a una mujer, confío infinitamente en su inteligencia. Y, si en algún momento ella quiere ser cariñosa con otra persona, está perfectamente bien. Siempre he confiado en su inteligencia. Ella debe sentirse así. Es libre. No es mi otra mitad, es independiente. Y cuando dos personas son individuos independientes, sólo entonces hay amor. El amor sólo puede fluir entre dos libertades.

Entiendo la pregunta de Kul Bhushan. Él ha utilizado esta palabra "otra mitad" inconscientemente. He visto su amor por su esposa, he visto el amor de su esposa por él. No son la mitad del otro, en absoluto; es sólo un hábito inconsciente de usar una palabra. Pero quería dejarlo claro.

Lo segundo: YA NO SE HACE EL AMOR... Cuando el amor crece en profundidad se convierte en otra cosa. Cuando el amor no crece se convierte en otra cosa. El amor es algo muy delicado.

Si no crece, se vuelve amargo, se envenena; se convierte en odio. Incluso puede caer por debajo del odio: puede convertirse en indiferencia, que es lo más alejado del amor.

El amor es una energía caliente. El odio también, caliente. Pero la indiferencia es fría, congelada. Puedes pensar en el amor, el odio y la indiferencia en esta escala. Exactamente entre el odio y el amor hay un punto cero -igual que en un termómetro hay un punto cero- por debajo está la frialdad, por encima está el calor. El amor es calor. Ese punto cero es el odio, por debajo de él te vuelves aún más frío, más frío: puedes volverte frío como el hielo, indiferente. Si el amor no crece, empieza a caer hacia abajo. Tiene que moverse: el amor es energía; la energía se mueve.

Si se mueve, pronto descubrirás que ya no es amor. Se ha convertido en meditación, se ha convertido en oración.

Ese es todo el planteamiento del Tantra: que si el amor crece correctamente, si el amor se cuida con esmero, se convierte en oración. Se convierte, finalmente, en la experiencia última de Dios.

El amor es el templo de Dios. Así que la gente que vive en la indiferencia no puede conocer a Dios. La indiferencia es el verdadero ateísmo. La gente que vive de una manera fría... Incluso los tribunales lo entienden: si alguien ha sido asesinado en caliente, los tribunales no se lo toman demasiado en serio. Si alguien ha sido asesinado por pasión, los tribunales son indulgentes. En ese caso, el asesino no debe ser castigado con demasiada severidad: fue sólo un acto pasional; ocurrió por una rabia repentina.

Pero los tribunales son muy duros cuando hay un asesinato de cálculo frío. El asesino frío es el hombre más peligroso. Lo prepara todo al detalle. Lo piensa, lo medita, lo contempla:

calcula. Se mueve de una manera muy, muy mecánica y eficiente; muy hábilmente hace su trabajo. No tiene corazón, es frío.

El corazón frío es el corazón muerto. El corazón frío es el corazón muerto, seco, fósil. Si el amor no se eleva, descenderá. Recuerda, no puede permanecer estático - ese es el punto a entender. El amor no puede permanecer estático - o cae o sube, pero va. Así que si realmente quieres vivir una vida cálida, ayuda al amor a crecer.

Dos personas se enamoran; si su amor no empieza inmediatamente a convertirse en amistad, tarde o temprano habrá un divorcio. La amistad debe surgir del amor, de lo contrario surgirá la enemistad. El amor es una apertura. Inmediatamente comienza a crecer la amistad, de lo contrario crecerá la enemistad - algo está destinado a crecer.

El amor es fértil. Si no siembras las semillas de hermosas flores, crecerán malas hierbas, pero algo crecerá. Cuando el amor es realmente profundo, se convierte en oración. Entonces toda la cualidad es no-sexual. Entonces la cualidad no es sensual. Entonces tienes un cierto sentimiento de reverencia hacia el otro, no de lujuria sexual, sino de asombro. En presencia del otro, empiezas a sentir algo divino, algo sagrado. Tu amado se convierte en tu diosa o tu dios.

... YA NO ES HACER EL AMOR... SI ANGUILA ESTOY EN UN TEMPLO CONTIGO TODO.

Así es, estás bendecido. EN ESTE MOMENTO SOY CONSCIENTE - LO QUE NUNCA FUI ANTES DE CONOCERTE. Cuanto más amor se convierta en oración, más conciencia se producirá - al igual que una sombra.

Esta es mi insistencia: que si la conciencia sucede, entonces en su sombra viene el amor; como la sombra viene el amor. Si sucede el amor, entonces como la sombra viene la consciencia. O creces en el amor o creces en la meditación, pero el resultado final es el mismo. Ambos vienen juntos: intentas uno y viene el otro. Depende de ti. Si te sientes más en sintonía con el amor, entonces el amor es tu camino - el camino del devoto, BHAKTA. Si te sientes más en sintonía con la conciencia, entonces el camino de la meditación, DHYANA. Estos son los únicos caminos básicos, todos los demás caminos son combinaciones de estos dos. Si el amor crece, serás más y más consciente en cada momento de él. Cuanto mayor sea, mayor será tu percepción de las cosas.

DARTE LAS GRACIAS NUNCA ES ADECUADO EN ESE MOMENTO. No puede serlo y no es necesario. De hecho, muchas veces, cuando decimos gracias, no lo decimos en serio. Si alguien te pasa sal en la mesa y le das las gracias, ¿lo dices en serio? No lo dices en serio, es sólo una formalidad. Entre un Maestro y un discípulo no hay formalidad, no hay necesidad. No te estoy pasando sal.

"Gracias" es un amaneramiento occidental. En Oriente es casi imposible. Nunca le he dado las gracias a mi padre, no puedo. ¿Cómo puedo dar las gracias a mi padre? No le he dado las gracias a mi madre. Tengo todo por lo que darle las gracias, pero no se lo he dado. ¿Cómo podría hacerlo? Sería demasiado inadecuado, demasiado embarazoso, incluso darle las gracias.

Sería demasiado formal, carecería de amor. Es mejor guardar silencio. Ella lo entiende.

Entre un Maestro y un discípulo no hay formalidad posible; toda formalidad será siempre inadecuada. Pero no hay necesidad. Entiendo, Kul Bhushan. Puedo ver tu corazón, lleno de gratitud.

Sólo en silencio puede decirse. Se puede decir sin decirlo. Si intentas decirlo, nunca quedará bien.

Pregunta 3:

DAR LAS GRACIAS NUNCA ES ADECUADO EN ESE MOMENTO. Y SIN EMBARGO VOLVEMOS A RESBALAR. ¿CÓMO PODEMOS DESPEGAR? ¿CÓMO PUEDO TOMAR LA AYUDA DE LA MUJER DE FUERA PARA UNIRME A LA MUJER DE DENTRO?

Retroceder es natural. El pasado es tan grande y el momento presente tan pequeño. La atracción del pasado es tan grande, y esta conciencia es como una hoja nueva que sale del árbol: fresca, joven, delicada, vulnerable. Y el pasado es como un gran Himalaya - rocas y rocas y rocas. Esta pequeña hoja y este gran Himalaya de rocas... Esta hoja tuvo que luchar contra este Himalaya de un pasado de miles de vidas vividas mecánicamente, vividas inconscientemente. Pero aún así esta pequeña hoja demostrará ser más fuerte que todo el Himalaya de rocas y rocas y rocas. ¿Por qué? Porque esta hoja está viva... viva de amor, encendida de amor. Esta hoja es la hoja de la conciencia. Va a ganar.

Pero muchas veces sentirás que te has resbalado, es natural. No te preocupes ni te sientas culpable por ello. Siempre que lo recuerdes, vuelve a empezar a crecer. Mantén siempre la nueva hoja en tu conciencia. Vierte toda tu conciencia en esta nueva visión que está creciendo en ti. Al principio, estos momentos serán escasos. Pero incluso si, de vez en cuando, llega este momento en el que el amor ya no existe y se ha convertido en oración, estás en un momento Tantra. No te preocupes por las noches oscuras: no hay por qué preocuparse. Pasa del día a día. Recuerda el día a día.

Habrá noches -a veces muy largas-, piensa en esas noches como si fueran túneles de oscuridad. En un extremo hay luz, en el otro extremo hay luz; en medio está el túnel de oscuridad. Y eso también es bueno, porque prepara los ojos para ver la luz con más claridad. Da descanso, relaja. No pienses en términos de una noche a otra noche y el día justo en medio, no. Incluso esos momentos son muy pocos y muy pequeños, pero son joyas preciosas... que brillan.

Piensa en esos momentos. Un momento ha ocurrido hoy y otro puede ocurrir dentro de un año. No te preocupes por el año, es irrelevante. De este momento a ese momento deja que tus ojos se concentren: todo este año es sólo un túnel de un día a otro día, de una luz a otra luz, de un momento de amor a otro momento de amor, de una conciencia a otra conciencia. Pronto el deslizamiento será menor, y pronto el deslizamiento desaparecerá. Pero no hay necesidad de sentirse culpable, no hay necesidad de sentirse arrepentido por ello. Es natural, acéptalo.

Pregunta 4:

¿CÓMO PUEDO TOMAR LA AYUDA DE LA MUJER DE FUERA PARA UNIRME A LA MUJER DE DENTRO?

No pienses en el "cómo". Si hay amor, sucederá. Y el amor no es un "cómo", el amor no es saber cómo. Simplemente ama sin ninguna razón. Sólo amar con reverencia, con asombro. Sólo amor: ver en el otro no el cuerpo sino el alma, ver en el otro no la mente sino la no-mente. Si puedes ver la no-mente en tu mujer, serás capaz de encontrar a tu mujer interior muy fácilmente. Entonces la mujer exterior es sólo un medio: a través de la mujer exterior, por medio de la mujer exterior, serás devuelto a tu mujer interior.

Pero si la otra mujer exterior es sólo un cuerpo, entonces estás bloqueado. Si la otra mujer es sólo un alma, un vacío, sólo un cero, sólo un pasaje, entonces no hay nada que te bloquee; tu energía retrocederá y entrará y encontrarás a tu propia mujer interior.

Cada mujer y cada hombre pueden ser útiles desde fuera para encontrar a la mujer interior y al hombre interior.

Pero no hay un "cómo". Se necesita reverencia. Piensa en términos, medita en términos de la divinidad del otro. El otro es divino. Que prevalezca esa actitud. Deja que ese clima te rodee. Y va a suceder, ya está en camino.

Pregunta 5:

¿POR QUÉ LA GENTE TE ECHA DE MENOS? DESDE QUE TOMÉ SANNYAS PUEDO VER SU ESTUPIDEZ MUY CLARAMENTE. ¿POR QUÉ NO PUEDEN VERLO?

No seas demasiado duro con la gente. Y no es asunto tuyo. Si no quieren verlo, es su decisión y su libertad. Ni siquiera lo llames estupidez, porque si lo llamas estupidez, surgirá en ti un ego sutil: que tú puedes ver y ellos no, que tú eres inteligente y ellos estúpidos.

No, esto no es bueno.

Sucedió una vez...

Mahoma fue a la mezquita a rezar su oración de la mañana, y llevó consigo a un joven que nunca antes había ido a la mezquita. Al volver -era una mañana de verano y la gente aún dormía-, mientras regresaba, el joven le dijo a Mahoma: "Hazrat, mira a estos pecadores que aún duermen. ¿Es hora de dormir? Es hora de rezar". Era la primera vez que él mismo iba a rezar.

¿Sabes lo que dijo Mahoma? Mirando al cielo, dijo 'Lo siento'.

El joven dijo: "¿A quién se lo dices?".

Dijo 'Por Dios'. Y tendré que volver a la mezquita. Y por favor, no vengas esta vez. Era bueno que no hubieras ido antes a la mezquita; algo he hecho mal llevándote. Fue bueno que también estuvieras dormido - al menos no habrías reunido este ego. Ahora eres un santo sólo porque has hecho una oración, y esta gente son pecadores. Y porque te llevé conmigo, mi propia oración se ha estropeado, así que me vuelvo. Y por favor, no vuelvas nunca más. Al menos no te llevaré conmigo'.

Y volvió a rezar y a pedir perdón a Dios. Y estaba llorando, y las lágrimas rodaban por su rostro.

Hace unos días que tomaste sannyas -o unas semanas- ¿y piensas que los demás son estúpidos? Eso no está bien, no está bien en absoluto. De hecho, un sannyasin es aquel que deja de interferir en la vida de los demás. Esta actitud es una interferencia. ¿Por qué? Si no quieren verme, si no quieren escucharme, si no quieren entender lo que está pasando aquí, entonces esa es su libertad. No son estúpidos; es simplemente su libertad. Tienen que ser ellos mismos.

Si reúnes esas actitudes -así es como nace el fanatismo-, entonces un día puedes convertirte en un fanático, entonces puedes obligarlos a venir. Tendrás que venir'. Por compasión, tienes que obligarlos. Eso es lo que han hecho las religiones a lo largo de los siglos: Mahometanos matando a hindúes, hindúes matando a mahometanos, cristianos matando a mahometanos, mahometanos matando a cristianos.

¿Por qué? Por compasión. Dicen 'Te llevaremos por el buen camino. Vas por mal camino.

No podemos permitir que te extravíes".

Libertad significa libertad total. Libertad significa también extraviarse. Si no permites que una persona se descarríe, ¿qué tipo de libertad es esa? Si le dices a un niño: "Sólo eres libre para hacer lo correcto, y yo decido lo que es correcto; no eres libre para hacer lo incorrecto, y yo decido lo que es incorrecto", ¿qué tipo de libertad es esa? ¿Quién eres tú para decidir lo que está bien? Que cada uno decida por sí mismo.

Es muy fácil reunir tales actitudes. Por eso, a lo largo de los tiempos, se han producido estas tonterías:

millones de personas han sido asesinadas en nombre del amor, en nombre de Dios. ¿Cómo ha sido posible?

Los cristianos pensaban que estaban haciendo un gran deber, porque pensaban 'A menos que vengas a través de Jesús, nunca llegarás a Dios'. Si nos fijamos en su lógica, parece muy, muy compasiva. Si este es realmente el caso -que puedes llegar a Dios solo a través de Jesús- entonces esas personas que estaban quemando y matando y castigando a la gente eran realmente grandes santos.

Pero ahí está el problema. Los mahometanos piensan que sólo se puede venir a través de Mahoma - Mahoma es el último profeta; Jesús ya está pasado de moda. Dios ha enviado otro mensaje, más mejorado; ha llegado una nueva edición. Entonces, ¿para qué preocuparse por Jesús si ya ha llegado Mahoma?

Ciertamente, el último debe ser el mejor, así que tiene que venir a través de Mahoma. Ahora sólo hay un Dios y sólo hay un profeta de Dios, y ese es Mahoma. Y si no escuchas, están dispuestos a matarte -sólo por amor- por tu propio bien.

Y escucha a los hindúes. Dicen que todo esto son tonterías. La primera edición es la mejor: los Vedas.

¿Por qué? Porque Dios no puede cometer errores, por lo que no puede mejorar. El primero es el mejor. No puede cometer errores, así que ¿cómo puede mejorar? El primero es el último, el alfa es el omega. Dios ha dado una vez por todas, entonces ¿por qué estas otras ediciones? Son para gente estúpida que no puede entender el original. Si puedes entender los Vedas, entonces no hay necesidad de entender la Biblia y el Corán; no tienen sentido. El primero era el mejor; Dios confiaba en que el hombre lo entendería. Pero luego descubrió que el hombre era muy tonto: sólo unos pocos sabios podían entenderlo.

Entonces tuvo que rebajarse un poco. No se trata de mejorar, sino de bajar hasta donde está el hombre, así que dio la Biblia. Pero aún así no se entendió, así que dio el Corán. Aún así no se entendió, así que dio el Guru Grantha - así es como el hombre ha estado cayendo. En el concepto hindú, la perfección estaba en el pasado. Desde entonces el hombre ha estado cayendo. Esta es la era más estúpida. El hombre no ha estado evolucionando, el hombre ha estado cayendo. No es una evolución, dicen los hindúes, es una involución.

Por eso, cuanto más tardío sea el libro, más corriente tiene que ser, porque está destinado a la gente corriente.

La gente perfecta estaba en los días de los Vedas.

Ahora, hay trescientas religiones en la tierra - y cada una reclamando, y cada religión lista para matar a la otra. Se atacan continuamente. Algo básico ha ido mal.

Esto es lo que ha ido mal: me pides que te permita convertirte en un fanático. -No, eso no va a ocurrir conmigo al menos -al menos mientras yo esté aquí. Los demás son libres de hacer lo que quieran, de ver lo que quieran, de interpretar lo que quieran. No debes dar por sentado que son estúpidos.

Tienen su propia mente: es hermosa.

Un niño negro llegó a casa pintado de blanco y dijo: 'Los niños del colegio me han pintado todo de blanco'. Entonces su madre le pegó por haberse manchado.

Papá llegó a casa y dijo: "¿Qué está pasando? Mamá le contó que los niños del colegio habían pintado a nuestro Sam de blanco. Así que papá le dio otra paliza por no defenderse.

Poco después, se oyó una vocecita: "Sólo llevo dos horas siendo blanco, pero ya os odio, negros de mierda".

Y tú eres un hombre naranja desde hace sólo unas semanas... Por favor, ten paciencia, sé inteligente y respetuoso con la libertad de los demás, y con el ser de los demás, y con su manera, su estilo.

Pregunta 6:
¿POR QUÉ EL SEXO HA SIDO UN TABÚ EN TODAS LAS SOCIEDADES A LO LARGO DE LOS TIEMPOS?

Es una cuestión muy complicada, pero también muy importante: merece la pena profundizar en ella.

El sexo es el instinto más poderoso del hombre. El político y el sacerdote han comprendido desde el principio que el sexo es la energía más motriz del hombre. Hay que restringirlo, hay que cortarlo. Si al hombre se le permite la libertad total en el sexo, entonces no habrá posibilidad de dominarlo: hacer de él un esclavo será imposible.

¿No has visto cómo se hace? Cuando quieres que un toro sea enganchado a un carro de bueyes, ¿qué haces? Lo castras: destruyes su energía sexual. ¿Y has visto la diferencia entre un toro y un buey? ¡Qué diferencia! Un buey es un pobre fenómeno, un esclavo. Un toro es una belleza; un toro es un fenómeno glorioso, un gran esplendor. ¡Mira cómo camina un toro! ¡Cómo camina como un emperador! Y mira un buey tirando de un carro de bueyes.

Lo mismo se ha hecho con el hombre: el instinto sexual ha sido cercenado, cortado, lisiado. El hombre ya no existe como el toro, existe como el buey. Y cada hombre tira de mil y un carros de bueyes.

Mirad, y encontraréis detrás de vosotros mil y un carros de bueyes, y estáis yugulados a ellos.

¿Por qué no se puede uncir a un toro? El toro es demasiado poderoso. Si ve pasar una vaca, te tirará a ti y al carro de bueyes, y se irá hacia la vaca. No le importará quién eres y no te escuchará. Será imposible controlar al toro.

La energía sexual es energía vital; es incontrolable. Y al político y al cura no les interesas tú, sino canalizar tu energía en otras direcciones. Así que hay un cierto mecanismo detrás, hay que entenderlo.

La represión del sexo, el tabú del sexo, es la base misma de la esclavitud humana. Y el hombre no puede ser libre a menos que el sexo sea libre. El hombre no puede ser REALMENTE libre a menos que se permita el crecimiento natural de su energía sexual.

Estos son los cinco trucos a través de los cuales el hombre se ha convertido en un esclavo. en un fenómeno feo, en un lisiado.

La primera es: Mantén al hombre lo más débil posible si quieres dominarlo. Si el cura quiere dominarle o el político quiere dominarle, hay que mantenerle lo más débil posible. Sí, en ciertos casos, se permiten excepciones, es decir, cuando se necesitan los servicios de la lucha contra nuestro enemigo, sólo entonces, de lo contrario no. Al ejército se le permiten muchas cosas que a otras personas no. El ejército está al servicio de la muerte; se le permite ser poderoso. Se le permite seguir siendo tan poderoso como sea posible: es necesario para matar al enemigo.

Otras personas son destruidas. Se les obliga a permanecer débiles de mil y una maneras. Y la mejor manera de mantener débil a un hombre es no darle al amor total libertad. El amor es alimento. Ahora los psicólogos lo han descubierto: que si a un niño no se le da amor, se encoge en sí mismo y se vuelve débil. Puedes darle leche, puedes darle medicinas, puedes darle de todo, pero no le des amor, no le abraces, no le beses, no le mantengas cerca del calor de tu cuerpo, y el niño empezará a volverse cada vez más débil. Y hay más posibilidades de que muera que de que sobreviva.

¿Qué ocurre? ¿Qué ocurre? Simplemente abrazando, besando, dando calor, de alguna manera el niño se siente nutrido, aceptado, querido, necesitado. El niño empieza a sentirse digno; el niño empieza a sentir un cierto sentido en su vida.

Ahora, desde la infancia, los matamos de hambre: no les damos el amor que necesitan. Luego obligamos a los jóvenes de ambos sexos a no enamorarse a menos que se casen. A los catorce años, ya son sexualmente maduros. Pero la educación puede llevarles más tiempo -diez años más, veinticuatro, veinticinco años-, entonces obtendrán sus maestrías, o doctorados, o doctorados, así que tenemos que obligarles a no amar.

La energía sexual llega a su clímax cerca de los dieciocho años. Nunca más un hombre será tan potente, y nunca más una mujer podrá tener un orgasmo mayor que el que tendrá cerca de los dieciocho años. Pero les obligamos a no hacer el amor. Obligamos a los chicos a tener sus dormitorios separados. Las chicas y los chicos se mantienen separados, y justo entre los dos se encuentra todo el mecanismo de la policía, magistrados, vicerrectores, directores, jefes de estudios. Todos están ahí, justo en medio, impidiendo que los chicos se acerquen a las chicas, impidiendo que las chicas se acerquen a los chicos. ¿Por qué? ¿Por qué tanto cuidado? Están intentando matar al toro y crear un buey.

A los dieciocho años estás en la cima de tu energía sexual, de tu energía amorosa. Para cuando te casas veinticinco, veintiséis, veintisiete... y la edad ha ido subiendo y subiendo.

Cuanto más culto es un país, más esperas, porque hay que aprender más, hay que encontrar el trabajo... esto y lo otro. En el momento en que te casas ya casi has perdido facultades.

Entonces amas, pero el amor nunca llega a ser realmente ardiente, nunca llega al punto en que la gente se evapora; permanece tibio. Y cuando no has sido capaz de amar totalmente, no puedes amar a tus hijos porque no sabes cómo. Cuando no has sido capaz de conocer sus cumbres, ¿cómo puedes enseñar a tus hijos? ¿Cómo puedes ayudar a tus hijos a llegar a la cima?

Así, a lo largo de los siglos, al hombre se le ha negado el amor para que siguiera siendo débil.

Segundo: Mantener al hombre tan ignorante e iluso como sea posible para que pueda ser engañado fácilmente. Y si se quiere crear una especie de idiotez -que es imprescindible para el cura y el político y su conspiración-, entonces lo mejor es no permitir que el hombre se mueva libremente en el amor. Sin amor la inteligencia de un hombre cae bajo. ¿No lo has visto? Cuando te enamoras, de repente todas tus capacidades están en su apogeo, en su crescendo. Hace un momento te veías apagado, y entonces conoces a tu mujer... y de repente una gran alegría ha estallado en tu ser: estás en llamas. Cuando las personas están enamoradas, rinden al máximo. Cuando el amor desaparece o cuando no hay amor, rinden al mínimo.

Las personas más grandes e inteligentes son las más sexuales. Esto hay que entenderlo, porque la energía del amor es básicamente inteligencia. Si no puedes amar, estás de alguna manera cerrado, frío; no puedes fluir. Cuando uno está enamorado, fluye. Cuando uno está enamorado, se siente tan seguro de sí mismo que puede tocar las estrellas. Por eso una mujer se convierte en una gran inspiración, un hombre se convierte en una gran inspiración.

Cuando una mujer es amada, se vuelve más bella INMEDIATAMENTE, ¡al instante! Hace un momento era una mujer normal y corriente, y el amor se ha derramado sobre ella: está bañada en una energía totalmente nueva, un aura nueva surge a su alrededor. Camina con más gracia, su paso baila.

Sus ojos tienen ahora una belleza tremenda, su rostro resplandece: está luminosa. Y lo mismo le ocurre al hombre.

Cuando las personas están enamoradas rinden al máximo. Si no les permites amar, se quedarán en el mínimo. Cuando permanecen en el mínimo, son estúpidos, ignorantes, no se molestan en saber. Y cuando las personas son ignorantes, estúpidas e ilusas, pueden ser engañadas fácilmente. Cuando la gente está reprimida sexualmente, reprimida amorosamente, empieza a desear la otra vida. Piensan en el cielo, en el paraíso, pero no piensan en crear el paraíso aquí y ahora.

Cuando estás enamorado, el paraíso es aquí y ahora. Entonces no te molestas, ¿entonces quién va al cura?

Entonces, ¿a quién le molesta que haya un paraíso? Tú ya estás allí. Ya no te interesa. Pero cuando tu energía de amor está reprimida, empiezas a pensar 'Aquí no hay nada. Ahora está vacío. Entonces debe haber alguna meta en alguna parte...'. Vas al cura y le preguntas por el cielo, y te pinta hermosos cuadros del cielo.

El sexo ha sido reprimido para que puedas interesarte por la otra vida. Y cuando la gente se interesa por la otra vida, naturalmente no se interesa por ESTA vida.

El Tantra dice: Esta vida es la única vida. La otra vida está oculta en ESTA vida. No está contra ella, no está lejos de ella; está EN ella. Entra en ella. ESTO ES. Entra en ella y encontrarás también la otra. Dios está oculto en el mundo, ése es el mensaje del Tantra. Un GRAN mensaje, soberbio, incomparable: Dios está oculto en el mundo, Dios está oculto aquí-ahora. Si amas, podrás sentirlo.

El tercer secreto: Mantener al hombre tan asustado como sea posible. Y la forma segura es no permitirle amar, porque el amor destruye el miedo... el amor echa fuera el miedo'. Cuando estás enamorado, no tienes miedo. Cuando estás enamorado, puedes luchar contra el mundo entero. Cuando estás enamorado, te sientes infinitamente capaz de cualquier cosa. Pero cuando no estás enamorado, tienes miedo de las cosas pequeñas. Cuando no estás enamorado, te interesas más por la seguridad. Cuando estás enamorado, te interesa más la aventura, la exploración.

A la gente no se le ha permitido amar porque es la única manera de que tengan miedo. Y cuando tienen miedo y tiemblan, siempre están de rodillas, inclinándose ante el sacerdote e inclinándose ante el político. Es una gran conspiración contra la humanidad. ¡Es una gran conspiración contra TI! Tu político y tu sacerdote son tus enemigos, pero fingen ser servidores públicos.

Dicen: "Estamos aquí para servirte, para ayudarte a conseguir una vida mejor. Estamos aquí para crear una buena vida para ti".

Y son los destructores de la vida misma.

La cuarta: Mantener al hombre tan miserable como sea posible - porque un hombre miserable está confundido, un hombre miserable no tiene autoestima, un hombre miserable se autocondena, un hombre miserable siente que debe haber hecho algo mal. Un hombre miserable no tiene base: puedes empujarlo de aquí para allá: puede convertirse en madera a la deriva muy fácilmente. Y un hombre miserable siempre está dispuesto a recibir órdenes, a ser disciplinado, porque sabe que "por mí mismo soy simplemente miserable".

¿Quizás alguien más pueda disciplinar mi vida?' Es una víctima fácil.

Y la quinta: Mantener a los hombres tan alejados unos de otros como sea posible, de modo que no puedan unirse para algún propósito que el sacerdote y el político no aprueben.

Mantén a las personas separadas unas de otras. No les permitas demasiada intimidad. Cuando las personas están separadas, solas, alejadas unas de otras, no pueden unirse. Y hay mil y un trucos para mantenerlas alejadas.

Por ejemplo: si vas de la mano de un hombre, eres un hombre y vas de la mano de un hombre, y vas por la calle cantando, te sentirás culpable porque la gente empezará a mirarte: ¿Eres homosexual o algo así? Dos hombres no pueden ser felices juntos.

No se les permite cogerse de la mano, no se les permite abrazarse. Se les condena como homosexuales. Surge el miedo.

Si tu amigo viene y te coge de la mano, miras a tu alrededor. '¿Hay alguien mirando o no?'

Y tú tienes prisa por soltar la mano. Das la mano con tanta prisa. ¿Lo has visto? Sólo os tocáis la mano y os dais la mano, y ya está. No os dais la mano, no os abrazáis. Tenéis miedo.

¿Recuerdas a tu padre abrazándote alguna vez? ¿Recuerdas que tu madre te abrazara después de tu madurez sexual? ¿Por qué no? Se ha creado el miedo. ¿Un joven y su madre abrazándose? Tal vez surja algo de sexo entre ellos, alguna idea, alguna fantasía. Se ha creado el miedo: el padre y el hijo, el padre y La hija no: el hermano y la hermana no; el hermano y el hermano - ¡no!

A la gente se la mantiene en cajas separadas con grandes muros a su alrededor. Todo el mundo está clasificado, y hay mil y una barreras. Sí, un día, después de veinticinco años de todo este entrenamiento, se te permite hacer el amor con tu mujer. Pero ahora el entrenamiento ha calado demasiado hondo en ti, y de repente no sabes qué hacer. ¿Cómo amar? No has aprendido el lenguaje.

Es como si a una persona no se le hubiera permitido hablar durante veinticinco años. Escucha: durante veinticinco años no se le ha permitido hablar ni una sola palabra y, de repente, le subes a un escenario y le dices: "Danos una gran conferencia". ¿Qué ocurrirá? Se caerá allí mismo. Puede desmayarse, puede morir... veinticinco años de silencio, y ahora de repente se espera que pronuncie una gran conferencia. No es posible.

Esto es lo que está ocurriendo: veinticinco años de anti-amor, de miedo, y de repente se te permite legalmente - se expide una licencia, y 'Ahora puedes amar a esta mujer. Esta es tu mujer, eres su marido, y se te permite amar'. Pero, ¿a dónde van a parar esos veinticinco años de formación errónea? Ahí estarán.

Sí, "amarás"... harás un gesto. No va a ser explosivo, no va a ser orgásmico: será muy pequeñito. Por eso te sientes frustrado después de hacer el amor con una mujer. El 99% de las personas se sienten frustradas después de hacer el amor, más frustradas que nunca. Y sienten "¿Qué? ¡No hay nada! No es verdad".

Primero el cura y el político han conseguido que no seas capaz de amar, y luego vienen y predican que no hay nada en el amor. Y ciertamente su prédica parece correcta, su prédica parece exactamente en sintonía con tu experiencia. Primero crean la experiencia de la inutilidad, de la frustración, y luego... su enseñanza. Y ambos parecen lógicos juntos - de una pieza.

Este es un gran truco, el más grande que jamás se le ha jugado al hombre. Estas cinco cosas pueden ser manejadas a través de una sola cosa, y esa es el tabú del amor.

Es posible lograr todos estos objetivos impidiendo de algún modo que las personas se amen. Y el tabú se ha gestionado de una manera tan científica. Este tabú es una gran obra de arte, en la que se ha empleado una gran habilidad y astucia. Es realmente una obra maestra. Hay que entender este tabú.

Primero: es indirecto, está oculto. No es evidente, porque cuando un tabú es demasiado evidente, no funciona. El tabú tiene que estar muy oculto, para que no sepas cómo funciona. El tabú tiene que estar tan oculto que ni siquiera puedas imaginar que algo en su contra es posible. El tabú tiene que entrar en el inconsciente, no en el consciente. ¿Cómo hacerlo tan sutil y tan indirecto?

El truco es: primero, seguir enseñando que el amor es grande para que la gente nunca piense que los curas y los políticos están en contra del amor. Sigue enseñando que el amor es grande, que el amor es lo correcto, y luego no permitas ninguna situación en la que el amor pueda ocurrir. No permitas la oportunidad. No des ninguna oportunidad, y sigue enseñando que la comida es genial, que comer es una gran alegría, 'Come todo lo que puedas', pero no des nada de comer. Mantén a la gente hambrienta y sigue hablando de amor.

Así que todos los sacerdotes siguen hablando de amor. El amor es alabado tanto como cualquier otra cosa al lado de Dios y se le niega toda posibilidad de que se produzca. Directamente, lo fomentan; indirectamente, cortan sus raíces.

Esta es la obra maestra.

Los sacerdotes no hablan del daño que han hecho. Es como si le dijeras a un árbol "reverdece, florece, disfruta" y le cortaras las raíces para que no reverdezca. Y cuando el árbol no está verde puedes saltar sobre él y decirle '¡Escucha! No escuchas. No nos sigues. Todos seguimos diciendo "Sé verde, florece, disfruta, baila"'... y mientras tanto tú sigues cortando las raíces.

Se niega tanto el amor. Y el amor es la cosa más rara del mundo, no debería negarse. Si un hombre puede amar a cinco personas, debería amar a cinco. Si un hombre puede amar a cincuenta, debería amar a cincuenta. Si un hombre puede amar a quinientas, debería amar a quinientas. El amor es tan raro que cuanto más puedas difundirlo, mejor.

Pero hay grandes trucos. Te ves forzado a un rincón estrecho, muy estrecho: sólo puedes amar a tu mujer, sólo puedes amar a tu marido, sólo puedes amar esto, sólo puedes amar aquello... las condiciones son demasiadas. Es como si hubiera una ley que dijera que sólo puedes respirar cuando estás con tu mujer, que sólo puedes respirar cuando estás con tu marido. Entonces respirar sería imposible.

Entonces morirás. Y ni siquiera podrás respirar mientras estés con tu mujer o con tu marido.

Tienes que respirar las veinticuatro horas del día. Cuanto más respires mientras estés con tu cónyuge...

Sé cariñoso.

Entonces vuelve a haber un truco: hablan de "amor superior", y destruyen el inferior. Y dicen que hay que negar lo inferior: el amor corporal es malo, el amor espiritual es bueno. ¿Has visto alguna vez un espíritu sin cuerpo? ¿Has visto alguna vez una casa sin cimientos? Lo inferior es el fundamento de lo superior. El cuerpo es tu morada, el espíritu vive en el cuerpo. con el cuerpo. Eres un espíritu encarnado y un cuerpo ensouled. Estáis juntos. Lo inferior y lo superior no están separados, son uno - peldaño de la misma escalera.

Esto es lo que el Tantra quiere dejar claro: que lo inferior no tiene que ser negado, lo inferior tiene que ser transformado en lo superior. Lo inferior es bueno. Si te quedas atascado en lo inferior, la culpa es tuya, no de lo inferior. El peldaño inferior de una escalera no tiene nada de malo. Si estás atascado en él, TÚ estás atascado: es algo que está en ti.

Muévete.

El sexo no está mal. TÚ estás equivocado si te quedas ahí. Muévete hacia arriba. Lo superior no está en contra de lo inferior; lo inferior hace posible que exista lo superior.

Y estos trucos han creado muchos otros problemas. Cada vez que estás enamorado, de alguna manera te sientes culpable; ha surgido una culpa. Cuando hay culpa, no puedes pasar totalmente al amor; la culpa te lo impide, te mantiene aferrado. Incluso cuando haces el amor con tu mujer o con tu marido, hay culpa:

sabes que esto es pecado, sabes que estás haciendo algo malo. 'Los santos no lo hacen'. Eres un pecador.

Así que no puedes moverte totalmente ni siquiera cuando se te permite -superficialmente- amar a tu mujer. El sacerdote está escondido detrás de ti en tu sentimiento de culpa; te está tirando desde ahí, moviendo tus hilos.

Cuando surge la culpa, empiezas a sentir que estás equivocado; pierdes la autoestima, pierdes el respeto por ti mismo.

Y surge otro problema: cuando hay culpa se empieza a fingir. Las madres y los padres no permiten que sus hijos sepan que hacen el amor, fingen. Fingen que el amor no existe.

Tarde o temprano, los niños se darán cuenta de sus pretensiones. Cuando los niños se enteran, pierden toda confianza. Se sienten traicionados, engañados. Y los padres y las madres dicen que sus hijos no les respetan. Tú eres la causa de ello, ¿cómo pueden respetarte? Les has estado engañando en todos los sentidos, has sido deshonesto, has sido mezquino.

Les decías que no se enamoraran, que tuvieran cuidado, y hacías el amor todo el tiempo. Y llegará el día, tarde o temprano, en que se darán cuenta de que ni siquiera su padre, ni siquiera su madre fueron sinceros con ellos, así que ¿cómo van a respetarte?

Primero, la culpa crea pretensión, luego la pretensión crea alienación de la gente. Incluso el niño, tu propio hijo, no se sentirá en sintonía contigo. Hay una barrera: tu pretensión. Y cuando sepas que todo el mundo está fingiendo... Un día, llegarás a saber que sólo estás fingiendo y los demás también. Cuando todo el mundo está fingiendo, ¿cómo puedes relacionarte? Cuando todo el mundo es falso, ¿cómo puedes relacionarte? ¿Cómo puedes ser amable cuando en todas partes hay engaño y falsedad? Te vuelves muy, muy resentido con la realidad, te vuelves muy amargado: sólo la ves como un taller del diablo.

Y todo el mundo tiene una cara falsa, nadie es auténtico. Todo el mundo lleva máscaras, nadie muestra su rostro original. Te sientes culpable, sientes que estás fingiendo, y sabes que todo el mundo está fingiendo, todo el mundo se siente culpable, y todo el mundo se ha convertido en una fea herida. Ahora es muy fácil convertir a esta gente en esclavos, en oficinistas, jefes de estación, maestros de escuela, recaudadores, recaudadores adjuntos, ministros, gobernadores, presidentes. Ahora es muy fácil distraerlos. Los has distraído de sus raíces. El sexo es la raíz, de ahí el nombre MULADHAR.

MULADHAR significa la energía raíz.

He oído...

Era su noche de bodas y la altiva Lady Jane cumplía por primera vez con sus deberes maritales.

"Mi Señor", le preguntó a su novio, "¿es esto lo que la gente común llama hacer el amor?".

Sí, lo es, milady -respondió lord Reginald, y prosiguió como antes.

Al cabo de un rato, Lady Jane exclamó indignada: "¡Es demasiado bueno para la gente corriente!".

A la gente corriente no se le ha permitido hacer el amor: 'Es demasiado bueno para ellos'.

Pero el problema es que cuando envenenas a todo el mundo común, tú también estás envenenado. Si envenenas el aire que respira la gente común, el aire que respira el rey también estará envenenado; no puede estar separado, todo es uno. Cuando el sacerdote envenena a la gente común, finalmente él también está envenenado. Cuando el político envenena el aire de la gente común, finalmente él también respira el mismo aire - no hay otro aire.

Un coadjutor y un obispo estaban en esquinas opuestas de un vagón de tren en un largo viaje. Cuando entró el obispo, el coadjutor guardó su ejemplar de PLAYBOY y se puso a leer el CHURCH TIMES. El obispo le ignoró y siguió leyendo el crucigrama del Times. Se hizo el silencio.

Al cabo de un rato, el coadjutor intentó entablar conversación. Y cuando el obispo empezó a rascarse la cabeza y a 'tuttut-tutting', volvió a intentarlo. ¿Puedo ayudarle, señor?

Quizás. Sólo me gana una palabra. ¿Qué es lo que tiene cuatro letras, las tres últimas son u-n-t, y la pista es: "esencialmente femenino"?'

Señor -dijo el coadjutor tras una ligera pausa-, eso sería "tía".

Claro, claro", dijo el obispo. 'Digo, joven, ¿puedes prestarme una goma?'

Cuando reprimes cosas en la superficie, todas se van a lo profundo, al inconsciente. Está ahí.

El sexo no ha sido destruido, afortunadamente. No se ha destruido, sólo se ha envenenado. No se puede destruir, es energía vital. Se ha contaminado y puede purificarse.

Ese es el proceso del Tantra: un gran proceso de purificación.

Los problemas de tu vida pueden reducirse básicamente a tu problema sexual. Puedes seguir resolviendo tus otros problemas pero nunca serás capaz de resolverlos porque no son verdaderos problemas. Y si resuelves tu problema sexual, todos los problemas desaparecerán porque habrás resuelto el básico.

Pero tienes tanto miedo incluso de mirarlo.

Es muy sencillo. Si puedes dejar a un lado tus condicionamientos, es muy sencillo. Es tan simple como esta historia.

Una solterona frustrada era un incordio para la policía, no paraba de llamar diciendo que había un hombre debajo de su cama. Finalmente la enviaron a un hospital psiquiátrico, pero seguía diciendo a los médicos que había un hombre debajo de su cama. Le dieron los fármacos más modernos y, de repente, declaró que estaba curada.

"¿Quiere decir, señorita Rustifan, que ahora no puede ver a un hombre debajo de la cama?

No, no puedo. Puedo ver dos.

Un médico le dijo al otro que en realidad sólo había un tipo de inyección que curaría su dolencia, que él llamaba "virginidad maligna"; ¿por qué no la instalaron en su habitación con el Gran Dan, el carpintero del hospital?

Fueron a buscar al Gran Dan, le dijeron cuál era su queja y que estaría encerrado con ella durante una hora. Dijo que no tardaría tanto, y un grupo ansioso se reunió en el rellano... oyeron "No, basta, Dan. Mamá nunca me lo perdonaría".

'Cállate gritando, tiene que hacerse alguna vez. Debería haberse hecho hace años'.

"¡Haz lo que quieras por la fuerza, bruto!

'Es sólo lo que tu marido habría hecho, si hubieras tenido uno.'

Los médicos no pudieron esperar, irrumpieron.

La he curado", dijo el carpintero.

Me ha curado", dijo la señorita Rustifan.

Había serrado las patas de la cama.

A veces la cura es muy sencilla. Y sigues haciendo mil y una cosas... Y el carpintero lo hizo bien... sólo cortó las patas de la cama, y estaba terminada. Ahora, ¿dónde podía esconderse el hombre?

El sexo es la raíz de casi todos sus problemas. Tiene que ser así debido a miles de años de envenenamiento. Es necesaria una gran purificación.

El Tantra puede purificar tu energía sexual. Escucha el mensaje del Tantra. Intenta comprenderlo. Es un gran mensaje revolucionario. Está en contra de todos los sacerdotes y políticos. Es contra todos esos envenenadores que han matado toda la alegría en la tierra sólo para que el hombre pueda ser convertido en, reducido a un esclavo.

Reclama tu libertad. Reclama tu libertad para amar. Reclama tu libertad para ser y entonces la vida ya no será un problema. Es un misterio, es un éxtasis, es una bendición.

De la nada a la nada

LA NO-MEMORIA ES LA VERDAD DE LA CONVENCIÓN Y LA MENTE QUE SE HA CONVERTIDO EN NO-MENTE (ES LA VERDAD ÚLTIMA).

ESTO ES LA PLENITUD, ESTO ES EL BIEN SUPREMO.

AMIGOS, DE ESTE BIEN SUPREMO, TOMEN CONCIENCIA.

EN LA NO-MEMORIA SE ABSORBE LA MENTE; SÓLO ESTO ES EMOCIONALIDAD PERFECTA Y PURA.

NO ESTÁ CONTAMINADO POR EL BIEN O EL MAL DE LA MUNDANALIDAD, COMO UN LOTO QUE NO SE VE AFECTADO POR EL BARRO DEL QUE CRECE.

SIN EMBARGO, CON CERTEZA TODAS LAS COSAS DEBEN SER VISTAS COMO SI FUERAN UN HECHIZO MÁGICO.....

SI INDISTINTAMENTE PUEDES ACEPTAR O RECHAZAR EL SAMSARA O EL NIRVANA, FIRME ES TU MENTE, LIBRE DEL SUDARIO DE LA OSCURIDAD.

EN TI SERÁ AUTO-SER, MÁS ALLÁ DEL PENSAMIENTO Y AUTO-ORIGINADO.

ESTE MUNDO DE APARIENCIA NUNCA HA LLEGADO A SER DESDE SU RADIANTE COMIENZO; SIN PATRÓN, HA DESCARTADO EL PATRÓN.

COMO TAL ES MEDITACIÓN CONTINUA Y ÚNICA; ES NO-MENTACIÓN, CONTEMPLACIÓN INOXIDABLE Y NO-MENTE.

Una escena antigua...

Debía de ser una mañana como ésta. Los árboles bailaban bajo el sol de la mañana y los pájaros cantaban. Y la casa de un gran místico de aquellos días,

Udallaka, celebraba el regreso de su hijo, Swetketu, de la casa del Maestro donde había sido enviado a estudiar.

Swetketu llegó. El padre lo recibió en la puerta, pero sintió que algo faltaba, algo faltaba en Swetketu. Había algo que no debería haber estado presente: una sutil arrogancia, un sutil ego. Eso era lo último que esperaba el padre.

En aquellos tiempos, la educación era básicamente la educación del no-yo. Se enviaba a un estudiante a la universidad del bosque a vivir con el Maestro para que pudiera disolverse y saborear la existencia. Corrían rumores de que Swetketu se había convertido en un gran erudito. Se rumoreaba que había ganado el mayor premio. Y ahora llegaba y Udallaka no estaba contento.

Sí, había traído el mayor galardón que la universidad podía haber concedido. Había aprobado todos los exámenes, había obtenido el más alto grado, y venía cargado de muchos conocimientos.

Pero faltaba algo, y los ojos del padre estaban llenos de lágrimas.

Swetketu no podía entenderlo. Dijo: "¿Pasa algo? ¿Por qué estás triste?

Y el padre dijo: 'Una pregunta: ¿Has aprendido ese Uno, por cuyo aprendizaje todo es conocido? ¿Y olvidando que todo conocimiento es inútil, sin sentido, sólo una carga, no una ayuda, sino un daño?

Swetketu dijo: "He aprendido todo lo que había allí. He aprendido historia, he aprendido filosofía, he aprendido matemáticas, he aprendido los Vedas. He aprendido lengua, he aprendido arte, he aprendido esto y aquello...". Y enumeró todos los nombres de todas las ciencias de aquellos días. Pero la infelicidad del padre seguía siendo la misma. Él dijo '¿Pero has aprendido a Aquel Uno, por cuyo aprendizaje todo es aprendido?'

Y el hijo se enfadó un poco. Dijo: 'Todo lo que mi Maestro pudo enseñar, yo lo he aprendido. Y todo lo que está escrito en los libros, lo he aprendido. ¿De qué estás hablando? ¿Ese...? No te hagas el misterioso. Dilo exactamente. ¿Qué quieres decir?

Naturalmente, había arrogancia. Había llegado con la idea de que ahora lo sabía todo. Tal vez pensaba -como todo estudiante- que ahora su padre no sabe nada. Debió venir con la idea de que ahora se había convertido en un gran conocedor. Y allí estaba su viejo padre que no estaba contento, y hablaba de algo misterioso: el Uno.

El padre le dijo: "¿Ves aquel árbol de allí? Ve y trae una semilla de ese árbol". Era un árbol nayagrod. El hijo trajo una semilla del árbol, y el padre dijo '¿De dónde surge el árbol?'.

Y el hijo dijo: 'De esta pequeña semilla, por supuesto'.

Este gran árbol... ¿de esta pequeña semilla? Rompe la semilla y mira de dónde surge ese árbol, ese gran árbol'. Y la semilla se rompió, pero no había nada. En la semilla había vacío. Y el padre dijo: "¿Puedes ver ese vacío del que surge este gran árbol?".

Y el hijo dijo: 'Puedo inferirlo, pero no puedo verlo. ¿Cómo puedes ver la nada?

Y el padre dijo: "De eso es de lo que estoy hablando. Es de la nada de donde viene todo, es de ese Vacío creativo de donde todo nace y en el que un día se disuelve de nuevo. Vuelve y aprende SHUNYA.

Vuelve atrás. Aprende este Vacío, porque éste es el origen de todo: la fuente. Y la fuente es también la meta. El principio es también el fin. Ve y aprende esta cosa básica, fundamental. Todo lo demás que has aprendido es basura. Olvídalo, todo es memoria, todo es mente. Aprende no-mente, aprende no-memoria.

Es todo el conocimiento que has aprendido. Aprende a conocer, aprende a ser consciente, aprende a comprender. Es objetivo lo que has aprendido, pero no has penetrado hasta tu núcleo más íntimo'.

Se piensa que el mundo es un gran árbol. Y estos son los cuatro pasos del Tantra. El Vacío es el primer paso: el Vacío en la semilla. La semilla no es más que un contenedor de ese Vacío creativo; contiene ese Vacío creativo. Cuando la semilla se abre en la tierra, ese Vacío comienza a brotar en un árbol.

Esta nada -lo que los físicos llaman no-materia-, esta nada, esta no-nada es la fuente.

De esta nada nace el árbol. Luego vienen las flores, los frutos y mil y una cosas.

Pero cada cosa se convierte de nuevo en una semilla, y la semilla cae en la tierra y se convierte de nuevo en ese Vacío.

Este es el círculo de la existencia: de la nada a la nada, de ninguna parte a ninguna parte. En medio de dos nada está el sueño, el SAMSARA. En medio de dos nada están todas las cosas. De ahí que se llamen cosas del sueño; de ahí que se llamen MAYA; de ahí que se llamen nada más que pensamientos, fantasías. Este es el Árbol del Tantra.

La no-mente es el principio de todo y el fin de todo. De la no-mente surge lo que el Tantra llama no-origen. De la no-originación surge la no-memoria. De la no memoria surge la memoria. Este es el Árbol del Tantra.

No-mente, la nada, significa que todo es potencial, nada es todavía real. Todo es posible, probable, pero nada ha sucedido. La existencia está profundamente dormida en la semilla, descansando, el estado de reposo, el estado del ser no manifestado. Recuérdalo, porque sólo entonces serás capaz de comprender estos sutras.

Estos sutras son de gran importancia, porque comprendiéndolos puedes entrar en tu propia mente y buscar la no-mente.

El primer estado: no-mente: todo es potencial, nada es real. El segundo estado: no-originación: todavía nada se ha convertido en real, pero las cosas se están preparando para convertirse en reales. En cierto modo es lo mismo que el primero, pero con una ligera diferencia. En el primero todo está absolutamente en reposo; el reposo es absoluto. Puede que no ocurra nada durante millones de años. En la segunda, todavía no ha sucedido nada, pero las cosas están listas para suceder en cualquier momento. La potencialidad está lista para explotar y convertirse en realidad. Es como un corredor que está listo para correr en cualquier momento. Está a punto. Está de pie en la línea, absolutamente preparado. En cuanto se dé la señal, correrá.

No originación significa que nada se ha originado todavía, pero está listo para nacer. No originación significa el estado de embarazo. El niño está en el útero y puede nacer en cualquier momento. Sí, aún no ha llegado, así que en ese sentido es similar al primer estado. Pero está muy, muy preparado, en ese sentido no es similar al primer estado.

El tercer estado se denomina no-memoria. Nace el niño: la experiencia se ha hecho real. El mundo ha llegado, pero todavía no hay conocimiento: no memoria.

Piensa en el primer día que nace un niño. Cuando abra los ojos, verá esos árboles verdes, pero no podrá reconocer que son verdes. ¿Cómo puede reconocer que son verdes? Nunca antes había conocido el verde. Ni siquiera será capaz de reconocer que son árboles. Verá los árboles, pero no podrá reconocerlos porque nunca antes los había visto. Su percepción será pura, no contaminada por la memoria, de ahí que este estado se llame no-memoria.

Este es el estado del que hablan los cristianos cuando Adán vivía en el Jardín del Edén: sin conocimiento, aún no ha probado el fruto del Árbol del Conocimiento. Este es el estado en el que vive todo niño al principio de su vida. Durante unos meses el niño ve, escucha, toca, saborea, pero no surge ningún reconocimiento, no se forma ninguna memoria. Por eso es muy difícil recordar los primeros días de tu vida. Si intentas recordar, puedes llegar fácilmente hasta el quinto año. Un poco más de esfuerzo, hasta el cuarto; un poco más de esfuerzo, y mucho esfuerzo, y puedes llegar hasta el tercero. Entonces, de repente, te quedas en blanco y no puedes recordar. ¿Por qué? Estabas vivo. De hecho, estabas tan vivo que nunca volverás a estarlo tanto. Esos tres primeros años fueron los más vivos de tu vida. ¿Por qué no los recuerdas? ¿Por qué no puedes penetrar en ellos? Porque no había reconocimiento. Había impresiones, pero no reconocimiento.

Por eso el Tantra llama a este estado no-memoria. Ves, pero al ver no se crea el conocimiento.

No acumulas nada. Vives momento a momento: te deslizas de un momento a otro sin llevar el primero al otro. No tienes pasado. Cada momento surge absolutamente fresco. Por eso los niños están tan vivos y frescos, y su vida está tan llena de alegría, deleite y asombro. Las pequeñas cosas les hacen tan felices. Y los pequeños incidentes les hacen estar tremendamente emocionados, extasiados. Y no dejan de sorprenderse: basta que pase un perro para que se sorprendan. Un gato entra en la habitación y se sorprenden. Les traes una flor y el color es tremendo. Viven en un mundo psicodélico, todo es luminoso. Sus ojos son claros, aún no se ha acumulado polvo; su espejo refleja perfectamente. Este es el estado de la no-memoria: el tercer estado.

Y luego viene el cuarto estado: la memoria, el estado mental. Adán ha comido el fruto del conocimiento; ha caído, ha venido al mundo. De la no-mente a la mente es el paso al mundo. La no-mente es NIRVANA; la mente ES SAMSARA. Si quieres volver de nuevo a esa pureza original, a esa inocencia primigenia, a esa pureza primordial de la conciencia, entonces tendrás que retroceder.

Y estos mismos pasos serán los pasos: la memoria tiene que disolverse en la no-memoria - de ahí la insistencia de todas las meditaciones en que la mente tiene que ser abandonada, los pensamientos tienen que ser abandonados. Pasa del pensamiento al no-pensamiento, luego del no-pensamiento a la no-originación, y luego de la no-originación a la no-mente... y la gota cae en el océano. Vuelves a ser el océano, vuelves a ser el infinito, vuelves a ser lo eterno. La no-mente es eternidad, la mente es tiempo.

El otro día hablé de cuatro MUDRAS. KARMA MUDRA, el gesto de la acción, GYANA MUDRA, el gesto del conocimiento, SAMAYA MUDRA, el gesto del tiempo puro, y MAHAMUDRA, el gran gesto, el gesto del espacio. También están relacionados con estos cuatro estados.

El primero, KARMA MUDRA, es la memoria. El Tantra dice: Todo lo que consideras acción no es más que memoria. De hecho, la acción nunca ha ocurrido. Es un sueño a través del cual has mirado; es tu proyección. La acción no sucede. La acción no puede ocurrir por la propia naturaleza de las cosas. La acción es sólo un sueño de la mente; tú la proyectas.

Así que el primero, KARMA MUDRA, es exactamente paralelo a la memoria. El día que abandonas la memoria, vas más allá de la acción. Entonces también, las cosas pasan a través de ti, pero ya no eres el actor, ya no eres el hacedor de ellas: el ego desaparece. Las cosas fluyen a través de ti, pero tú no eres el hacedor de ellas.

Los árboles no intentan crecer; crecen, pero no lo intentan. Las flores florecen, pero no se esfuerzan. Los ríos fluyen, pero no están cansados. Las estrellas se mueven, pero no están preocupadas.

Las cosas suceden, pero no hay un hacedor.

El segundo estado es GYANA MUDRA, el gesto de saber. Simplemente observas, simplemente sabes, no haces nada. Las cosas suceden, eres simplemente un observador; no te identificas como un hacedor.

Entonces el tercer MUDRA es SAMAYA MUDRA. Entonces, poco a poco, ni siquiera el conocedor es necesario; no hay nada que conocer. Primero, la acción desaparece, luego el conocimiento también desaparece. Entonces hay un ahora puro; el tiempo fluye en su pureza. Todo ES; nada tiene que ser hecho y nada tiene que ser conocido.

Eres un ser sencillo. El tiempo sigue fluyendo a tu lado; eres imperturbable, imperturbado. Todo deseo de hacer o saber ha desaparecido.

Sólo hay dos tipos de deseos: el inferior es hacer algo; el superior es saber algo. El tipo inferior necesita el cuerpo para hacer; el tipo superior sólo necesita la mente para saber, pero ambos son deseos.

Ambos se han ido. Ahora te sientas solo. Las cosas se mueven, el tiempo fluye, todo sigue sucediendo. No eres ni un hacedor ni un conocedor.

Y luego el cuarto gesto: el MAHAMUDRA, el gran gesto. Incluso TÚ ya no existes. La acción desaparece, el conocimiento desaparece, incluso el tiempo desaparece... y entonces tú también desapareces. Entonces hay silencio. Esto es el silencio. Lo que tú llamas silencio no es silencio. Tu silencio es sólo un reflejo lejano, un silencio muy pobre. A veces te sientes un poco relajado y la mente no está girando tan rápido como lo hace ordinariamente; la mente está un poco relajada - sientes silencio. Eso no es nada.

El silencio es cuando la acción se ha ido, el conocimiento se ha ido, el tiempo ha desaparecido... y tú también. Por fin te has ido. Un día, de repente, descubres que todo ha desaparecido, que no queda nada. En esa nada -el gran gesto- eres infinito.

Con el primero, KARMA MUDRA, hay pensamientos - y naturalmente con los pensamientos, pasado y futuro, porque los pensamientos o son del pasado o son del futuro. Con los pensamientos... la ansiedad, la tensión, la angustia.

Con el segundo, GYANA MUDRA, la memoria se disuelve en la no memoria: no hay pasado, no hay futuro, sólo ahora. La mente dormida, aún no muerta, puede despertar de nuevo. Muchas veces GYANA MUDRA sucede y se pierde. Ese es el significado de ganar meditación y perderla. En el segundo caso, la mente no se destruye, simplemente se duerme. Duerme un poco, eso es todo, se duerme. Luego vuelve, a veces con una venganza, con una energía tremenda - por supuesto, ha descansado. Así que, después de cada meditación profunda encontrarás que la mente está girando más, tiene más energía ahora; ha estado en reposo y se ha vuelto más activa. En la segunda. GYANA MUDRA, la mente se duerme pero aún no ha desaparecido - pero puedes tener un pequeño sabor de no-mente por un momento. Por una fracción de segundo, el rayo entra; te emocionas. Y el sabor crea confianza. Aquí es donde surge la confianza.

La confianza no es una creencia, es un gusto. Cuando has visto esta luz, aunque sólo sea por un momento, ya no puedes volver a ser el mismo hombre. Puedes perderla, pero te perseguirá. Puede que no puedas volver a tenerla, pero tampoco podrás olvidarla: siempre estará ahí. Y siempre que tengas tiempo y energía, empezará a llamar a tu puerta.

Este es el estado que puede ocurrir en presencia de un Maestro muy fácilmente: este es un contacto-alto. Este segundo estado, GYANA MUDRA, puede darse en presencia de un hombre que ha alcanzado la cuarta etapa, la no-mente.

De ahí que a lo largo de los tiempos se haya buscado un Maestro. ¿De dónde sacar el gusto?

No se puede obtener a través de los libros, los libros sólo proporcionan creencias. ¿De dónde sacar una experiencia viva? Y no puedes tener esa experiencia viva porque no sabes qué es exactamente, en qué dirección moverte, qué hacer. Y siempre existe la duda de si existe o no. ¿Quizás sea sólo el sueño de unos pocos locos? Y son una pequeña minoría: un Buda, un Cristo, un Saraha; son una porción muy pequeña de la humanidad. La gran mayoría vive sin esas experiencias. ¿Quién sabe? Estas personas pueden estar locas. ¿Quién sabe? Estas personas pueden tener una cierta perversión.

¿Quién sabe? Estas personas pueden ser tramposos, estafadores; pueden estar engañando a otros. O puede que no sean tramposos -personas honradas-, sino que se han engañado a sí mismos. Puede que se hayan autohipnotizado, que hayan creado una alucinación o que la hayan soñado. Quizá sean soñadores, y buenos soñadores.

Hay buenos y malos soñadores. Los malos soñadores son aquellos cuyos sueños son siempre en blanco y negro, planos, bidimensionales. Los buenos soñadores son aquellos cuyos sueños son tridimensionales, siempre coloridos. Estos soñadores tridimensionales se convierten en poetas. ¿Recuerdas alguna vez haber tenido un sueño en color? Muy rara vez una persona ve un sueño en color, de lo contrario son en blanco y negro. Si ves tus sueños en color, entonces existe la posibilidad de que seas poeta, pintor, de lo contrario no.

¿Quién sabe? Estos místicos son grandes soñadores y sueñan en tres dimensiones, por lo que su sueño parece absolutamente real. Y, naturalmente, dedican tanto tiempo a sus sueños que es posible que se obsesionen con el sueño y que nada de esto sea realmente real: esta duda persiste, esta duda persigue a todo buscador. Es natural, no hay de qué preocuparse. ¿Cómo abandonar esta duda? Las escrituras dicen simplemente: "Déjala y cree". ¿Pero cómo dejarla? Puedes creer, pero en el fondo la duda continuará.

San Agustín tiene una oración que solía rezar todos los días a Dios: 'Dios, creo. Creo absolutamente. Pero ten cuidado, ten piedad de mí, para que no vuelva a surgir la duda'. Pero, ¿por qué? Si la creencia es absoluta, ¿de dónde surge el miedo? ¿De dónde viene esta oración?

Yo creo", dice San Agustín, "y tú te encargas de mi incredulidad". Pero la incredulidad está ahí. Tal vez la has reprimido. Por codicia, por deseo de Dios, por lujuria y deseo del otro mundo, puede que la hayas reprimido; pero está ahí, y sigue royéndote el corazón. No puedes abandonarlo A MENOS QUE te ocurra alguna experiencia.

¿Pero cómo puede ocurrir la experiencia? Las escrituras dicen 'A menos que creas, la experiencia no sucederá'. Este es un fenómeno muy complejo. Dicen que la experiencia no ocurrirá a menos que creas. ¿Y cómo puede suceder la experiencia? - Porque no puedes creer hasta que la experiencia ocurra. Sólo la experiencia puede crear la creencia, una creencia sin dudas, una confianza indudable.

Esta confianza, sin duda, sólo es posible si se está en presencia de alguien a quien le ha sucedido.

En la presencia, algún día - sentado en silencio, sin saber, sin intentar, sin desear - sucede. Ocurre como un destello de luz... y toda tu vida se transforma. Esto es lo que se entiende por conversión.

Te has convertido, te has transformado; has pasado a un nuevo plano.

La presencia de alguien que vive más alto que tú te ha elevado.. Sin darte cuenta, a pesar de ti mismo, has sido arrastrado. Una vez que has probado, entonces hay confianza. Y cuando hay confianza puedes pasar a la tercera y a la cuarta. La presencia del Maestro sólo puede llevarte a la segunda, GYANA MUDRA. Sí, puede darte un poco de conocimiento, una pequeña muestra de su ser.

Cuando Jesús se iba, partió el pan y dijo a sus discípulos: Comedlo, soy yo, derramó vino y dijo: Bebedlo. Esta es mi sangre, este soy yo. Esto es muy simbólico, es una metáfora. Esto es GYANA MUDRA. Jesús estaba diciendo: Puedes probar un poco de mí, puedes beberme, puedes comerme.

Cada discípulo es un caníbal. Come del Maestro; absorbe al Maestro, eso es lo que significa comer. ¿Qué haces cuando comes algo? Lo digieres, lo absorbes; se convierte en tu sangre, se convierte en tu hueso, se convierte en tu médula, se convierte en tu conciencia. Eso es comer.

¿Qué haces con un Maestro? Te comes su presencia, te comes su vibración y la digieres. Y, poco a poco, se convierte en TU conciencia. El día que se convierte en tu conciencia, eres un sannyasin, no antes. Antes de eso, sannyas es formal. Antes de eso, sannyas es solo un comienzo hacia este fenomeno. Sin ser un sannyasin sera dificil que esto ocurra, porque con sannyas te vuelves abierto y vulnerable. Cuando estas abierto y vulnerable, algun dia, en algun momento, las cosas se juntan. En algun momento tu energia esta en tal estado que la energia del Maestro puede tirar de ella. En algún momento te acercas mucho. En algún momento de amor, en algún momento de alegría, en alguna celebración, te acercas al Maestro, y puedes engancharte. Y sólo un atisbo, sólo una gota de ese néctar baja por tu garganta, y te conviertes.

Ahora ya lo sabes. Ahora TÚ te conoces. Ahora no hay necesidad de creer. Ahora incluso si el mundo entero dice que Dios no existe, no importa; serás capaz de luchar contra el mundo entero porque TÚ lo sabes. ¿Cómo puedes negar tu propio conocimiento? ¿Cómo puedes negar tu propia experiencia? - Esa pequeña gota es más potente que el mundo entero. Esa pequeña gota es más potente que todo tu pasado. Millones de vidas no son nada comparadas con la pequeña gota.

Pero esto sólo puede ocurrir cuando estás cerca. La gente viene a mí y me pregunta '¿Por qué sannyas?

¿No podemos estar aquí sin tomar sannyas?'. Sí, podéis estar aquí todo el tiempo que queráis, pero no estaréis cerca. Puedes sentarte exactamente a mi lado. Puedo tomarte de la mano. Eso no es suficiente. Vulnerabilidad de tu parte, apertura de tu parte...

Hace sólo unos días, un joven me preguntaba: "¿Cuál es la razón fundamental de las túnicas ocres, del mala, del medallón? ¿Cuál es la razón fundamental?".

No hay ninguna", le dije. Es absurdo.

Se quedó perplejo. Dijo: "Pero si es absurdo, ¿por qué lo impones?".

Y yo le dije: "Precisamente, por eso".

Si yo digo algo que es racional y tú lo haces, eso no te rendirá a mí, ese no será el gesto. Si algo es racional y estás convencido de su racionalidad y lo sigues, entonces estás siguiendo tu razón, no a mí. Si algo es racional y puede demostrarse racional, científicamente, y lo sigues, no eres vulnerable a mí, no estás disponible para mí. Eso no te servirá de nada, seguirás siguiendo tu razón. Así que cada Maestro a lo largo de los tiempos ha desarrollado algunas cosas absurdas. Son simplemente simbólicas. Simplemente muestran que, sí, estás preparado y no estás preguntando por la razón. Estás listo para ir con este hombre, y si tiene algunas ideas excéntricas, eso también lo permites. Esto te suelta la cabeza: te hace un poco más abierta.

La iluminación puede producirse en cualquier color; el naranja no es imprescindible. Puede ocurrir en cualquier color. Puede suceder sin ningún medallón. Puede suceder sin ningún mala. Pero entonces, ¿por qué? El "por qué" es absurdo.

La razón es que no tiene sentido. Es sólo un gesto por tu parte: que estás dispuesto a adentrarte en algo aunque sea absurdo. Estás dispuesto a ir más allá de tu razón: ése es su significado.

Es un comienzo muy pequeño, pero los pequeños comienzos pueden acabar en grandes cosas. Cuando el Ganges sale del Himalaya, no es más que una gota; puedes sostenerla en la mano, es un fenómeno tan pequeño. Pero cuando llega al océano, es tan vasto, tan grande y tan enorme que te ahoga; ya no puedes sostenerlo.

Se trata de un pequeño gesto - llevar naranja y el mala y el medallón - una cosa muy absurda, un pequeño gesto, el principio de algo. Amas tanto a un hombre que estás dispuesta a hacer algo absurdo por él, eso es todo. Esto te hace vulnerable a mí, y entonces puedes contraer el sarampión más fácilmente.

La verdad es infecciosa, y hay que estar disponible para ella. La duda es una especie de vacuna: protege.

La razón protege. Protegido, nunca te moverás a ninguna parte. Protegido, sólo morirás. Protegido, estás en tu tumba. Desprotegido, estás a disposición de Dios.

Estar cerca de un Maestro es un fenómeno que puede ocurrir un día: te sientes elevado.

De repente tienes alas, un poco de sabor a libertad y a cielo. Y entonces... entonces las cosas se pueden hacer por uno mismo.

Entonces la tercera se hace posible: SAMAYA MUDRA. Entonces puedes empezar a mirar en la dirección que se ha abierto dentro de ti, y puedes empezar a moverte. Ahora sabes hacia dónde moverte, hacia dónde ir. Ahora tienes una cierta intuición. Ahora conoces una cierta habilidad. La religión no es una ciencia, la religión no es un arte, es una habilidad. Pero la destreza viene a través del gusto, a través de la experiencia.

SAMAYA MUDRA es la desoriginación, paralelo a la desoriginación: ANUTPANNA. Entonces la mente no sólo está dormida, la mente ha caído. Pero con el segundo, la mente volverá; sólo está dormida. Con la tercera, la mente no volverá fácilmente, pero aún es posible traerla de vuelta. Con el segundo volverá, sucederá; con GYANA MUDRA, volverá por sí misma. Con el tercero, SAMAYA MUDRA, si quieres traerla de vuelta, puedes traerla de vuelta - pero de otra manera no vendrá por sí sola.

Con el cuarto, MAHAMUDRA, aunque quieras traerlo de vuelta, es imposible. Has ido más allá, has trascendido. Esta cuarta etapa, que es el principio de la existencia, es la meta del Tantra.

Tres cosas más, entonces podemos entrar en el sutra.

De la memoria a la no memoria necesitarás "conciencia uno". Tendrás que estar más atento a los pensamientos, sueños y recuerdos que te rodean. Tendrás que prestar más atención a los pensamientos. Los pensamientos son los objetos y tendrás que ser consciente de ellos. Esta es la primera conciencia: "conciencia uno".

Krishnamurti habla de esto, lo llama "conciencia sin elección". No elijas. No juzgues cualquier pensamiento que esté pasando, sólo obsérvalo, sólo ve que se está moviendo. Si sigues observando, un día, los pensamientos no se mueven tan rápido; su velocidad ha disminuido. Entonces, algún día, empiezan a venir lagunas: un pensamiento se va y otro no viene durante mucho tiempo. Luego, al cabo de un tiempo, los pensamientos simplemente desaparecen durante horas... y la carretera se queda vacía de tráfico.

De ordinario siempre estás en una hora punta. Los pensamientos se agolpan, un pensamiento sobre otro, una pista tras otra. No es sólo una pista, hay muchas pistas en marcha. Y el hombre al que llamas pensador tiene más pistas que el hombre ordinario. Si sabes algo de ajedrez, sabrás que el ajedrecista necesita una mente de cinco pistas. Tiene que pensar al menos en cinco movimientos por delante: Si va a hacer esto, ¿qué hará el otro? ¿Qué hará él? ¿Y qué hará el otro...? - así. Tiene que adelantarse al menos cinco movimientos. A menos que pueda mantener estas cinco jugadas en su mente, no puede ser un gran jugador de ajedrez.

Las personas que usted llama pensadores tienen una mente de muchas vías, una mente muy compleja, y todas las vías están atascadas. Siempre hay prisa en todas direcciones, y siempre hay hora punta, incluso por la noche. Cuando duermes, la mente sigue y sigue trabajando. Trabaja las veinticuatro horas del día: no se toma vacaciones. Incluso Dios se cansó después de seis días y tuvo que descansar el domingo.

Pero la mente no necesita un domingo. Durante setenta, ochenta años, sigue trabajando y trabajando y trabajando.

Es enloquecedor. No hay descanso...

Seguro que ha visto una fotografía de la estatua de Rodin, EL PENSADOR. En Oriente nos reímos de la estatua... ¡tan angustiada! El PENSADOR de Rodin... se puede ver su cabeza incluso en la estatua de mármol, se puede sentir su ansiedad... ese es el arte de Rodin. Puedes pensar en cómo habría sido Aristóteles, o Bertrand Russel, o Friedrich Nietzsche. Y no es de extrañar que Nietzsche se vuelva loco. Así las cosas, esta estatua de Rodin está destinada a volverse loca algún día... pensando, pensando, pensando...

En Oriente no nos hemos preocupado mucho por los pensadores, hemos amado a los no pensadores. Buda es un no-pensador, también lo es Mahavir, también lo es Saraha - estos son no-pensadores. Incluso si piensan, piensan sólo para avanzar hacia el no-pensamiento. Utilizan el pensamiento como trampolín para el no-pensamiento.

El puente entre la memoria y la no memoria es la "conciencia uno". Es la conciencia del objeto. De la no-memoria a la no-originación necesitarás una segunda conciencia: es lo que Gurdjieff llama 'auto-recuerdo'.

El trabajo de Krishnamurti está totalmente basado en la "conciencia uno". El trabajo de Gurdjieff se basa totalmente en la "conciencia dos". Con la "conciencia uno", miras al objeto, al pensamiento. Te vuelves atento al objeto. Con la "conciencia dos", te vuelves doblemente atento: tanto al objeto como al sujeto.

Tu flecha de la conciencia tiene dos puntas. Por un lado tienes que ser consciente del pensamiento, y por otro lado tienes que ser consciente del pensador: el objeto, la subjetividad - ambos tienen que estar a la luz de la consciencia. El trabajo de Gurdjieff es más profundo que el de Krishnamurti. Él lo llama "auto-recuerdo".

Un pensamiento se mueve en tu mente. Por ejemplo, una nube de ira se está moviendo. Puedes observar la nube de ira sin observar al observador, entonces esto es "consciencia uno". Si observas la nube y al mismo tiempo recuerdas continuamente quién la está observando - "Yo estoy observando"- entonces esto es "consciencia dos": lo que Gurdjieff llama "auto-recuerdo".

De la memoria a la no-memoria, "conciencia uno" será útil. Pero de la no-memoria puedes volver fácilmente a la memoria, porque la mente sólo se duerme. Con la primera consciencia, simplemente tranquilizas la mente, la drogas: la mente se duerme. Es un gran descanso y un buen comienzo, pero no el final. Necesario, pero no suficiente.

Con la segunda conciencia, la mente cae en la no-originación, ANUTPANNA; ahora será muy difícil traerla de vuelta. Puedes traerla de vuelta, pero no vendrá por sí sola. No es imposible traerla de vuelta, pero no es fácil.

Con Gurdjieff el trabajo es aún más profundo. Y el Tantra dice que hay una tercera conciencia: "conciencia tres".

¿Qué es esta "conciencia tres"? Cuando te olvidas del objeto y te olvidas del sujeto y sólo hay pura consciencia. No estás concentrado en nada, sólo pura consciencia; no estás atento a nada, sólo atento, desenfocado, desconcentrado. Con la primera, estás concentrado en el objeto. Con la segunda, estás concentrado en el objeto y también en el sujeto. Con la tercera, abandonas toda concentración; simplemente estás alerta. Esta tercera te lleva al estado de no-mente.

Ahora, los sutras:

LA NO-MEMORIA ES LA VERDAD DE LA CONVENCIÓN Y LA MENTE QUE SE HA CONVERTIDO EN NO-MENTE (ES LA VERDAD ÚLTIMA).

El Tantra divide la verdad en dos: a la primera la denomina verdad hipotética, VYAVHARIKA; a la segunda, verdad última, PARMARTHIKA.

La verdad hipotética se llama verdad sólo por el nombre: se llama verdad porque se parece a la verdad.

Es tan justo en la práctica; tiene un cierto vislumbre de la verdad. Es casi como esto: si alguien te enseña una foto mía y tú dices "Sí, es una foto verdadera", ¿qué entiendes por una "foto verdadera"? ¿Cómo puede ser verdadera? La afirmación de que la foto es verdadera significa simplemente que se parece al original. La imagen en sí misma no es verdadera -todas las imágenes son falsas-, es sólo un papel. ¿Cómo puedo estar en el papel? ¿Cómo puedo ser el papel? ¿Cómo puedo ser las líneas? Incluso una fotografía verdadera es sólo una fotografía. Pero al decir "es una fotografía verdadera", decimos que sí, que se parece al original.

He oído una anécdota:

Una vez vino a ver a Pablo Picasso una mujer muy guapa pero muy habladora, y hablaba demasiado.

Pablo Picasso se aburría, pero ella era muy rica, así que tampoco podía echarla. Era una gran clienta de sus cuadros, así que tenía que escucharla. Y ella seguía y seguía y seguía.

Al final me dijo: "El otro día vi tu foto en casa de una amiga. Estaba tan viva y me gustó tanto que la besé".

Picasso dijo: "¡Espera! ¿Te ha devuelto el beso?".

La mujer dijo: "¿Qué estás diciendo? ¿Te has vuelto loco? ¿Cómo puede un cuadro devolver un beso?

Picasso dijo: "Entonces, no fui yo. Desde luego NO he sido yo".

Una imagen es verdadera porque se parece. Es falsa porque es una imagen. Esto es lo que el Tantra llama la verdad VYAVHARIKA.

LA NO MEMORIA ES LA VERDAD DE LA CONVENCIÓN...

Es sólo más o menos; sólo se llama verdad convencionalmente. La memoria, ya sabes. La no-memoria ocurre a veces en presencia de un Maestro, o mientras se medita o se reza. Pero incluso la no memoria es sólo una verdad hipotética; es una fotografía. Sí, se parece a la verdadera no-mente, pero sólo en apariencia.

Todavía no es la mente verdadera.

Para que seas consciente de ello y lo mantengas en tu mente, el Tantra insiste una y otra vez en que esto no debe tomarse como la meta; es sólo el principio. Muchas personas se atascan cuando alcanzan la no-memoria.

Cuando pueden tener unos pocos atisbos de no-mente, piensan que han llegado. Es tremendamente hermoso, está muy vivo; en comparación con la memoria, es extático. Pero no es nada en comparación con el verdadero estado de no-mente, porque la memoria sigue ahí, profundamente dormida, roncando; puede despertarse en cualquier momento. La mente sigue ahí esperando su oportunidad para volver. Sí, el tráfico se ha detenido por un momento, pero volverá a empezar.

Es bueno tener estos atisbos porque te llevarán más lejos, pero no es bueno estancarse.

Esto es lo que ocurre con las drogas - LSD, marihuana, mescalina - esto es lo que ocurre: este segundo estado, la no-memoria. Bajo el impacto de la droga, la memoria desaparece por un momento. Es un estado químicamente forzado: en shock químico, la memoria desaparece.

Esto es lo que ocurre con el electrochoque. Damos electrMaestrock a los locos cuyos recuerdos se han convertido en una carga tan pesada para ellos que no pueden salir de ella por sí mismos. Les damos electrochoque o choque de insulina. ¿Por qué? Porque a través del choque -la electricidad que pasa a través de sus ondas cerebrales, dándoles tal choque- por un momento, se desarraigan. Pierden la noción. Olvidan lo que estaban pensando, lo que había allí. Por un momento quedan deslumbrados por la descarga, y cuando vuelven no pueden recuperarla. Por eso el electrMaestrock ayuda. Pero el electrMaestrock o los choques químicos no te dan la realidad, sólo te dan una fotografía.

LA NO-MEMORIA ES LA VERDAD DE LA CONVENCIÓN Y LA MENTE QUE SE HA CONVERTIDO EN NO-MENTE (ES LA VERDAD ÚLTIMA).

Así que no te contentes a menos que alcances la no-mente, el cuarto estado.

ESTO ES LA PLENITUD, dice Saraha, ESTO ES EL BIEN MÁS ALTO. AMIGOS, SEAN CONSCIENTES DE ESTE BIEN SUPREMO.

Esta no-mente es plenitud, porque has llegado a la fuente misma de la vida y la existencia.

Y a menos que suceda, no hay satisfacción ni plenitud. Esto es florecimiento real, esto es SAHASRAR: el loto de mil pétalos ha florecido. Tu vida se libera en fragancia, celebración y alegría.

Esto es lo que Dios es. Es el bien supremo, el SUMMUM BONUM. No hay nada más elevado que esto. Esto es el NIRVANA.

AMIGOS, DE ESTE BIEN SUPREMO, TOMEN CONCIENCIA.

Saraha dice: Recuerda, hay tres clases de consciencia: 'consciencia uno' del objeto, 'consciencia dos' del objeto y el sujeto, 'consciencia tres', consciencia pura. Entra en estas tres etapas de consciencia para que puedas alcanzar el SUMMUM BONUM.

Y, dice al rey y a los demás que deben haberse reunido para escuchar este gran discurso:

AMIGOS... Él los llama amigos. Esto hay que entenderlo.

Desde el lado del Maestro el discípulo es el amigo, pero no desde el lado del discípulo. A veces, algunos sannyasins me escriben. Justo el otro día había una pregunta. Un sannyasin había escrito 'Maestro, no puedo pensar en ti como mi Maestro, pero pienso en ti como mi amigo. ¿Hay algo malo en ello?

Nada por mi parte. Está perfectamente bien. Pero falta algo por tu parte y estarás perdido. ¿Por qué?

Desde el punto de vista del Maestro sois amigos, porque él puede ver que es sólo una cuestión de tiempo, de lo contrario ya habríais llegado. Es sólo una cuestión de tiempo y un día estaréis despiertos.

¡Todos vosotros sois Budas! Desde el lado del Maestro toda la existencia está ya iluminada. Las rocas, los árboles, las estrellas, los animales, los pájaros, los hombres y las mujeres, toda la existencia está iluminada desde el lado del Maestro. Es sólo una cuestión de tiempo, y el tiempo es irrelevante. Todos estáis ahí. No lo sabéis, es cierto, pero el Maestro lo sabe.

El día que conocí mi propio ser, conocí el ser mismo de la existencia. Desde entonces no he mirado a nadie como no iluminado; no puedo eso es imposible. Sí, tú no reconoces tu hecho, pero yo no puedo negarlo. Por mi parte sois amigos. Vosotros sois yo. Pero desde tu lado si piensas que no puedes aceptarme como tu Maestro y solo puedes pensar en mi como un amigo, entonces depende de ti.

Pero que sepas que echarás de menos.

¿Cuál es la diferencia? Cuando aceptas a una persona como amigo quieres decir que la aceptas como tu igual: un amigo es igual a ti. Sí, eres amigo mío porque veo que eres igual a mí, no hay diferencia. Pero si me ves como igual a ti, entonces tu crecimiento se detendrá.

Cuando te veo como igual a mí, te estoy elevando a mi ser. Cuando me ves como igual a ti, me estás bajando a tu nivel. Fíjate en la diferencia. Cuando digo que eres igual a mí, estoy tratando de atraerte hacia mí. Cuando dices "Maestro, eres igual a nosotros", me empujas a tu nivel.

Naturalmente, no puedes tirar hacia ningún otro lado. No conoces otro nivel.

¿Y por qué es difícil aceptar a alguien como tu Maestro? Por el ego. Como mucho el ego quiere que me aceptes como amigo.

Depende de ti, es tu elección. Si así quieres que sea, que sea así, pero entonces yo no soy responsable si no te pasa nada. Entonces es tu responsabilidad, totalmente tu responsabilidad, si no te ocurre nada, porque tú has creado la barrera. Sólo puedo fluir hacia ti cuando me miras hacia arriba, porque el flujo de energía sólo es posible hacia abajo.

No pierdo nada si me consideras tu amigo, no pierdo nada aunque me consideres tu enemigo, eso no importa. Estarás perdiendo. El hombre que piensa que soy su enemigo, me está haciendo igual a él, y el hombre que piensa que soy su amigo está haciendo lo mismo. No son personas diferentes.-Cuando miras hacia arriba puedes ser enganchado por la energía ascendente; puedes ser arrastrado.

Saraha dice AMIGOS, DE ESTE ALTISIMO BIEN, TOMAD CONCIENCIA.

Del lado del Maestro todos son amigos. Los que piensan que son amigos, son amigos; y los que piensan que son enemigos, también son amigos.

EN LA NO-MEMORIA SE ABSORBE LA MENTE; JUSTO ESTO ES LA EMOCIONALIDAD PERFECTA Y PURA.

NO ESTÁ CONTAMINADO POR EL BIEN O EL MAL DE LA MUNDANALIDAD, COMO UN LOTO QUE NO SE VE AFECTADO POR EL BARRO DEL QUE CRECE.

EN LA NO MEMORIA SE ABSORBE LA MENTE... La memoria observada es absorbida por la no-memoria. En la no-memoria, la mente comienza a desaparecer. Y cuando la mente empieza a desaparecer, surge una nueva cualidad de energía en ti: la energía del corazón.

SÓLO ESTO ES EMOCIONALIDAD PERFECTA Y PURA.

Entonces el corazón empieza a funcionar. Cuando la mente se disuelve, la energía que estaba involucrada en la mente se convierte en amor. Tiene que convertirse en algo - la energía no puede ser destruida. Ninguna energía se destruye, sólo se transforma. Cambia de forma.

La mente está tomando casi el ochenta por ciento de tu energía y no te devuelve nada, no te devuelve nada, sólo sigue absorbiendo el ochenta por ciento de tu energía. Es como un desierto. El río sigue fluyendo y el desierto lo sigue absorbiendo, y no devuelve nada. Y el desierto ni siquiera reverdece, ni siquiera crece hierba, ni siquiera crecen árboles, ni siquiera se convierte en un pequeño charco de agua, ¡nada! Permanece seco y muerto, y sigue absorbiendo la energía vital.

La mente es una gran explotadora. Ahí es donde, en el desierto de la mente, en la tierra baldía de la mente, te pierdes.

Saraha dice: Cuando esto ocurre -que la memoria se disuelve y alcanzas la no-memoria- de repente, tu cualidad total cambia. Te vuelves más amoroso: surge en ti la compasión. La misma energía que iba al desierto se traslada a una tierra fértil. El corazón es la tierra de la fertilidad.

SÓLO ESTO ES EMOCIONALIDAD PERFECTA Y PURA.

NO ESTÁ CONTAMINADA POR LO BUENO O LO MALO DE LA MUNDANIDAD...

Y en el corazón no hay distinción entre lo bueno y lo malo. El corazón no conoce distinciones; todas las distinciones pertenecen a la mente. El corazón simplemente ama sin distinciones. El corazón simplemente fluye sin categorías, sin juicios. El corazón es inocente.

ES IMPOLUTO POR LO BUENO O LO MALO...

COMO UN LOTO AL QUE NO AFECTA EL BARRO DEL QUE CRECE.

Crece de la misma energía mental, del mismo lodo de pensamientos, pensamientos, deseo, lujuria - pero es un loto; crece del lodo, pero permanece impoluto por el lodo.

Dice Saraha al rey PERO CON CERTEZA DEBEN VERSE TODAS LAS COSAS COMO SI FUERAN UN HECHIZO MÁGICO.

SI INDISTINTAMENTE PUEDES ACEPTAR O RECHAZAR EL SAMSARA O EL NIRVANA, FIRME ES TU MENTE, LIBRE DEL SUDARIO DE LA OSCURIDAD.

EN TI SERÁ AUTO-SER, MÁS ALLÁ DEL PENSAMIENTO Y AUTO-ORIGINADO.

Una gran técnica que le está dando. Escúchela, medite sobre ella y pruébela.

Sabes bien que has soñado millones de sueños, pero en el sueño, una y otra vez, olvidas que es un sueño: de nuevo se convierte en realidad. Esta noche vas a volver a soñar. ¿Qué clase de inconsciencia es ésta? Cada noche sueñas y por la mañana descubres que era falso; no estaba ahí, eran sólo imágenes, sólo imaginación - de nuevo eres una víctima. Vuelves a soñar y vuelves a pensar que es real. ¿Por qué no puedes ver que es irreal en el sueño? ¿Qué te impide verlo? Tanta experiencia de tantos sueños y tantas conclusiones - y todas sin excepción probando una cosa: que los sueños no son verdad. De nuevo esta noche serás una víctima. El sueño estará ahí y pensarás que es verdad. Lo vivirás como si fuera verdad.

El Tantra desarrolla una técnica. La técnica es: mientras estás despierto, piensa en el mundo como un sueño.

Por ejemplo, ahora mismo que me estás escuchando, piensa que es un sueño. Es más fácil pensarlo ahora que en un sueño. Muchas veces me escucharás en sueños, entonces será demasiado difícil: estarás profundamente dormido. Ahora es más fácil. Ahora mismo puedes pensar que estás en un sueño -Maestro es tu sueño, él está hablando en tu sueño, estos árboles son árboles de sueño, estas flores de gulmohar son flores de sueño, estos pájaros están cantando en tu sueño- todo es sólo un hechizo mágico. Piénsalo mientras estás despierto. Sigue pensándolo durante al menos dos o tres meses y te sorprenderás. Un día, porque lo has practicado, de repente, en el sueño, lo reconocerás como un sueño.

Y cuando los árboles reales también parecen de ensueño a través de la práctica, ¿qué decir de los árboles irreales? Parecerán irreales.

Y el Tantra dice: Incluso estos árboles son básicamente sólo sueños. No son cosas reales.

¿Qué entiende el Tantra por realidad? Tantra significa: Aquello que permanece siempre y siempre. Lo que va y viene es irreal. Lo que nace y muere es irreal. Esta es la definición de irrealidad en el Tantra: Lo momentáneo es irreal. Lo que es eterno es real.

Estos árboles no estaban aquí hace unos días y no estarán aquí dentro de unos años. Nosotros no estábamos aquí hace unos años y no estaremos aquí dentro de unos años. Así que es un largo sueño.

Por la noche el sueño persiste sólo una, dos o seis horas, y este sueño persiste sesenta o setenta años. Pero sólo la duración del tiempo no puede hacer mucha diferencia. Que un sueño dure una hora o cien años no hace mucha diferencia. La diferencia es sólo de duración, pero desaparece.

¿Cuántas personas han vivido en la Tierra? ¿Lo sabes? ¿Dónde están? Si no hubieran existido, ¿qué diferencia habría habido? Que hayan existido o no no tiene mucha importancia: todos han desaparecido.

Lo que aparece y desaparece es el sueño.

Saraha dice PERO CON CERTEZA HAY QUE VER TODAS LAS COSAS COMO SI FUERAN UN HECHIZO MÁGICO.

Está dando una técnica: verlo todo como si fuera un hechizo mágico, como si un mago te hubiera hipnotizado: todo es falso, y lo estás viendo a través de la hipnosis.

SI INDISTINTAMENTE PUEDES ACEPTAR O RECHAZAR EL SAMSARA O EL NIRVANA...

Si es sólo un sueño, no hay nada que aceptar ni rechazar. Entonces, ¿quién se molesta? Te molestas demasiado porque crees que es real.

No importa si eres pobre o rico. Que seas guapo o feo no tiene mucha importancia. Que te respeten o no, no cambia mucho las cosas.

Si sólo es irreal, un mundo de ensueño, un MAYA, entonces ¿qué hay que elegir y qué hay que rechazar?

Entonces la aceptación y el rechazo desaparecen. Entonces uno vive puramente, sin enredos, sin perturbaciones, sin descentrarse en modo alguno. Entonces uno se asienta, entonces todo está bien.

SI INDISTINTAMENTE PUEDES ACEPTAR O RECHAZAR EL SAMSARA O EL NIRVANA, FIRME ES TU MENTE...

Entonces, que aceptes o rechaces no supone una gran diferencia. Entonces puedes renunciar al mundo o puedes vivir en el mundo. Si sabes esto: que todo es sólo un sueño, si permaneces en este clima de que todo es un sueño...

¿Por qué Saraha le dice esto al rey? Saraha está diciendo: Señor, usted vive en el palacio, yo vivo en el cementerio. Tú vives con gente hermosa, yo vivo con gente ordinaria y fea. Tú vives en la riqueza, yo en la pobreza. Usted vive en la capital, yo vivo aquí en el cementerio... pero todo es lo mismo. Ese palacio es un sueño y este crematorio es un sueño. Tu hermosa reina es un sueño y mi mujer arrowsmith es un sueño. Entonces, ¿cuál es la diferencia?

Si en el sueño te haces rico o te haces pobre, ¿hay alguna diferencia por la mañana? ¿Te sientes muy feliz por la mañana porque has sido muy rico en el sueño? ¿Te sientes muy infeliz por la mañana porque has sido un mendigo en el sueño? No importa cuando estés despierto. No importa.

Saraha dice: Señor, estoy despierto. La tercera conciencia ha sucedido. Para mí todo es sueño - sueño y todo. Para mí todo es sueño... sueño dentro de sueño dentro de sueño. Ahora no hago ninguna distinción. He ido más allá de las distinciones. La no-mente ha surgido. Así que si la gente me respeta o me insulta - si piensan que Saraha es un gran brahmán, un gran místico, un gran conocedor, o piensan que es un pervertido, que está loco, demente - está perfectamente bien.

Esta es la verdadera comprensión. Entonces la opinión de nadie puede distraerte. Entonces nada puede distraerte: ni el éxito ni el fracaso, ni el respeto ni la humillación, ni la vida ni la muerte. Esto es el estado de no-distracción: Uno ha vuelto a casa.

Entonces, una vez ESTABLEZCA SU MENTE, LIBÉRESE DE LA SOMBRA DE LA OSCURIDAD.

EN TI ESTARÁ EL SER UNO MISMO...

He vuelto a casa, dice Saraha. Mi ser ha surgido. Ahora tengo mi centro. Lo he perdido todo, excepto una cosa: mi propia naturaleza, mi propio ser. Ahora conozco mi origen, ahora conozco mi propia fuente, ahora conozco mi realidad.

... MÁS ALLÁ DEL PENSAMIENTO Y AUTO-ORIGINADO.

He ido más allá del pensamiento. Estas cosas no me distraen, señor. Todo está bien como está.

Esta es la actitud de un verdadero sannyasin: Todo está perfectamente bien como está.

El último sutra:

ESTE MUNDO DE APARIENCIA NUNCA HA LLEGADO A SER DESDE SU RADIANTE COMIENZO; SIN PATRÓN, HA DESCARTADO EL PATRÓN.

COMO TAL ES MEDITACIÓN CONTINUA Y ÚNICA; ES NO-MENTACIÓN, CONTEMPLACIÓN INOXIDABLE Y NO-MENTE.

ESTE MUNDO DE APARIENCIA NUNCA HA LLEGADO A SER DESDE SU RADIANTE COMIENZO...

Dice Saraha: Este mundo que estás viendo nunca ha estado ahí; sólo lo parece. Al igual que un sueño surge de la nada y desaparece en la nada, así es este mundo.

ESTE MUNDO DE APARIENCIA NUNCA HA LLEGADO A SER DESDE SU RADIANTE COMIENZO...

Desde el principio nada es... Sólo una ondulación en el lago silencioso... y la ondulación desaparece.

Y no puedes agarrarte a una onda - igual que una onda de pensamiento, igual que una vibración.

SIN PATRÓN, HA DESCARTADO EL PATRÓN.

Y no tiene ningún patrón. No es sólido, ¿cómo puede tener un patrón? Es muy líquido, muy fluido; no tiene patrón. Nadie sabe lo que es bueno y lo que es malo. Nadie sabe quién es un santo y quién es un pecador. Nadie sabe qué es virtud y qué es pecado. No tiene patrón.

Esta es la comprensión tántrica del núcleo mismo de la realidad: No tiene patrón. Es un caos creativo.

En última instancia, finalmente, nada tiene que ser condenado y nada tiene que ser apreciado.

SIN PATRÓN, HA DESCARTADO EL PATRÓN.

COMO TAL, ES UNA MEDITACIÓN CONTINUA Y ÚNICA...

Este es un hermoso sutra. Saraha dice: Pero olvídate de su realidad-irrealidad:

COMO TAL, ES UNA MEDITACIÓN CONTINUA Y ÚNICA...

Esta existencia alrededor... estos árboles, estos pájaros, este cuco volviéndose loco - ES MEDITACIÓN CONTINUA Y ÚNICA. Si puedes ser consciente de ello, puede ayudarte a volver a casa - ES UNA MEDITACIÓN CONTINUA Y ÚNICA.

ES NO-MENTACIÓN...

No traigas tu mente. Sólo escúchalo, míralo, tócalo. No metas tu mente.

ES NOMENTACIÓN, CONTEMPLACIÓN INOXIDABLE...

Contemplar, pero no con el pensamiento, sino con la transparencia. Observa, mira, sé - no a través del análisis, no a través de la lógica. Relaciónate a través del silencio. Eso es contemplación inoxidable. Relaciónate a través del silencio, relaciónate a través del amor. Relacionarse. Relaciónate con este cuco. Relaciónate con los árboles, con el sol, pero no pienses en ellos. No te conviertas en un pensador.

... Y SIN MENTE.

Así que, primero, piensa en el mundo como un sueño, y luego piensa en el soñador también como un sueño. Primero el objeto es un sueño, luego el sujeto es un sueño. Cuando el sujeto y el objeto desaparecen, cuando el sueño desaparece y también el soñador, entonces no hay mente.

Esta no-mente es el origen mismo de todo.

Esto es lo que Udallaka le decía a su hijo. Le preguntaba: "¿Has aprendido a ese Uno, aprendiendo lo que todo se aprende y olvidando lo que todo se olvida? ¿Has visto a ese Uno? ¿Has llegado a ese Uno?

El hijo se turbó y dijo: 'Lo he sabido todo. ¿Pero de qué estás hablando? Mi Maestro nunca habló de éste'.

Entonces Udallaka dijo: 'Entonces regresa, porque todo lo que has traído es basura. ¡Vuelve! En mi familia siempre hemos sido brahmanes REALES'.

Por "verdadero brahmán" quería decir: Hemos conocido BRAHMA, hemos conocido la verdad. No somos brahmanes sólo por nacimiento.

Vuelve. Vuelve inmediatamente". La bienvenida se detuvo, la música se detuvo. Con lágrimas... pero Udallaka envió a su hijo de vuelta. Había venido de la casa del Maestro después de muchos años, y fue enviado de vuelta inmediatamente - ni siquiera un día de descanso.

Muy turbado, el joven volvió a ver al Maestro. Le dijo: 'Pero, ¿por qué no me enseñaste ese Uno por el que pregunta mi padre? ¡Todos estos años perdidos! Y mi padre piensa que todo esto son tonterías: no me conozco a MÍ MISMO. Mi padre dice: "Si no te conoces a ti mismo, ¿qué valor tiene todo lo que sabes?

¿Qué vamos a hacer con tu conocimiento de los Vedas? Puedes recitar los Vedas, pero ¿qué vamos a hacer con ellos? Y en mi familia", dice mi padre, "siempre hemos sido brahmanes REALES.

Vuelve, y antes de morir conviértete en un verdadero brahmán. No vuelvas a menos que te hayas convertido en un verdadero brahmán". Así que, señor, enséñame ese Uno".

El Maestro se rió. Dijo: "A ése no se le puede enseñar. Sí, se puede coger, pero no se puede enseñar. Por eso no lo había enseñado. Pero si insistes, entonces se puede crear una situación".

Eso es lo que hacen todos los Maestros - sólo crean una situación.

Esta comuna es una situación. No puedo enseñarte la verdad, pero puedo crear una situación en la que puedas empezar a vislumbrarla. Mi presencia aquí es una situación. Que yo les hable continuamente es una situación - no es que yo pueda enseñarles la verdad hablando, pero es sólo una situación en la que un temblor entra en ustedes a veces. En la que, a veces, captas una vibración que te emociona y te lleva lejos, en un largo viaje hacia el interior.

Entonces el Maestro dijo: "Puedo crear una situación. Y ésta es la situación: coge todas las vacas del ashram" -había cuatrocientas vacas- "y llévalas al bosque más profundo. Vete tan lejos como puedas, tan lejos como sea posible, de modo que seas absolutamente inaccesible a otros seres humanos.

Entonces vuelve sólo cuando tu rebaño haya crecido hasta las mil vacas y toros. Llevará muchos años, pero vete. Y recuerda, no veas a ningún ser humano. Las vacas serán tus amigas y tu familia.

Puedes hablar con ellos si quieres".

Y Swetketu se adentró en el bosque más profundo, donde ningún ser humano había entrado jamás, y vivió con sus vacas durante muchos años.

La historia es de una belleza tremenda. Naturalmente, ¿de qué se puede hablar con las vacas? Al principio debió de intentarlo, y poco a poco pensó que no tenía sentido: las vacas simplemente te miran; sus ojos permanecen vacíos. No hay diálogo.

Sí, al principio, sólo por costumbre, puede que recitara sus Vedas... y las vacas habrían seguido mascando su hierba. No se habrían interesado en absoluto por los Vedas, y no le habrían alabado por ser un gran conocedor. Habría hablado de astrología y de las estrellas, pero a las vacas no les habría interesado. ¿Qué se puede hacer con un auditorio de vacas? Poco a poco dejó de hablar. Poco a poco empezó a olvidar. Comenzó un gran desaprendizaje.

Pasaron los años. Y, según cuenta la historia, llegó un momento en que las vacas eran mil. Pero para entonces Swetketu se había olvidado por completo de volver. Realmente había olvidado cómo contar. Así que llevaba muchos años sin contar.

Las vacas se inquietaron mucho: había llegado la hora. Entonces una vaca se atrevió y dijo: "Escucha, ahora que somos mil, ya es hora; el Maestro debe estar esperando. Debemos volver a casa. Este es el momento'. Así que cuando las vacas dijeron que había llegado el momento, Swetketu las siguió.

Cuando llegó con esas mil vacas a casa del Maestro, éste salió a recibirle y dijo a sus otros discípulos: '¡Mirad estas mil y una vacas!'.

Pero los discípulos dijeron: 'Sólo hay mil vacas, y una es Swetketu'. El Maestro dijo: "Ha desaparecido. Ya no está ahí. Es una vaca, tan inocente. Mírale a los ojos".

Este es el estado de la no-mente. Y este ha sido el objetivo en Oriente - este estado en el que no eres, y, de hecho, por primera vez eres.

Este estado de muerte y este estado de vida, este estado de desaparición del ego y lo falso, y la aparición de lo verdadero y lo auténtico - este es el estado que llamamos realización, Dios-realización, auto-realización. Este es el estado que Saraha llama SER, MÁS ALLÁ DEL PENSAMIENTO, más allá de la mente.

Tantra significa expansión. Es el estado en el que te has expandido al máximo. Tus límites y los límites de la existencia ya no están separados, son lo mismo. Menos que eso no te satisfará. Cuando te vuelves universal, vuelves a casa. Cuando te conviertes en todo, cuando te conviertes en uno con todo, cuando eres tan grande como este universo, cuando contienes todo - cuando las estrellas comienzan a moverse dentro de ti y las tierras nacen y desaparecen en ti - cuando tienes esta expansión CÓSMICA, entonces el trabajo está terminado. Has vuelto a casa. Este es el objetivo del Tantra.

Me basto solo

Pregunta 1:
¿QUÉ LE PASA A MI VOZ CUANDO ME HABLAN? ¿QUÉ ES EL JUEGO?

La pregunta es de Somendra.

Cuando estés realmente en comunión conmigo, no podrás hablar. Cuando me escuches de verdad, perderás la voz porque en ese momento yo soy tu voz. La comunión que se produce entre tú y yo no es entre dos personas. No es una discusión, no es un debate, no es una discusión, ni siquiera es un diálogo. La comunión sólo se produce cuando estás perdido, cuando no estás ahí. En la cima, ni siquiera es una relación "yo-tú". No es una relación en absoluto. Yo no soy, y llega un momento en que tú tampoco eres. En ese momento dos ceros desaparecen el uno en el otro.

Por eso, Somendra, siempre que vienes a mí, pierdes la voz. Y no te ocurre sólo a ti, sino a todos los que realmente se acercan a mí.

¿Cómo puedes acercarte a mí y seguir manteniendo tu voz? ¿Cómo puedes estar cerca de mí y seguir siendo tú mismo? Tu voz es la voz de TI. Cuando el "tú" empieza a desaparecer, naturalmente, la voz también empieza a desaparecer.

En segundo lugar, no hay nada que decir. Cuando estás enamorado de mí, sabes que si hay algo que decir, lo sabré. Y si no lo sé, entonces no es necesario, entonces debe ser algún pensamiento irrelevante, vagabundo. Ni siquiera es necesario decirlo; sería un puro derroche de energía.

La mente sigue captando mil y un pensamientos de todas partes, de todas las fuentes. Todos tus pensamientos no son tuyos; los pensamientos van saltando de una cabeza a otra, incluso sin hablar, incluso sin ser transmitidos. Los pensamientos saltan continuamente de una cabeza a otra. Tú los atrapas, y por un momento eres poseído por el pensamiento y piensas que es algo esencial. Cuando vienes a mí, de repente esos pensamientos que has captado de otros desaparecen.

Les ocurre a muchos sannyasins. Vienen preparados con muchas preguntas, y luego, simplemente sentados frente a mí, se sienten perdidos esas preguntas han desaparecido. Es significativamente significativo. Demuestra que esas preguntas no eran tuyas, no eran VERDADERAMENTE tuyas.

Cuando estés frente a mí -realmente frente a mí-, cuando me estés mirando, sólo quedará lo esencial; lo no esencial se irá. A veces pueden desaparecer todos tus pensamientos: no sólo pierdes la voz, también pierdes la mente. Y esa es la única manera de estar cerca de un Maestro. Sigue perdiendo la cabeza.

Cuelga flojo, relajado, sin tensión. No hay nada que decir. Hay mucho que escuchar, pero no hay nada que decir.

Y luego, en tercer lugar, todo va tan bien con Somendra. Sólo decimos cosas cuando las cosas no van bien.

He oído...

Una madre se quejó a varios médicos de que su hijo de cinco años no hablaba. Los exámenes revelaron que se trataba de un niño extraordinariamente sano, y le dijeron que no se preocupara. Pero se preocupó.

Un día, con las prisas, le quemó los copos de avena, pero se los sirvió igualmente. Él la probó, la escupió y dijo: "Dios, esto es horrible. La habrás quemado".

Encantada, me dijo: "¡Estás hablando! ¿Por qué no habías dicho nada antes?

La miró con cierto desdén y le dijo: "¡Pues hasta ahora todo ha ido bien!".

Y todo ha ido bien hasta ahora con Somendra. No hay nada que decir.

Pregunta 2:

HACE POCO, EN UN MUSEO DE ARTE DE FRANKFURT, ENTRÉ EN UNA SALA EN LA QUE NO HABÍA MÁS QUE ESTATUAS Y TALLAS DE BUDA. NO TENGO NINGUNA FE EN LOS ÍDOLOS DE PIEDRA, PERO ME SORPRENDIÓ SENTIR UNA CORRIENTE DE ENERGÍA MUY FUERTE EN LA SALA, SIMILAR A LA QUE SIENTO AQUÍ EN LA CONFERENCIA. ¿ME ESTABA IMAGINANDO COSAS?

Y SI ES ASÍ, ¿CÓMO PUEDO CONFIAR EN LO QUE SIENTO AQUÍ CONTIGO?

La pregunta es de Anand Samagra.

Lo primero que hay que entender: te sorprenderá saber que las estatuas de Buda no tienen nada que ver con Gautam Buda. Son todas falsas, no se parecen en nada a Buda, pero tienen algo que ver con la budeidad. No con Gautam Buda, con la persona, tienen algo que ver con la budeidad.

Puedes entrar en un templo jainista y verás veinticuatro estatuas de veinticuatro TEERTHANKARAS, los fundadores del jainismo, y no podrás distinguir ninguna diferencia entre ellas; son todas iguales. Para distinguirlas, los jainistas hacen pequeños símbolos en ellas para saber quién es quién, porque todas son iguales. Así, si el símbolo de alguien es una figura lineal, justo debajo de los pies hay una pequeña figura lineal. Así saben de quién es la estatua. Si el símbolo de alguien es una serpiente, entonces saben de quién es la estatua. Si esos simbolos estuvieran ocultos, ni siquiera un Jain podria hacer ninguna demarcacion.

¿De quién es esta estatua? ¿De Mahavir? ¿De Parswanatha? ¿De Adinatha? Y también te sorprenderá saber que son exactamente iguales a Buda, no hay diferencia.

Al principio, cuando Occidente conoció a Mahavir, pensaron que no era más que la misma historia de Buda, porque la estatua es la misma, la filosofía es la misma, la comprensión es la misma, la enseñanza es la misma - así que era lo mismo; no era nada diferente de Buda. Ellos pensaban que Mahavir era otro nombre para Buda. Y, por supuesto, a ambos se les llamaba Budas; "Buda" significa "el despierto", así que a Buda se le llamaba Buda y a Mahavir también se le llamaba Buda. Y ambos se llamaban jainistas: "jainista" significa "conquistador", alguien que se ha conquistado a sí mismo. A Buda se le llama "el jainista" y a Mahavir se le llama "el jainista", así que pensaban que eran la misma persona.

Y las estatuas eran una gran prueba: se parecen absolutamente. No son fotográficas, no representan a una persona, representan un determinado estado. Tendrás que entenderlo, entonces la cosa se explicará.

En la India, tres palabras son muy importantes: una es TANTRA, de la que estamos hablando, otra es MANTRA, y la tercera es YANTRA.

TANTRA significa técnicas para expandir tu conciencia. MANTRA significa encontrar tu sonido interior, tu ritmo interior, tu vibración interior. Una vez que has encontrado TU MANTRA, es de una ayuda tremenda: una sola pronunciación del MANTRA y estás en un mundo totalmente diferente. Eso se convierte en la clave, el pasaje, porque una vez pronunciado ese MANTRA, caes en tu vibración natural.

Y la tercera es YANTRA. Estas estatuas son YANTRAS. YANTRA significa cierta figura que puede crear cierto estado en ti. Una cierta figura, si la miras, está destinada a crear un cierto estado en ti.

¿No lo has visto? - Mirando un cuadro de Picasso empezarás a sentirte un poco incómodo.

Concéntrate en un cuadro de Picasso durante media hora y te sentirás muy extraño: algo se está volviendo loco. No puedes mirar un cuadro de Picasso durante media hora. Si guardas cuadros de Picasso en tu habitación, tendrás pesadillas. Tendrás sueños muy peligrosos: ser perseguido por fantasmas, torturado por Adolf Hitler y cosas por el estilo; una víctima de guerra en un campo de concentración... cosas por el estilo.

Cuando observas algo, no es sólo que la figura esté fuera; cuando observas algo, la figura crea una situación determinada en ti. Gurdjieff solía llamar a esto "arte objetivo". Y lo sabes: al escuchar música pop moderna, algo sucede en ti: te excitas sexualmente.

No hay nada más que sonido fuera, pero el sonido golpea dentro - crea algo en ti. Escuchando música clásica, te vuelves menos sexual, menos excitado. De hecho, con la gran música clásica casi te olvidas del sexo, estás en una tranquilidad, un silencio, una dimensión totalmente diferente de tu ser. Existes en otro lugar.

Observar una estatua de Buda es observar un YANTRA. La figura de la estatua, la geometría de la estatua, crea una figura dentro de ti. Y esa figura interior crea una cierta vibración. No fue sólo imaginación lo que te ocurrió, Samagra, en el museo de Frankfurt; esas estatuas de Buda crearon una cierta vibración en ti.

Observa el estado de Buda sentado tan silenciosamente, en una determinada postura de yoga. Si sigues observando la estatua, descubrirás que algo así ocurre también en tu interior.

Si estás en una compañía en la que diez personas están tristes y tú eres la undécima, ¿cuánto tiempo podrás permanecer feliz? Esas diez personas funcionarán como un YANTRA, un YANTRA de tristeza: tarde o temprano caerás en la tristeza. Si eres infeliz y vas a una compañía donde la gente está bromeando y riendo, ¿cuánto tiempo podrás permanecer triste? Esas personas risueñas crearán risa en ti. Cambiarán tu enfoque, cambiarán tu marcha; empezarás a moverte en una dirección diferente. Esto ocurre todos los días, a sabiendas o sin saberlo.

Cuando ves la luna llena, ¿qué te pasa? O cuando escuchas a los pájaros y miras los árboles verdes, ¿qué te ocurre? Cuando entras en un bosque y observas el verdor, ¿qué te ocurre? Algo verde empieza a suceder en tu interior. El verde es el color de la naturaleza, el verde es el color de la espontaneidad, el verde es el color de la vida: algo verde empieza a suceder en ti. El color exterior refleja algo interior, vibra con algo interior, crea algo interior.

Mirando un árbol verde te vuelves más vivo... ¡te vuelves más joven!

Cuando vas al Himalaya y ves las montañas, las montañas nevadas... eternas.

nieve que nunca se ha derretido, la nieve más pura por la que nunca ha caminado el hombre, incontaminada por la sociedad y el tacto humanos - cuando miras a un pico del Himalaya, esa nieve virgen e incorrupta crea algo virgen en ti. Una sutil paz comienza a suceder en tu interior.

Lo exterior no es lo exterior, y lo interior no es sólo lo interior; están unidos. Así que cuidado con lo que ves, cuidado con lo que escuchas, cuidado con lo que lees, cuidado con dónde vas, porque todo eso te crea.

Eso es lo que ocurrió en Fráncfort. Las estatuas de Buda, las muchas estatuas que hay a tu alrededor, crearon una cierta geometría. Te sorprenderá: esa es la razón básica por la que se crearon las estatuas. No son ídolos, como usted cree. La idea cristiana, mahometana y judaica ha dado una idea muy equivocada al mundo. No son ídolos, son muy científicas. No son objetos para ser adorados, son geometrías para ser absorbidas. Es una cosa totalmente diferente.

En China hay un templo de Buda que tiene diez mil estatuas de Buda, todas estatuas de Buda.

Mires donde mires, la misma figura. El techo tiene la misma figura, todos los lados tienen la misma figura, las paredes tienen la misma figura. Diez mil estatuas de Buda. Piensa que si te sientas con las piernas cruzadas en postura de Buda, ¡también estarás rodeado de diez mil Budas! Se crea una geometría.

Buda te invade desde todas partes. De cada rincón y esquina comienza a rodearte. Tú desapareces. Tu geometría ordinaria ya no existe. Tu vida ordinaria ya no existe.

Durante unos instantes te mueves en planos superiores, a mayor altitud.

Eso es lo que ocurre aquí. Mientras me escuchas algo se crea: por mi presencia, por mis palabras, por tu actitud, por tanta gente naranja que te rodea. Es una situación, es un templo.

Un templo es una situación. No se trata sólo de estar sentado en una sala de conferencias. Tanta gente escuchándome con tanto amor, con tanta gratitud, con tanto silencio, con tanta simpatía, con tanta compenetración, este lugar se convierte en sagrado. Este lugar se convierte en un TEERTHA; es sagrado. Cuando llegas a este lugar estás montado en una ola, no necesitas hacer mucho esfuerzo. Puedes simplemente permitir que suceda. Serás llevado lejos, muy lejos, a la otra orilla.

Un agente matrimonial acordó con una familia traer a una chica que creía que sería una buena pareja para su hijo. Después de cenar, la chica se marchó y la familia empezó a atacar al agente matrimonial.

'¿Qué clase de chica has traído? Un monstruo. Con un ojo en medio de la frente, la oreja izquierda aquí arriba, la derecha allí abajo y la barbilla hacia atrás".

El agente matrimonial interrumpió. "¡Mira, o te gusta Picasso o no te gusta!

La pintura moderna representa lo feo de la existencia. Lo feo se ha convertido en predominante por una razón determinada. Este siglo es uno de los más feos: dos guerras mundiales en cincuenta años; millones de personas asesinadas, destruidas; tanta crueldad, tanta agresión, tanta violencia, tanta locura; este siglo es un siglo de pesadilla. El hombre ha perdido la noción de su humanidad.

¡Lo que el hombre le ha hecho al hombre! Naturalmente, esta locura ha estallado en todas partes: en la pintura, en la música, en la escultura, en la arquitectura... en todas partes la fea mente humana ha creado fealdad.

La fealdad se ha convertido en un valor estético. Ahora el fotógrafo va y busca algo feo. No es que la belleza haya dejado de existir, existe tanto como antes, pero está descuidada. El cactus ha sustituido a la rosa. No es que el cactus sea algo nuevo, siempre ha existido, pero este siglo ha llegado a saber que las espinas parecen más reales que una flor de rosa. Una flor de rosa parece un sueño; no encaja con nosotros, de ahí que la flor de rosa haya sido expulsada. El cactus ha entrado en tu salón. Hace cien años a nadie se le habría ocurrido traer un cactus a casa. Ahora, si eres moderno, tu jardín estará lleno de cactus. La rosa parece un poco burguesa; la rosa parece un poco anticuada; la rosa parece conservadora, ortodoxa, tradicional. El cactus parece revolucionario. Sí, el cactus es revolucionario, como Adolf Hitler, Josef Stalin, Mao Tsetung y Fidel Castro. Sí, el cactus parece más cercano a este siglo.

El fotógrafo busca algo feo: va y fotografía a un mendigo. No es que el mendigo no haya existido antes, ha existido antes. Es REAL, ciertamente real, pero nadie ha hecho arte de él. Nos sentimos humildes ante el mendigo; nos sentimos compungidos ante el mendigo; sentimos que algo que no debería estar sigue ahí; queremos que el mendigo no esté ahí. Pero este siglo sigue buscando lo feo.

El sol aún penetra en los pinos cierta mañana. Los rayos que penetran en los pinos crean un entramado de belleza. Sigue existiendo, pero a ningún fotógrafo le interesa lo que ya no atrae. La fealdad atrae porque nos hemos vuelto feos. Lo que nos atrae muestra algo de nosotros.

Buda es una flor de rosa: ésa es la máxima posibilidad. Y recuerda, no es exactamente una figura de Buda; nadie sabe qué aspecto tenía Buda. Pero esa no es la cuestión. En aquella época no nos interesaba, al menos en Oriente, no nos interesaba lo real en absoluto; nos interesaba lo real en última instancia. No nos interesaba lo factual; nos interesaba la verdad misma.

Tal vez la nariz de Buda era un poco más larga, pero si el artista pensó que una nariz un poco más pequeña estaría más en sintonía con la meditación, entonces eliminó esa nariz larga de Buda, la hizo un poco más pequeña. Tal vez Buda tenía una gran barriga. ¿Quién sabe? Las estatuas japonesas de Buda tienen grandes barrigas, pero los Budas indios no las tienen.

En Japón piensan que un meditador tiene que respirar desde el vientre, desde el ombligo. Y cuando respiras desde el vientre, el vientre, por supuesto, se agranda un poco. Entonces el pecho no sobresale tanto como el vientre; el pecho está relajado. Por eso los budas japoneses tienen el vientre grande. Eso también es por una cierta razón: para indicarte que la respiración abdominal es la respiración correcta. No tiene nada que ver con Buda; nadie sabe si tenía una gran barriga o no.

Las estatuas indias no tienen grandes barrigas, porque el yoga indio no insiste en la respiración abdominal: la barriga tiene que estar dentro. Eso también tiene una razón diferente. Si quieres que la energía sexual se mueva hacia arriba, entonces es mejor no respirar. Cuando el vientre está hacia dentro, la energía es succionada hacia arriba más fácilmente - técnicas diferentes.

La respiración abdominal también es buena para un determinado meditador: es muy relajante. Pero entonces la energía no puede moverse de la misma manera que cuando se mete el vientre. Las estatuas indias de Buda tienen el vientre pequeño, casi sin vientre. Nadie sabe exactamente cómo era Buda. Las estatuas son muy femeninas, muy redondas; no parecen masculinas. ¿Has visto alguna estatua con bigote y barba? No, los que pintaron a Jesús eran más realistas. A los que pintaron a Buda no les preocupaba la facticidad, sino la verdad última. No les preocupaba el aspecto de Buda, sino el aspecto que debían tener los Budas. El énfasis no estaba en Buda, sino en la gente que iba a mirar esas estatuas, en cómo esa estatua iba a ayudar a esa gente.

Así que Buda no es pintado como viejo. Debió envejecer, llegó a tener ochenta y dos años. Era muy viejo - ciertamente, muy viejo y enfermo - un médico tenía que seguirle continuamente. Pero ninguna estatua lo ha pintado como viejo, enfermo, porque esa no es la cuestión. No nos interesa el cuerpo físico de Buda, sino su geometría interior. Esa cualidad interior de Buda siempre es joven, nunca es vieja. Y nunca está enferma, siempre está en un estado de bienestar; por su propia naturaleza no puede estar enferma.

El cuerpo es joven, el cuerpo es viejo, el cuerpo se lisia, el cuerpo muere. Buda no nace, nunca muere: Buda permanece eternamente joven.

Mirando una estatua joven, algo de juventud sucederá en ti, y sentirás algo fresco.

Ahora bien, los indios nunca habrían preferido que Jesús fuera retratado, pintado, esculpido en la cruz. Es feo, es triste. Aunque sea histórico, no merece la pena recordarlo porque todo lo que crees que ha ocurrido, tiendes a ayudar a que vuelva a ocurrir. No hay obligación hacia los hechos: no le debemos nada al pasado, no necesitamos recordar el pasado tal y como fue. Está en nuestras manos elegir el pasado, elegir el pasado de tal manera que se pueda crear un futuro mejor.

Sí, Jesús fue crucificado, pero si lo hubieran crucificado en la India, no habríamos pintado eso. Incluso en la cruz habríamos pintado algo totalmente distinto. La pintura occidental es la de Jesús angustiado, triste; naturalmente, lo están matando. Cuando observas, cuando te concentras, meditas, en Jesús, te sentirás triste. No es casual que los cristianos digan que Jesús nunca se rió. Y no es casual que no se te permita bailar, reír y ser alegre en una iglesia. La iglesia es un asunto serio: hay que estar muy serio... caras largas. De hecho, cuando Jesús está crucificado justo ahí, en el altar, ¿cómo puedes reír y cantar?

En la India se puede cantar, reír y disfrutar. La religión es una alegría, una celebración.

La cuestión es que la mente occidental es histórica, la mente oriental es existencial. Occidente presta demasiada atención a los hechos mundanos, Oriente nunca presta atención a la historia. Te sorprenderá saber que hasta que los occidentales llegaron a la India, ésta no había conocido nada parecido a la historia.

Nunca hemos escrito historia, nunca nos hemos preocupado por ella. Por eso no sabemos cuándo nació exactamente Buda, cuándo murió exactamente... nunca hemos prestado mucho respeto a los hechos. Los hechos son mundanos. ¿Qué importa si nació un lunes, un martes o un jueves? ¿Qué importancia tiene? ¿Qué importancia tiene? De hecho, no importa en absoluto: cualquier día y cualquier año son válidos. No se trata de eso. La cuestión es: ¿QUIÉN nació? ¿Quién era este hombre en lo más profundo de su ser?

La historia piensa en la periferia, el mito en el núcleo más íntimo. La India ha escrito mitología, pero no historia. Tenemos PURANAS. Los PURANAS son mitología, no son historias. Son visiones poéticas y místicas de cómo deberían ser las cosas, no de cómo son. Son la visión de lo último.

Y Buda es la visión del último SAMADHI.

Esas estatuas de Buda que viste en el museo de Frankfurt son los estados de silencio interior. Cuando una persona está en absoluto silencio, estará en ese estado. Cuando todo esté quieto y en silencio y en calma en tu interior -ni un pensamiento se mueve, ni una pequeña brisa sopla; cuando todo se haya detenido, el tiempo se haya parado- entonces también sentirás que te sientas como un Buda. Algo de la misma geometría te sucederá.

Es un arte objetivo, menos preocupado por la realidad de Buda y más por las personas que vendrán y buscarán la Budeidad. El énfasis es otro: qué les ocurrirá a quienes contemplen estas estatuas, se arrodillen ante ellas y mediten en ellas.

En la India hay templos como Khajuraho donde están esculpidas todo tipo de posturas sexuales. Muchas posturas son tan absurdas que ni siquiera un de Sade o un von Sacher-Masoch serían capaces de imaginarlas. La persona más pervertida tampoco podría imaginarlas. Por ejemplo, el hombre y la mujer de pie sobre sus cabezas y haciendo el amor: no parece que nadie vaya a intentarlo ni a imaginárselo. ¿Por qué pintaron estos cuadros? Son ejemplos de arte objetivo.

Estos templos de Khajuraho no eran templos ordinarios. Eran una especie de terapia: existían como terapia. Cuando alguien sufría de alguna perversión sexual era enviado a Khajuraho.

Tenía que observar y meditar sobre todas esas cosas anormales y extrañas. Tenía algo pervertido en su mente: esa perversión estaba dentro del inconsciente. ¿Qué hace el psicoanálisis? Trata de traer cosas del inconsciente al consciente, eso es todo. Y el psicoanálisis dice que una vez que algo pasa del inconsciente al consciente, se libera; te liberas de ello.

Ahora bien, este fue un gran psicoanálisis este Khajuraho. Un hombre anormal, pervertido es traído. Ha reprimido sus perversiones - a veces estallan, pero sigue reprimiéndolas. Sabe que hay algo ahí, como una herida, pero nunca ha sido capaz de verlo cara a cara. Le llevan a Khajuraho. Se mueve lentamente, meditando en cada estatua, en cada postura extraña. Y un día, de repente, una postura encaja con su perversión interior. De repente, desde el inconsciente, la perversión aflora a la conciencia y se libera sin que Freud, Jung o Adler estén presentes: el templo es suficiente. Se le deja en el templo. Durante unas semanas puede estar allí. Para cada meditador que realmente quería entrar en meditación profunda en esos días, era bueno visitar un templo como Khajuraho.

En las paredes del templo están todas estas estatuas - muy anormales, muy locas, muy pervertidas. Dentro del templo no hay ninguna pintura sexual, ninguna estatua sexual en absoluto, ninguna sexualidad en absoluto. Dentro no hay ni la estatua de Buda. la estatua de Shiva ni la estatua de Krishna.

¿Cuál es su significado? Por qué el sexo en la pared justo fuera, y en el interior no hay sexo?

Es una técnica. Primero hay que moverse en la periferia, para poder liberarse del sexo. Cuando una persona siente que estas estatuas sexuales no le atraen en absoluto - ahora sigue sentado ante ellas y no pasa nada en su interior, permanece tranquilo y en calma, sin excitación sexual, sin excitación; durante semanas espera, y no se siente sexualidad entonces es capaz de entrar en el templo.

Es simbólico. Ahora su sexualidad puede ir más allá. Estos templos eran templos de Tantra: uno de los mayores experimentos jamás realizados. No son obscenos, no son pornográficos, son espirituales - un gran experimento de espiritualidad, un gran experimento de transformación de la energía humana hacia niveles superiores.

Pero primero hay que liberar la energía del nivel inferior. Y para liberarla sólo hay una manera: hacerla absolutamente consciente, traer todas las fantasías de la mente inconsciente a la consciente.

Cuando el inconsciente está completamente liberado, eres libre. Entonces no tienes bloqueos, entonces puedes moverte hacia dentro. Entonces puedes entrar en el templo. Entonces puedes meditar en Buda, en Shiva o en Krishna.

No era imaginación, Samagra, era arte objetivo con el que tropezaste sin saberlo.

Pregunta 3:
¿QUÉ TIENES TÚ QUE NO TENGA YO? (Y NO HABLO DEL ASHRAM, EL COCHE, LA SECRETARIA Y TODAS ESAS COSAS).

Si no, ¿por qué lo mencionas? El mero hecho de mencionarlo muestra la mente. Usted debe haber tenido miedo; la idea debe haber cruzado su mente.

Y no tengo ningún ashram, y no tengo ningún coche, y no tengo ninguna secretaria. De hecho, no tengo nada. Tener no es la cosa... ser. Sólo estoy aquí. Ser es mi riqueza, no tener.

Si el ashram está aquí, es para ti, no para mí. Si la secretaria está ahí, es para ti, no para mí. Todo lo que existe aquí es para ti. No tiene nada que ver conmigo.

Me basto solo.

Pero en algún lugar, en lo más profundo de tu mente, debes estar demasiado apegado a las cosas. Cuando formules una pregunta, recuerda que muestra mucho de ti. Una pregunta no es sólo una pregunta, también es muy simbólica.

Varios hombres discutían en la sala de fumadores sobre quién era el mayor inventor. Uno defendía a Stevenson, inventor del ferrocarril, otro a Edison, otro a Marconi y otro a los hermanos Wright. Finalmente, uno de ellos se dirigió a un hombre pequeño que había estado escuchando pero que no había dicho nada. ¿Qué opina, señor?

Bueno", respondió con una sonrisa de complicidad, "el hombre que inventó el "interés" no era tonto de nadie".

Y el judío se esconde en todos: el judío sigue pensando en el dinero, en los intereses, en las cosas... en tener.

Lo primero: cambia tu enfoque de tener a ser. Puedes tener el mundo entero y no te servirá de nada; seguirás siendo un mendigo. Y no estoy diciendo que renuncies al mundo. No estoy diciendo que renuncies al mundo. No saques la conclusión contraria. Estoy diciendo que puedes tener el mundo entero y no tendrás nada, eso es todo lo que estoy diciendo. No estoy diciendo que renuncies a él. Porque los que renuncian, su mente también permanece centrada en el tener. Tú cuentas dinero, ellos también cuentan dinero. Tú dices "tengo tantos miles de dólares", ellos dicen "he renunciado a tantos miles de dólares", pero la cuenta continúa. Tú eres un contable y ellos también son contables. Y la contabilidad es el mundo.

Saber quién eres es convertirte en emperador. SER es ser emperador, TENER es ser pobre.

Hay dos clases de pobres en el mundo: los que tienen y los que no tienen. Pero ambos son pobres porque los que tienen, no tienen nada, y los que no tienen, por supuesto que no tienen nada; ambos son pobres. Los que no tienen, están perplejos: '¿Qué hacer con ello ahora?'.

- están atrapados en ella. Han malgastado toda su vida en tenerlo. Ahora está ahí y no saben qué hacer con él. No ha satisfecho nada, no ha traído ninguna realización, no ha traído ningún florecimiento. Aún no han llegado a celebrar la vida. Dios no ha pasado por ello.

Nunca pasa por tener.

Tú preguntas: ¿QUÉ TIENES TÚ QUE YO NO TENGA...?

Si insistes en hablar en términos de tener, entonces tienes más que yo. Tienes infinitamente más: codicia, ira, lujuria, ambición, ego... y mil y una cosas más.

¿Qué he conseguido? - Nada, exactamente, nada. Si piensas desde el punto de vista del tener, entonces soy el hombre más pobre, porque no tengo nada. Pero si piensas desde el punto de vista del ser, entonces soy el hombre más rico. Porque una vez que abandonas el ego, no pierdes nada, sólo pierdes una enfermedad. Cuando abandonas la avaricia, no pierdes nada, sólo pierdes una enfermedad. Cuando abandonas la ira, no pierdes nada, ganas. Cada vez que dejas cosas como estas que tienes, te vuelves más rico.

Cuando desaparece la codicia, surge el compartir. Cuando desaparece la ira, nace la compasión. Cuando desaparecen el odio, los celos, la posesividad, surge el amor.

Sólo me tengo a mí mismo. Pero ese yo se expresa en muchas, muchas dimensiones: en el compartir, en el amor, en la compasión.

Por lo tanto, puedo decir que tienes más, mucho más. Y sin embargo diré que aún no lo eres. Yo soy, y tú no eres.

Pregunta 4:

¿A QUÉ SE REFIERE CUANDO DICE QUE EL HOMBRE ES UNA MÁQUINA?

.. Ese hombre es una máquina.

Tres escenas... La primera:

'Hola, Bernie viejo amigo' saludó Charlie, un tanto maceta. Entremos en un bar y celebremos el hábito del puro'.

¿De qué estás hablando?", preguntó Bernie.

Escucha", continuó Charlie, "mi mujer quería que dejara de fumar. Y su sistema es que cuando me apetezca un cigarro me compre una chocolatina O. Henry'.

"¿Lo has hecho tú? preguntó Bernie.

¡Sí! Y por eso lo estoy celebrando. He vuelto a los puros. Esa idea de la barra de caramelo no funciona. Créeme, lo intenté. Cada vez que quería un cigarro compraba una barra de caramelo O. Henry. ¿Pero quieres saber algo? No podía mantenerlo encendido.

Cuando digo que el hombre es una máquina, me refiero a que el hombre funciona por hábitos, no por conciencia.

Cuando digo que el hombre es una máquina, quiero decir que el hombre funciona a través de su pasado y no a través de su espontaneidad.

La segunda escena:

Un trabajador nocturno se había dejado crecer los bigotes hasta que su equipo de béisbol favorito ganó el banderín, para disgusto de su joven y guapa esposa. El día que su equipo ganó el campeonato, dejó de trabajar, se afeitó, volvió pronto a casa y se metió en la cama. En la oscuridad, cogió la mano de su mujer y la puso sobre su rostro afeitado. Ella se giró ligeramente mientras le pasaba los dedos por la barbilla, ahora lisa, y le dijo: "Hazlo rápido, chico. El viejo Bigotes llegará en cualquier momento'.

Cuando digo que el hombre es una máquina, quiero decir que el hombre no ve lo que ocurre, que el hombre no mira el momento presente, que el hombre no responde a la realidad. El hombre sigue viviendo en viejas ideas, el hombre vive a través de hábitos.

La tercera escena:

Un día Mulla Nasruddin leyó un pequeño poema en una revista. Le encantó. El poema era:

Señor, ¿por qué no comprar un ramo o dos de flores de primavera?

Y llévalos a casa un día sin alegría, Pero llévalos con cuidado:

Dáselos a tu mujer y dile: "Hoy he pensado en ti en la ciudad".

Mulla Nasruddin hizo exactamente eso. Compró unas flores, pero en vez de entrar en casa como de costumbre, llamó a la puerta. Y cuando su mujer le abrió la puerta, se las entregó.

Para su gran sorpresa, ella rompió a llorar. ¿Qué te pasa?", le preguntó.

Ella respondió: "He tenido un día horrible. He roto la tetera, el bebé ha estado llorando, la cocinera se ha ido, ¡y ahora llegas a casa borracho!

A eso me refiero cuando digo que el hombre es una máquina. Y no toma conciencia de ello, porque ¿cómo puede tomar conciencia una máquina?

Necesitas que alguien te martillee la cabeza continuamente, con la esperanza de que alguna vez el martillo te golpee de verdad, te saque de tus hábitos y por un momento estés despierto.

Ese es todo el propósito de un Maestro: seguir golpeándote desde este lado, desde aquel lado, desde todos los lados: e ir cambiando de técnicas, de situaciones, de dispositivos, para que algún día te pille desprevenido. Incluso si por un momento tomas conciencia, sabrás que todo tu pasado ha sido un pasado mecánico. Sólo entonces sabrás -pero no porque yo lo diga- que el hombre es una máquina.

Sólo lo sabrás entonces, cuando hayas saboreado un momento de consciencia. Entonces toda tu vida será simplemente conocida, vista, reconocida como mecánica. Porque incluso para saber que ha sido mecánica, necesitas algo con qué compararla. No tienes nada con qué compararlo.

Y vives entre máquinas. Tu padre es una máquina, tu madre es una máquina, tu mujer es una máquina, tus amigos, tu jefe... vives entre máquinas. Eres una máquina. ¿Cómo tomar conciencia?

Una vez, la esposa de Mulla Nasruddin me dijo que nunca se había dado cuenta de que su marido bebía hasta que llegó sobrio a casa. Si un hombre bebe continuamente, es muy difícil saber que está bebiendo. Te acostumbras a verle así.

Eres una máquina. Duele - ese es el propósito de llamarte máquina. Deja que duela. Si no duele, entonces eres incurable. Si duele, entonces hay una posibilidad. Si duele, significa que de alguna manera, en lo más profundo del inconsciente también sientes que sí, que es así.

¿Vives el momento presente? ¿Reconoces las cosas tal y como son ahora mismo? ¿O sigues viéndolas con ojos viejos, mente vieja... memoria? ¿No tienes clichés? Inmediatamente pones las cosas en ciertas cajas, cajas prefabricadas. Por ejemplo, si eres hindú y conoces a un hombre y estás muy interesada en él... el hombre es guapo y muy agradable, y te gusta su rollo. Entonces le preguntas cosas sobre él y te dice 'soy mahometano'. Se acabó. Toda esa buena onda ya no está ahí; te has encogido. Tienes una caja, una caja fija que dice que los mahometanos no son buenos. Tú eres hindú, los mahometanos son malos. Inmediatamente lo categorizas, lo encasillas. Ahora ya no te interesa la realidad del hombre. La realidad decía otra cosa, pero iba en contra de tus categorías y teorías.

He oído...

Una joven fue a trabajar a una gran ciudad cercana. Eran muy pobres y la madre era anciana, y como aquella joven era hija única, había ido a trabajar para ganar algún dinero.

Al cabo de unos meses volvió con mucho dinero. La madre estaba muy contenta y le preguntó: "Dime, ¿qué hacías allí?".

Y la hija fue realmente sincera, dijo 'me he convertido en prostituta'.

La madre gritó y se desmayó. Cuando volvió en sí al cabo de media hora, volvió a preguntarle: "Dime otra vez en qué te has convertido".

Y ella dijo: 'Ya te he dicho, madre, que me he prostituido'.

La madre dijo: "¡Gracias a Dios! Creía que habías dicho que te habías hecho protestante'.

Eran católicos, por supuesto.

La categorización se produce continuamente en la mente. Observa. Cuando haces algo, ¿respondes al hecho aquí-ahora, o sigues ciertas teorías pat? Cuando haces algo, ¿lo haces con atención, con conciencia, o lo haces como un robot?

El otro día hablé de tres conciencias: conciencia uno, conciencia dos, conciencia tres.

Esta es la primera toma de conciencia: observarte a ti mismo, observar tus acciones, tus reacciones y tus respuestas. ¿Cómo te comportas, como un hombre o como una máquina? Y de cien, noventa y nueve veces descubrirás que te comportas como una máquina. Pero si empiezas a estar un poco alerta, entonces te estás convirtiendo en algo más que una máquina; el punto positivo está surgiendo en ti. Esa conciencia te ayudará a convertirte en un hombre.

Sólo cuando eres consciente, eres hombre. Plenamente consciente, eres plenamente hombre. Completamente inconsciente, eres una máquina.

Pregunta 5:

DESDE QUE ESTOY AQUÍ, TODO LO QUE HE DESEADO ME HA SUCEDIDO. AHORA TENGO TODO LO QUE PODRÍA DESEAR, Y SIENTO QUE SE ME ROMPE EL CORAZÓN. ¿QUÉ ESTÁ PASANDO?

Lo has entendido mal. El corazón se rompe de alegría; el corazón se rompe de deleite, de puro deleite. En cierto momento la alegría se vuelve insoportable. Cuando la alegría es insoportable, entonces estás realmente alegre. Entonces la alegría está en el pináculo, entonces la alegría está en el punto de los cien grados. Si puedes soportar tanta alegría, tarde o temprano empezarás a evaporarte a través de esta alegría: empezarás a desaparecer en lo divino. No tengas miedo. No te ocurre nada malo. Eres dichoso.

Pero sucede. Nuestras ideas...

Si ves a alguien llorando, piensas que está triste, que debe de estar sufriendo. Empiezas a consolarla. ¿Has oído la expresión "lágrimas de alegría"? También hay lágrimas de alegría. Así que no te apresures a consolar, tal vez sólo esté alegre. Pero sólo sabemos de gente que llora cuando es infeliz. No sabemos de gente que llora cuando es feliz, porque la gente no es feliz en absoluto. Así que las "lágrimas de alegría" sólo se encuentran en los poemas, no en los ojos.

Pero las lágrimas no tienen nada que ver con la tristeza. Es un feo estado de la humanidad, un triste estado de cosas, que los hombres lloren y lloren sólo cuando están tristes, miserables. Las lágrimas no tienen nada que ver con la miseria como tal, las lágrimas sólo aparecen cuando algo se desborda. Puede ser tristeza, puede ser alegría, puede ser amor, puede ser ira. Puedes observar a las mujeres. Cuando se enfadan demasiado empiezan a llorar. Es ira, no tristeza. Observa a un niño pequeño: si se ríe demasiado, empieza a llorar. Es demasiado, insoportable: empieza a desbordarse en lágrimas. Las lágrimas son sólo una indicación de que la copa está demasiado llena: empiezan a desbordarse.

Dices: DESDE QUE ESTOY AQUÍ ME HA OCURRIDO TODO LO QUE HABÍA DESEADO... Por eso la alegría se hace insoportable: te acercas a casa. AHORA TENGO TODO LO QUE PODRIA DESEAR Y SIENTO QUE SE ME ROMPE EL CORAZON. ¿QUÉ ESTÁ PASANDO?

La pregunta es de Anand Pratima.

Está ocurriendo algo tremendamente hermoso. No intentes analizarlo ni pensar en ello. No trates de interpretarlo, de lo contrario la mente puede destruirlo todo.

Es la mente tratando de interferir con el corazón. Esta pregunta es de la mente. El corazón está rebosante de alegría, por eso se está rompiendo: no puede contenerla, la alegría es demasiada. Deja que se rompa. Para eso estoy aquí, para eso has venido a mí. Deja que se rompa. Deja que se haga pedazos. Que explote de alegría.

Deja que desaparezca en el infinito.

Pregunta 6:

¿POR QUÉ SIEMPRE ME ASUSTA LA OPINIÓN DE LOS DEMÁS?

Porque no lo eres, porque aún no lo eres. No eres más que un fenómeno amontonado de la opinión de los demás. ¿Quién eres tú? Si alguien dice que eres guapa, entonces eres guapa. Y si alguien dice que eres feo, entonces eres feo. Y si alguien dice que eres maravilloso, entonces eres maravilloso. Y alguien dice 'Nunca he visto una persona tan desagradable', así que eres una persona desagradable. Y la gente sigue diciendo, y tú sigues coleccionando todas estas cosas. Y esa es tu imagen. Por eso tu imagen es muy contradictoria, ambigua. Una persona dice que eres guapa, otra que eres fea. Quieres olvidar la idea de esa persona de que eres feo, pero no puedes olvidarla; seguirá ahí.

Si mantienes la opinión de que eres guapa, tendrás que mantener también la opinión de que eres fea.

Tu imagen es muy ambigua. No sabes exactamente quién eres. Eres un batiburrillo, lo que en la India llamamos un KEDGEREE, una mezcla de muchas cosas. Aún no tienes alma. No tienes ninguna individualidad, no tienes ningún centro integrado; no eres más que un desguace de opiniones ajenas.

Por eso tienes miedo, porque si cambian las opiniones de los demás, cambias tú. Estás en las garras de SUS manos. Y este es el truco que la sociedad ha utilizado.

La sociedad tiene una técnica: te hace muy ambicioso para que te respeten socialmente; a través de ella, te manipula. Si sigues las reglas de la sociedad, te respeta. Si no sigues las reglas de la sociedad, te insulta tremendamente, te hace mucho daño. Y seguir las reglas de la sociedad es convertirse en esclavo.

Sí, te respeta mucho por ser esclavo, pero si quieres ser un hombre libre, la sociedad se enfada: no quiere tener nada que ver contigo.

Ser realmente un hombre libre y existir en cualquier sociedad es muy difícil. Y te lo digo por experiencia propia. Es casi imposible coexistir, porque la sociedad no quiere a ningún hombre libre.

El hombre libre es un peligro para la existencia de la sociedad. A la sociedad le gustan los zombis, las máquinas, los robots, siempre dispuestos a ponerse en fila. Basta con llamarles en voz alta "¡Atención!" para que se pongan en fila mecánicamente. No preguntan por qué, son imitadores.

Ahora la sociedad les paga bien. Les da respeto, les da premios, galardones, honores... tiene que hacerlo, ese es el truco. Nunca da ningún premio a los que son libres, nunca los honra. ¿Cómo puede honrarlos? - Son enemigos. Un hombre libre es un enemigo en una sociedad no libre. Un hombre moral es un enemigo en una sociedad inmoral. Un hombre religioso es un enemigo en una sociedad irreligiosa. En un mundo de materialismo, un hombre espiritual está siempre en dificultades: no encaja en ninguna parte.

Para encajar con los demás, la sociedad te da todo lo que quieres: te da una buena imagen, te apuntala. Pero si no le haces caso, empieza a cambiar de opinión. Puede derribarte en cuestión de segundos, porque tu imagen está en manos de la sociedad. Así que esto es lo primero que hay que entender.

Usted pregunta: ¿POR QUÉ SIEMPRE TENGO MIEDO DE LA OPINIÓN DE LOS DEMÁS? Porque aún no lo eres. No eres más que la opinión de los demás, de ahí el miedo: pueden retractarse de su opinión. El cura ha dicho que eres un hombre muy bueno. Ahora, si te comportas, seguirás siendo un buen hombre. Si no te comportas de acuerdo con él -y puede que él mismo sea un neurótico, pero tienes que comportarte de acuerdo con él-, si no te comportas, si haces algo por tu cuenta, el cura te mirará y dirá: "Ahora vas en contra de la moral. Vas en contra de la religión, vas en contra de la tradición. Estás cayendo en pecado". Cambiará su opinión sobre ti. Y tú eras "bueno" por su opinión.

Sé tú mismo. Nadie puede hacerte bueno y nadie puede hacerte malo, excepto tú mismo. Nadie puede hacerte bueno y nadie puede hacerte malo. Estas falsas imágenes son sólo sueños.

El médico le dijo a un hombre: "Vas a hacer historia en la medicina. Eres el único varón del que se tiene constancia que se haya quedado embarazado".

El hombre respondió: "Esto es terrible. ¿Qué dirán los vecinos? Ni siquiera estoy casado".

Ahora no le interesa la historia ni establecer un historial médico. Le preocupa el qué dirán los vecinos porque ni siquiera está casado.

Tenemos miedo continuamente. Este miedo continuará si no dejas de coleccionar opiniones. Deja todas las opiniones. ¿Alguien cree que eres un santo? Déjalo, porque es peligroso; te manipulará con sus ideas. Una vez que le escuchas y le crees, él se convierte en el amo y tú en el esclavo.

A veces la gente viene y me dice: 'Eres un gran santo'. Yo les digo: 'Lo siento, discúlpenme. Nunca me dirijas esas palabras, porque no voy a dejarme manipular por nadie. Soy yo mismo, santo o pecador, eso no importa". El hombre está pensando que intenta alabarme. Tal vez ni siquiera sea consciente de lo que hace.

Cuando alabas a una persona, te vuelves poderoso. Cuando elogias a una persona y ella acepta tus elogios, se ha convertido en una víctima. Ahora lo controlas. Ahora cada vez que quiera hacer algo - cualquier cosa inocente ...

Piensa. Llamas a cierto hombre un santo, un MAHATMA, un gran sabio. Ahora un día quiere fumar, ¿qué hacer? No puede fumar, porque ¿qué pasaría con su santidad? Ahora parece demasiado pagar - con la santidad - sólo por un cigarrillo. No puede fumar porque mucha gente le llama santo. O se convertirá en un hipócrita. Puede empezar a fumar detrás de la puerta y no dirá que fuma. Condenará fumar como cualquier cosa cuando esté en público. Entonces tendrá dos caras: la pública y la privada. Entonces estará dividido.

Nunca aceptes las opiniones de los demás, sean buenas o malas. Diles: "Lo siento. Por favor, guárdate tu opinión para ti. Yo soy yo mismo". Si puedes permanecer así de alerta, nadie podrá manipularte nunca; seguirás siendo libre. Y la libertad es alegría. La libertad es difícil, recuerda, porque la sociedad está formada por esclavos.

La libertad es difícil, pero la libertad es la única alegría que existe. La libertad es la única danza que existe; y la libertad es la única puerta hacia Dios. Un esclavo nunca llega a Dios; no puede.

Pregunta 7:

MAESTRO, SE HA DICHO QUE LOS INGLESES HICIERON LOS MEJORES SIRVIENTES DEL MUNDO.

CUANDO ME DISTE MI NOMBRE LO TRADUJISTE COMO "AL SERVICIO DEL AMOR". AHORA SÉ QUE TAMBIÉN PUEDE TRADUCIRSE COMO "EL SERVIDOR DEL AMOR". ME HE PREGUNTADO ESTO.

A VECES PARECE QUE ESTOY MÁS AL SERVICIO DEL AMOR CUANDO SOY MÁS YO MISMO Y NO PRETENDO SERVIR.

DE LO CONTRARIO, PARECE MÁS BIEN SERVILISMO Y QUE PADEZCO LA ENFERMEDAD CULTURAL INGLESA DE LA CORTESÍA, EL SERVILISMO Y LA AMABILIDAD. ¿PODRÍA HACER ALGÚN COMENTARIO?

La pregunta es de Ma Prem Dasi.

PREM DASI significa en realidad 'el servidor del amor'. Pero, al darle sannyas, yo lo había traducido a sabiendas como 'al servicio del amor'. La traducción exacta es "el servidor del amor". Lo traduje como "al servicio del amor" por una cierta razón.

Me gustaría que cada vez sirvierais más, pero no me gustaría que os convirtierais en siervos.

Los sirvientes no sirven, sólo los amos sirven; los sirvientes cumplen con su deber. Deber es una palabra fea, de cuatro letras.

Tienen que hacerlo; no hay belleza en ello, no hay alegría en ello. Así que sirve, pero nunca seas un sirviente, eso es una cosa.

Lo segundo: cuando te conviertes en servidor, aprendes hábitos. El servicio es un proceso continuo.

Convertirse en servidor es alcanzar un carácter, un carácter muerto. La gente sabe que eres un servidor público. La gente sabe que este hombre es un sirviente. Un hombre en servicio es totalmente diferente. No es predecible. Cada momento elegirá responder. No puedes depender de su pasado. Por eso lo traduje como "al servicio del amor".

El servicio es hermoso, pero convertirse en siervo no es bueno. El servicio es espontáneo. Por ejemplo, pasas por una carretera y ves que una casa se está incendiando. Te precipitas y salvas a un niño que iba a morir. Pero no TIENES que hacerlo, no ibas en busca de un servicio público. Estabas dando un paseo matutino y la casa estaba ardiendo. No estabas pensando en ello en absoluto, sólo en la situación y en la respuesta: estás en servicio.

Pero un sirviente es peligroso, porque si no puede encontrar a alguien a quien servir, obligará a alguien a ser servido.

He oído hablar de un misionero cristiano que enseñaba a sus alumnos, los de la escuela dominical, niños y niñas. Les decía que hicieran una cosa buena, una obra buena, por lo menos una vez a la semana. El domingo siguiente les preguntó si habían hecho algún buen trabajo, si habían prestado algún servicio público. Tres chicos se levantaron, y él se puso muy contento. De treinta, al menos tres... Pero eso también es un gran porcentaje, porque ¿quién escucha?

Así que le preguntó al primer chico: "¿Qué has hecho? Cuéntaselo a toda la clase".

Y me dijo: "Señor, he ayudado a una anciana a cruzar la calle".

Me dijo: 'Muy bien. Cuida siempre de las ancianas'.

Y entonces le preguntó al otro, y el otro le dijo: 'Yo también ayudé a una anciana a cruzar la calle'.

Entonces el cura se quedó un poco perplejo, pero no vio nada de qué perplejarse, ya que hay tantas viejas... quizá también le tocó una mujer.

Así que le preguntó al tercero, y éste le dijo: 'Yo también ayudé a una anciana a cruzar la calle'.

Entonces el cura dijo 'Pero esto parece demasiado. ¿Los tres tenéis viejas?'

Dijeron: 'No, no había tres, había una. Sólo había una mujer, los tres ayudamos'.

Así que dijo: "Pero... ¿hacían falta tres?". Él dijo: "¿Estás diciendo que se necesitaban tres?

'Incluso con seis habría sido difícil, porque ella no quería ir al otro lado. Fue muy difícil, señor. ¡Pero lo hicimos! ¡Había que hacer algo! ¡Estaba muy enfadada!

Nunca seas un sirviente, de lo contrario estarás en búsqueda. Y si no puedes encontrar un lugar donde servir, te enfadarás mucho. Estas personas existen en todo el mundo - los servidores públicos. Son las personas más traviesas. Crean mucho mal, porque cuando la gente no quiere ser servida, entonces también fuerzan su servicio. Tienen que forzar, tienen una inversión ahí. No pueden permitir que exista un mundo hermoso, porque ¿qué les pasaría a ellos?

Piénsalo. No quedan leprosos, no quedan enfermos, no se necesitan hospitales. Y todos se han iluminado: no se necesitan escuelas, colegios ni universidades. ¿Qué pasará con los funcionarios públicos? Comenzarán a suicidarse. ¡Nadie a quien servir! Se las arreglarán de alguna manera para crear una situación en la que puedan servir, todo su prestigio depende de ello. Es un viaje del ego.

Por eso sabiendo bien... Recuerdo exactamente que cuando le di sannyas a Prem Dasi, iba a traducirlo como 'el servidor del amor', entonces pensé que estaría mal. La palabra significa eso, pero la cambié y le dije 'al servicio del amor'.

Sé servicial, pero no hagas del servicio tu carácter. Me encanta la gente que vive sin carácter, que vive momento a momento, que sólo responde a las situaciones. De lo contrario, estarás esclavizado.

Y tienes razón, Prem Dasi. Tú dices: YO ESTOY MÁS AL SERVICIO DEL AMOR CUANDO SOY MÁS YO MISMO Y NO TENGO LA INTENCIÓN DE SERVIR. Perfectamente cierto. Así es como es.

Cuando pretendes servir, ya no es bello, ya no es amor. Cuando eres tú mismo, completamente tú mismo, de esa independencia, de ese ser surge el amor, y sirves a la gente. Y no sientes que eres un sirviente y que ellos son tus amos. Simplemente sirves porque tienes tanto que dar que tienes que compartir: fluyes en tu compartir, en tu amor, en tu compasión.

Pregunta 8:

¿LA ORACIÓN PUEDE SER A VECES PERJUDICIAL?

Nunca lo había oído, salvo en un caso. Esta es la historia.

Dos chicas se casaron el mismo día y llevaron a sus nuevos maridos al mismo hotel de luna de miel. Los cuatro se sentaron en el salón pensando en lo obvio que parecería que todos se fueran a la cama a la misma hora temprana, pero al cabo de un rato se decidió que las chicas salieran en dirección al "Ladies" y luego se escabulleran a sus habitaciones, y los hombres tomaran una última copa en el bar. Al cabo de unos diez o quince minutos, los hombres salían despreocupadamente de la misma manera y se reunían con las novias.

Sin embargo, justo cuando se disponían a seguir a las chicas, todas las luces del lugar se apagaron, lo que resultaba desconcertante en un edificio extraño. No obstante, cada uno estaba convencido de poder encontrar su habitación, y así se pusieron en marcha.

Harry subió a tientas y recorrió los pasadizos, contando puertas a su manera cuidadosa, pues era un hombre muy cuidadoso, y encontró la habitación. Para asegurarse, encendió una cerilla y vio trocitos de confeti en el rellano. Luego, entrando en silencio, se quitó cuidadosamente la ropa, se puso el pijama, se arrodilló y rezó sus oraciones, se metió en la cama y empezó a hacer el amor.

En ese mismo momento se encendieron todas las luces y vio que estaba en la "habitación correcta", por así decirlo, pero en el piso equivocado, ¡y ésta era la novia del otro hombre! Cogió su ropa y se fue corriendo a su propia habitación, ¡sólo para descubrir que el otro hombre era ateo!

La inteligencia es meditación

LA MENTE, EL INTELECTO Y LOS CONTENIDOS FORMADOS DE ESA MENTE LO SON, TAMBIÉN LO SON EL MUNDO Y TODO LO QUE PARECE DIFERIR DE ÉL, TODAS LAS COSAS QUE PUEDEN SER PERCIBIDAS Y EL PERCEPTOR, TAMBIÉN LA TORPEZA, LA AVERSIÓN, EL DESEO Y LA ILUMINACIÓN.

COMO UNA LÁMPARA QUE BRILLA EN LA OSCURIDAD DEL DESCONOCIMIENTO ESPIRITUAL, ELIMINA LOS OSCURECIMIENTOS DE UNA MENTE HASTA DONDE LLEGAN LAS FRAGMENTACIONES DEL INTELECTO.

¿QUIÉN PUEDE IMAGINAR EL SER DE LA AUSENCIA DE DESEO?

NO HAY NADA QUE NEGAR, NADA QUE AFIRMAR O CAPTAR; PORQUE NUNCA PUEDE CONCEBIRSE.

POR LAS FRAGMENTACIONES DEL INTELECTO ESTÁN ENCADENADOS LOS ILUSOS; INDIVISA Y PURA PERMANECE LA ESPONTANEIDAD.

SI CUESTIONAS LA ULTIMIDAD CON LOS POSTULADOS DE LOS MUCHOS Y EL UNO, NO SE DA LA UNICIDAD, PUES (TRASCENDIENDO) EL CONOCIMIENTO SE LIBERAN LOS SERES SENSIBLES.

LO RADIANTE ES POTENCIA LATENTE EN EL INTELECTO, Y ESTO SE MUESTRA COMO MEDITACIÓN; LA MENTE INQUEBRANTABLE ES NUESTRA VERDADERA ESENCIA.

La visión del Tantra es un acercamiento directo a Dios, a la realidad, a lo que es. No tiene mediadores, no tiene intermediarios, no tiene sacerdotes. Y el Tantra dice: En el momento en que el sacerdote entra, la religión se corrompe. No es el diablo quien corrompe la religión, es el sacerdote. El sacerdote está al servicio del diablo.

A Dios sólo se puede llegar directamente. No hay VIA MEDIA. No puedes ir a través de otra persona porque Dios es inmediatez, Dios está aquí-ahora, ya rodeándote. Dentro, fuera, sólo está Dios. No hay necesidad de encontrar a alguien que te ayude a encontrar a Dios. Ya estás en él, nunca te has alejado de él. Aunque quieras, no puedes alejarte de él. Incluso si haces todos los esfuerzos, es imposible alejarse. No hay otro lugar donde ir. Y no hay nada más que ser.

El Tantra no es una religión en el sentido ordinario, porque no tiene rituales, no tiene sacerdotes, no tiene escrituras. Es un acercamiento individual a la realidad. Es tremendamente rebelde. No confía en la organización ni en la comunidad, sino en el individuo. El Tantra cree en ti.

He oído...

Sucedió en una reunión de avivamiento de Billy Graham.

Un tipo estaba recogiendo donativos y empezó a repartirse el dinero. Dos policías le pillaron in fraganti a tiempo. Lo llevaron a los pies de Billy Graham. Naturalmente, Billy Graham se enfadó mucho, y le dijo al hombre 'Este dinero pertenece a Dios... ¿y qué intentabas hacer? ¿Tratabas de engañar a Dios?

El hombre dijo: "Señor, cogí el dinero para acercarme a Dios, eliminando al intermediario, por supuesto".

El intermediario no es necesario en absoluto. El verdadero Maestro nunca intenta convertirse en intermediario, no lo es. No te ayuda a llegar a Dios, sólo te ayuda a ser consciente de lo que ya está ahí. No es un puente entre tú y Dios, es sólo un puente entre tu inconsciencia y tu consciencia. En el momento en que te haces consciente, te unes a Dios directamente, inmediatamente, sin que nadie se interponga entre tú y Dios.

Esta visión del Tantra es una de las mayores visiones jamás soñadas por el hombre: una religión sin sacerdote, una religión sin templo, una religión sin organización, una religión que no destruye al individuo sino que respeta tremendamente la individualidad, una religión que confía en el hombre y la mujer corrientes. Y esta confianza es muy profunda. El Tantra confía en tu cuerpo. Ninguna otra religión confía en tu cuerpo. Y cuando las religiones no confían en tu cuerpo, crean una división entre tú y tu cuerpo.

Os convierten en enemigos de vuestros cuerpos, empiezan a destruir la sabiduría del cuerpo.

El Tantra confía en tu cuerpo. El Tantra confía en tus sentidos. El Tantra confía en tu energía. El Tantra confía en ti - IN TOTO. El Tantra no niega nada, sino que lo transforma todo.

¿Cómo alcanzar esta visión del Tantra?

Este es el mapa para encenderte, y para encenderte, y para encenderte más allá.

Lo primero es el cuerpo. El cuerpo es tu base, es tu suelo, es donde estás arraigado.

Hacerte antagonista del cuerpo es destruirte, es hacerte esquizofrénico, es hacerte desgraciado, es crear un infierno. Tú eres el cuerpo. Por supuesto, eres más que el cuerpo, pero ese "más" vendrá después. Primero eres el cuerpo. El cuerpo es tu verdad básica, así que nunca estés en contra del cuerpo. Siempre que estés en contra del cuerpo, estarás en contra de Dios. Cuando le faltas el respeto a tu cuerpo, pierdes el contacto con la realidad, porque tu cuerpo es tu contacto.

Tu cuerpo es tu puente. Tu cuerpo es tu templo. El Tantra enseña reverencia por el cuerpo, amor, respeto por el cuerpo, gratitud por el cuerpo. El cuerpo es maravilloso. Es el mayor de los misterios.

Pero te han enseñado a estar en contra del cuerpo. Así que a veces te desconcierta demasiado el árbol verde, a veces te desconcierta la luna y el sol, a veces te desconcierta una flor, pero nunca te desconcierta tu propio cuerpo. Y tu cuerpo es el fenómeno más complejo que existe.

Ninguna flor, ningún árbol tiene un cuerpo tan hermoso como el tuyo. Ninguna luna, ningún sol, ninguna estrella tiene un mecanismo tan evolucionado como el tuyo.

Pero te han enseñado a apreciar la flor, que es algo sencillo. Te han enseñado a apreciar un árbol, que es algo sencillo. Incluso te han enseñado a apreciar las piedras, las rocas, las montañas, los ríos, pero nunca te han enseñado a respetar tu propio cuerpo, a no dejarte desconcertar por él. Sí, está muy cerca, así que es muy fácil olvidarse de él. Es muy obvio, así que es fácil descuidarlo. Pero éste es el fenómeno más hermoso.

Si miras una flor, la gente dirá '¡Qué estética! Y si miras el bello rostro de una mujer o de un hombre, la gente dirá: "Esto es lujuria". Si te acercas a un árbol, te quedas allí y miras aturdido la flor -con los ojos bien abiertos, los sentidos bien abiertos para permitir que la belleza de la flor entre en ti-, la gente pensará que eres un poeta, un pintor o un místico. Pero si te acercas a una mujer o a un hombre y simplemente te quedas allí de pie con gran reverencia y respeto, y miras a la mujer con los ojos bien abiertos y tus sentidos bebiendo la belleza de la mujer, la policía te atrapará. Nadie dirá que eres un místico, un poeta, nadie apreciará lo que estás haciendo.

Algo ha ido mal.

Si te acercas a un desconocido en la calle y le dices "¡Qué ojos tan bonitos tienes!", te sentirás avergonzado, él también. No podrá darte las gracias. De hecho, se sentirá ofendido. Se sentirá ofendido, porque ¿quién eres tú para meterte en su vida privada? ¿Quién eres tú para atreverte?

Si vas y tocas el árbol, el árbol se siente feliz. Pero si vas y tocas a un hombre, se sentirá ofendido.

¿Qué ha ido mal? Algo se ha dañado enormemente y muy profundamente.

El Tantra te enseña a recuperar el respeto por el cuerpo, el amor por el cuerpo. El Tantra te enseña a mirar el cuerpo como la mayor creación de Dios. El Tantra es la religión del cuerpo. Por supuesto, va más allá, pero nunca abandona el cuerpo; está arraigada en él. Es la única religión que está realmente arraigada en la tierra: tiene raíces. Otras religiones son árboles desarraigados, muertos, apagados, moribundos; el jugo no fluye en ellos.

El tantra es realmente jugoso, muy vivo.

Lo primero es aprender a respetar el cuerpo, desaprender todas las tonterías que te han enseñado sobre el cuerpo. De lo contrario, nunca te encenderás, y nunca te encenderás, y nunca te encenderás más allá. Empieza por el principio. El cuerpo es tu principio.

El cuerpo tiene que purificarse de muchas represiones. Se necesita una gran catarsis para el cuerpo, una gran RECHANA. El cuerpo se ha envenenado porque has estado en contra de él; lo has reprimido de muchas maneras. Tu cuerpo existe al mínimo, por eso eres desgraciado. El Tantra dice:

La dicha sólo es posible cuando existes en el punto óptimo, nunca antes. La dicha sólo es posible cuando se vive intensamente. ¿Cómo puedes vivir intensamente si estás en contra del cuerpo?

Siempre estás tibio. El fuego se ha enfriado. A lo largo de los siglos, el fuego se ha destruido. El fuego tiene que ser reavivado. El Tantra dice: Primero purifica el cuerpo - purifícalo de todas las represiones.

Deja fluir la energía corporal, elimina los bloqueos.

Es muy difícil encontrarse con una persona que no tenga bloqueos, es muy difícil encontrarse con una persona cuyo cuerpo no esté tenso. Afloja esta tensión - esta tensión está bloqueando tu energía; el flujo no puede ser posible con esta tensión.

¿Por qué todo el mundo está tan tenso? ¿Por qué no pueden relajarse? ¿Has visto a un gato durmiendo, dormitando por la tarde? Qué sencillo y qué bien se relaja el gato. ¿No puedes relajarte tú de la misma manera? Das vueltas en la cama y no puedes relajarte. Y la belleza de la relajación del gato es que se relaja completamente y, sin embargo, está perfectamente alerta. Un ligero movimiento en la habitación y abrirá los ojos, saltará y estará preparado. No es que esté simplemente dormido. El sueño del gato es algo que hay que aprender, el hombre lo ha olvidado.

Tantra dice: Aprende de los gatos: cómo duermen, cómo se relajan, cómo viven de forma no tensa.

Y todo el mundo animal vive de esa manera no tensa. El hombre tiene que aprender esto, porque el hombre ha sido condicionado erróneamente. El hombre ha sido programado erróneamente.

Desde la más tierna infancia te han programado para estar tenso. No respiras... por miedo.

Por miedo a la sexualidad, la gente no respira, porque cuando respiras profundamente, tu aliento va exactamente al centro sexual y lo golpea, lo masajea desde dentro, lo excita. Como te han enseñado que el sexo es peligroso, cada niño empieza a respirar de forma superficial, colgado sólo en el pecho.

Nunca va más allá porque si va más allá, de repente, hay excitación: se despierta la sexualidad y surge el miedo. En el momento en que se respira profundamente, se libera la energía sexual.

La energía sexual TIENE que liberarse. Tiene que fluir por todo tu ser. Entonces tu cuerpo se volverá orgásmico. Pero con miedo a respirar, tanto miedo que casi la mitad de los pulmones están llenos de dióxido de carbono...

Hay seis mil agujeros en los pulmones y normalmente tres mil agujeros nunca se limpian; siempre permanecen llenos de dióxido de carbono. Por eso estás embotado, por eso no pareces alerta, por eso la consciencia es difícil. No es casualidad que tanto el Yoga como el Tantra enseñen a respirar profundamente, PRANAYAMA, para descargar tus pulmones del dióxido de carbono. El dióxido de carbono no es para ti - tiene que ser expulsado continuamente, tienes que respirar aire nuevo, fresco, tienes que respirar más oxígeno. El oxígeno creará tu fuego interior, el oxígeno te hará arder. Pero el oxígeno también inflamará tu sexualidad. Así que sólo el Tantra puede permitirte una verdadera respiración profunda; ni siquiera el Yoga puede permitirte una verdadera respiración profunda. El Yoga también te permite ir hasta el ombligo - no más allá de eso, no cruzar el centro HARA, no cruzar el SWADHISTAN, porque una vez que cruzas el SWADHISTAN saltas al MULADHAR.

Sólo el Tantra te permite ser y fluir totalmente. El Tantra te da libertad incondicional, seas lo que seas y puedas ser lo que puedas ser. El Tantra no te pone límites; no te define, simplemente te da libertad total. El entendimiento es que cuando eres totalmente libre, entonces mucho es posible.

Esta ha sido mi observación: que las personas sexualmente reprimidas se vuelven poco inteligentes. Sólo las personas muy, muy sexualmente vivas son inteligentes. Ahora, la idea de que el sexo es pecado debe haber dañado la inteligencia - debe haberla dañado mucho. Cuando realmente fluyes y tu sexualidad no lucha ni entra en conflicto contigo, cuando cooperas con ella, tu mente funcionará óptimamente. Estarás inteligente, alerta, vivo.

Hay que hacerse amigo del cuerpo, dice el Tantra.

¿Alguna vez tocas tu propio cuerpo? ¿Alguna vez sientes tu propio cuerpo, o te quedas como si estuvieras encerrado en una cosa muerta? Eso es lo que ocurre. La gente está casi congelada; llevan el cuerpo como un ataúd. Es pesado, obstruye, no te ayuda a comunicarte con la realidad. Si dejas que la electricidad del cuerpo fluya desde los dedos de los pies hasta la cabeza, si dejas que su energía -la bioenergía- fluya con total libertad, te convertirás en un río y no sentirás el cuerpo en absoluto. Te sentirás casi sin cuerpo. Al no luchar con el cuerpo, te quedas sin cuerpo. Luchando con el cuerpo, el cuerpo se convierte en una carga. Y llevando tu cuerpo como una carga nunca podrás llegar a Dios.

El cuerpo tiene que volverse ingrávido, de modo que casi empieces a caminar por encima de la tierra - esa es la forma de caminar del Tantra. Eres tan ingrávido que no hay gravitación, simplemente puedes volar. Pero eso surge de una gran aceptación. Va a ser difícil aceptar tu cuerpo. Lo condenas, siempre le encuentras defectos. Nunca lo aprecias, nunca lo amas, y entonces quieres un milagro: que alguien venga y ame tu cuerpo. Si tú mismo no puedes amarlo, ¿cómo vas a encontrar a alguien que ame tu cuerpo? Si tú mismo no puedes amarlo, nadie va a amar tu cuerpo, porque tu vibración mantendrá a la gente repelida.

Uno se enamora de una persona que se ama a sí misma, nunca de otra manera. El primer amor tiene que ser hacia uno mismo, sólo desde ese centro pueden surgir otros tipos de amor. No amas tu cuerpo. Lo escondes de mil y una maneras. Escondes el olor de tu cuerpo, escondes tu cuerpo en la ropa, escondes tu cuerpo en la ornamentación. Intentas crear alguna belleza que continuamente sientes que te falta, y en ese mismo esfuerzo te vuelves artificial.

Ahora piensa en una mujer con pintalabios en los labios... es pura fealdad. Los labios deberían ser rojos por la vitalidad, no deberían estar pintados. Deberían estar vivos por amor, deberían estar vivos porque tú estás vivo. Ahora, sólo pintar los labios... y piensas que te estás embelleciendo. Sólo las personas que son muy conscientes de su fealdad van a salones de belleza, de lo contrario no hay necesidad.

¿Te has encontrado alguna vez con un pájaro feo? ¿Alguna vez has visto un ciervo feo? Nunca ocurre. No van a ningún salón de belleza ni consultan a ningún experto. Simplemente se aceptan a sí mismos y son bellos en su aceptación. En esa misma aceptación derrochan belleza sobre sí mismos.

En el momento en que te aceptas a ti misma, te vuelves bella. Cuando estés encantado con tu propio cuerpo, encantarás también a los demás. Mucha gente se enamorará de ti, porque tú mismo estás enamorado de ti mismo. Ahora estás enfadado contigo mismo: sabes que eres feo, sabes que eres repulsivo, horrible. Esta idea repelerá a la gente, esta idea no les ayudará a enamorarse de ti; les mantendrá alejados. Incluso si se acercan a ti, en el momento en que sientan tu vibración, se alejarán.

No hay necesidad de perseguir a nadie. La persecución surge sólo porque no hemos estado enamorados de nosotros mismos. De lo contrario, la gente viene. Es casi imposible que no se enamoren de ti si estás enamorado de ti mismo.

¿Por qué tanta gente acudió a Buda, y por qué tanta gente acudió a Saraha, y por qué tanta gente acudió a Jesús? Estas personas estaban enamoradas de sí mismas. Tenían un amor tan grande y estaban tan encantados con su ser que era natural que cualquiera que pasara se sintiera atraído por ellos; como un imán tiraban. Estaban tan encantados con su propio ser, ¿cómo se podía evitar ese encanto? El mero hecho de estar allí era una dicha tan grande.

El Tantra enseña lo primero: sé cariñoso con tu cuerpo, hazte amigo de tu cuerpo, venera tu cuerpo, respeta tu cuerpo, cuida de tu cuerpo: es un regalo de Dios. Trátalo bien y te revelará grandes misterios. Todo crecimiento depende de cómo te relaciones con tu cuerpo.

Y la segunda cosa de la que habla el Tantra es de los sentidos. De nuevo las religiones están en contra de los sentidos. Tratan de embotar los sentidos y la sensibilidad. Y los sentidos son tus puertas de percepción, los sentidos son las ventanas a la realidad. ¿Qué es tu ojo? ¿Qué son tus oídos? ¿Qué es tu nariz?

Ventanas a la realidad, ventanas a Dios. Si ves bien, verás a Dios en todas partes. Así que no hay que cerrar los ojos, hay que abrirlos bien. No hay que destruir los ojos. No hay que destruir los oídos porque todos estos sonidos son divinos.

Estos pájaros están cantando MANTRAS. Estos árboles están dando sermones en silencio. Todos los sonidos son suyos, y todas las formas son suyas. Así que si no tienes sensibilidad en ti, ¿cómo vas a conocer a Dios? Y tienes que ir a una iglesia, a un templo para encontrarle... y está por todas partes. ¿En un templo hecho por el hombre, en una iglesia hecha por el hombre vas a encontrar a Dios? El hombre parece ser tan estúpido. Dios está en todas partes, vivo y coleando en todas partes. Pero para eso necesitas sentidos limpios, sentidos purificados.

Así que el Tantra enseña que los sentidos son las puertas de la percepción. Han sido embotados. Tienes que abandonar ese embotamiento, tus sentidos tienen que ser limpiados. Tus sentidos son como un espejo que se ha vuelto opaco porque se le ha acumulado mucho polvo. Hay que limpiar el polvo.

Mira el enfoque del Tantra sobre todo. Otros dicen: ¡Atonta tus sentidos, mata tu gusto! Y el Tantra dice: Saborea a Dios en cada sabor. Otros dicen: Mata tu capacidad de tocar. Y el Tantra dice: Fluye totalmente en tu tacto, porque todo lo que tocas es divino. Es una inversión total de las llamadas religiones. Es una revolución radical, desde la raíz.

Toca, huele, saborea, ve, oye lo más totalmente posible. Tendrás que aprender el idioma porque la sociedad te ha engañado: te ha hecho olvidar.

Cada niño nace con hermosos sentidos. Observa a un niño. Cuando mira algo, está completamente absorto. Cuando juega con sus juguetes, está completamente absorto. Cuando mira, se convierte sólo en los ojos. Mira los ojos de un niño. Cuando oye, se convierte sólo en sus oídos.

Cuando come algo, sólo está ahí en la lengua. Se convierte sólo en el sabor. Mira a un niño comiendo una manzana. ¡Con qué gusto! ¡Con qué energía! ¡Con qué placer! Vean a un niño corriendo tras una mariposa en el jardín... tan absorto que, aunque Dios estuviera disponible, no correría en esa dirección. Un estado meditativo tan tremendo... y sin ningún esfuerzo. Ver a un niño recogiendo conchas en la playa como si estuviera recogiendo diamantes. Todo es precioso cuando los sentidos están vivos.

Todo está claro cuando los sentidos están vivos.

Más adelante en la vida, el mismo niño mirará la realidad como si estuviera oculto tras un cristal oscurecido. En el cristal se ha acumulado mucho humo y polvo, y tú estás escondido detrás de él y estás mirando. Por eso, todo parece apagado y muerto. Miras al árbol y el árbol parece apagado porque tus OJOS están apagados. Oyes una canción, pero no hay ningún atractivo en ella porque tus oídos están embotados. Puedes oír un Saraha y no serás capaz de apreciarlo, porque tu inteligencia está embotada.

Recupera tu lenguaje olvidado. Siempre que tengas tiempo, estate más en tus sentidos. Comer: no te limites a comer, intenta aprender de nuevo el lenguaje olvidado del gusto. Toca el pan, siente su textura. Siente con los ojos abiertos, siente con los ojos cerrados. Al masticar, mastica: estás masticando a Dios. Recuérdalo. Será una falta de respeto no masticar bien, no saborear bien. Que sea una oración, y comenzarás el surgimiento de una nueva conciencia en ti. Aprenderás el camino de la alquimia del Tantra.

Tocar más a la gente. Nos hemos vuelto muy susceptibles con el tacto. Si alguien te habla y se acerca demasiado, empiezas a retroceder. Protegemos nuestro territorio. No tocamos y no permitimos que otros toquen; no nos damos la mano, no nos abrazamos. No disfrutamos del ser del otro.

Ve al árbol, toca el árbol. Toca la roca. Ve al río, deja que el río fluya a través de tus manos.

Siéntelo. Nada y vuelve a sentir el agua como la sienten los peces. No pierdas ninguna oportunidad de reavivar tus sentidos. Y hay mil y una oportunidades en todo el día. No hace falta dedicarle un tiempo aparte. Todo el día es un entrenamiento de la sensibilidad. Aprovecha todas las oportunidades. Sentado bajo la ducha, aprovecha la oportunidad: siente el tacto del agua cayendo sobre ti. Túmbate en el suelo, desnudo, siente la tierra. Túmbate en la playa, siente la arena. Escucha los sonidos de la arena, escucha los sonidos del mar. Aprovecha todas las oportunidades, sólo así podrás aprender de nuevo el lenguaje de los sentidos. Y el Tantra sólo se puede entender cuando tu cuerpo está vivo y tus sentidos sienten.

Libera tus sentidos de los hábitos: los hábitos son una de las causas fundamentales de la torpeza. Descubre nuevas formas de hacer las cosas. Inventa nuevas formas de amar. La gente tiene mucho miedo.

He oído...

El médico le dijo al obrero que no podía completar su examen sin una muestra de orina, y el niño al que enviaron con la muestra la derramó casi toda mientras jugueteaba. Temiendo una buena paliza, la rellenó con la de una vaca en el campo.

El médico se apresuró a llamar al hombre, que volvió a casa con su mujer furioso y le dijo: "¡Ese eres tú y tus posiciones de fantasía! ¿Querrías estar encima, verdad? Y ahora voy a tener un bebé".

La gente tiene hábitos fijos. Incluso cuando hacen el amor lo hacen siempre en la misma postura: "la postura del misionero". Descubre nuevas formas de sentir.

Cada experiencia debe crearse con gran sensibilidad. Cuando hagas el amor con una mujer o un hombre, conviértelo en una gran celebración. Y cada vez aporta algo nuevo de creatividad. A veces baila antes de hacer el amor. A veces reza antes de hacer el amor. A veces sal a correr por el bosque y luego haz el amor. A veces vete a nadar y luego haz el amor. Entonces cada experiencia amorosa creará más y más sensibilidad en ti y el amor nunca se volverá aburrido.

Busca nuevas formas de explorar al otro. No te fijes en las rutinas. Todas las rutinas son antivida: las rutinas están al servicio de la muerte. Y siempre puedes inventar: no hay límite para las invenciones. A veces un pequeño cambio, y saldrás tremendamente beneficiado. Siempre comes en la mesa; a veces simplemente vete al césped, siéntate en el césped y come allí. Y te llevarás una tremenda sorpresa: es una experiencia totalmente distinta. El olor de la hierba recién cortada, los pájaros saltando y cantando, y el aire fresco, y los rayos del sol, y el tacto de la hierba húmeda debajo. No puede ser la misma experiencia que cuando te sientas en una silla y comes en tu mesa; es una experiencia totalmente distinta: todos los ingredientes son diferentes.

Prueba a veces a comer desnudo y te sorprenderás. Sólo un pequeño cambio -nada importante, estás sentado desnudo-, pero tendrás una experiencia totalmente diferente, porque se le ha añadido algo nuevo. Si comes con cuchara y tenedor, come a veces con las manos desnudas, y tendrás una experiencia diferente; tu tacto aportará algo nuevo de calidez a la comida. Una cuchara es algo muerto:

cuando comes con cuchara o tenedor, estás lejos. Ese mismo miedo a tocar cualquier cosa: ni siquiera la comida se puede tocar. Echarás de menos la textura, el tacto, la sensación. La comida tiene tanto tacto como sabor.

En Occidente se han hecho muchos experimentos sobre el hecho de que cuando disfrutamos de algo, hay muchas cosas de las que no somos conscientes y que contribuyen a la experiencia. Por ejemplo, cierra los ojos y la nariz y luego cómete una cebolla. Dile a alguien que te la dé cuando no sepas lo que te está dando: si te está dando una cebolla o una manzana. Y te será difícil distinguir la diferencia si la nariz está completamente cerrada y los ojos cerrados, con los ojos vendados.

Te será imposible decidir si es una cebolla o una manzana, porque el sabor no es sólo el gusto; el cincuenta por ciento proviene de la nariz. Y gran parte proviene de los ojos. No es sólo el gusto; todos los sentidos contribuyen. Cuando comes con las manos, el tacto contribuye. Será más sabroso. Será más humano, más natural.

Encuentra nuevos caminos en todo. Que ese sea uno de tus SADHANAS.

El Tantra dice: Si puedes seguir encontrando nuevos caminos cada día, tu vida seguirá siendo una emoción, una aventura.

Nunca te aburrirás.

Una persona aburrida es una persona irreligiosa. Siempre tendrás curiosidad por saber, siempre estarás a punto de buscar lo desconocido y lo no familiar. Tus ojos permanecerán claros y tus sentidos también, porque cuando estás siempre a punto de buscar, explorar, encontrar, buscar, no puedes volverte aburrido, no puedes volverte estúpido.

Los psicólogos dicen que a los siete años empieza la estupidez. Empieza más o menos a los cuatro años, pero a los siete ya es muy, muy evidente. Los niños empiezan a ser estúpidos a los siete años. De hecho, el niño aprende el cincuenta por ciento de todo lo que aprenderá en toda su vida a los siete años. Si vive hasta los setenta, en los sesenta y tres años restantes sólo aprenderá el cincuenta por ciento, el cincuenta por ciento ya lo ha aprendido. ¿Qué le ocurrirá? Se vuelve aburrido, deja de aprender. Si piensas en términos de inteligencia, a los siete años un niño empieza a hacerse viejo. Físicamente envejecerá más tarde -a partir de los treinta y cinco años empezará a declinar- pero mentalmente ya está en declive.

Te sorprenderá saber que tu edad mental, la edad mental media, es de doce años. La gente no crece más allá de eso, se queda estancada ahí. Por eso ves tanto infantilismo en el mundo.

Basta con insultar a una persona de sesenta años para que en cuestión de segundos se convierta en un niño de doce.

Y se comporta de tal manera que no podrás creer que una persona tan adulta pueda ser tan infantil.

La gente siempre está dispuesta a retroceder. Su edad mental está a flor de piel, oculta. Basta con rascar un poco y su edad mental sale a la luz. Su edad física no tiene mucha importancia.

La gente muere infantil; nunca crece.

Tantra dice: Aprende nuevas formas de hacer las cosas y libérate de los hábitos en la medida de lo posible. Y el Tantra dice: No imites, de lo contrario tus sentidos se embotarán. No imites. Encuentra maneras de hacer las cosas a tu manera. Pon tu firma en todo lo que hagas.

Justo la otra noche una sannyasin que va a volver decía que el amor entre ella y su marido ha desaparecido. Ahora están juntos sólo por los niños. Le dije que meditara, que fuera amistosa con el marido. Si el amor ha desaparecido, no todo ha desaparecido; la amistad todavía es posible. Sé amable. Y ella dijo: "Es difícil. Cuando se rompe una copa, se rompe".

Le dije que parecía que no se había enterado de que en Japón la gente zen primero compra una taza en el supermercado, la lleva a casa, la rompe y luego la vuelve a pegar para hacerla individual y especial.

De lo contrario, es sólo una cosa de mercado. Y si viene un amigo y le das té en una taza y un plato normales, eso no está bien; es feo, no es respetuoso. Así que traen una taza nueva y la rompen. Por supuesto, entonces no hay otra taza en el mundo exactamente igual, no puede haberla.

Pegado, ahora tiene algo de individualidad, una firma. Y cuando la gente Zen va a la casa de otro o al monasterio de otro, no se limitan a sorber el té. Primero apreciarán la taza, la mirarán. La forma en que ha sido unida es una obra de arte, la forma en que las piezas se han roto y se han vuelto a unir. La mujer comprendió y se echó a reír. Dijo: "Entonces es posible".

Aporta individualidad a las cosas, no te limites a ser un imitador. Imitar es perderse la vida.

He oído...

Mulla Nasruddin tenía un loro muy cachondo. El loro no paraba de decir obscenidades, sobre todo cuando había un invitado, y Mulla estaba muy preocupado. Se estaba poniendo terrible. Finalmente, alguien le sugirió que lo llevara al veterinario.

Así que lleva al loro al veterinario. El veterinario lo examina a fondo y le dice: "Bueno, Nasruddin, tienes un loro cachondo. Yo tengo una dulce y joven hembra. Por quince rupias tu pájaro puede ir a la jaula con el mío".

El loro de Mulla está en la jaula escuchando. Y Mulla dice 'Dios, no sé... ¿quince rupias?'

El loro dice 'Vamos, vamos, Nasruddin. ¿Qué demonios? Finalmente, el Mulla dice: "De acuerdo" y le da al veterinario las quince rupias.

El veterinario coge al pájaro, lo mete en la jaula con el pájaro hembra y cierra la cortina. Los dos hombres van y se sientan. Hay un momento de silencio y, de repente, "¡Qua! ¡Qua! ¡Qua! Las plumas salen volando por encima de la cortina.

El veterinario dice: "¡Santo cielo!", corre y abre la cortina. El macho tiene a la hembra en el fondo de la jaula con una garra, con la otra le arranca todas las plumas y grita encantado: "¡Por quince rupias te quiero desnuda, desnuda!".

Entonces, al ver al veterinario y a su amo, Mulla Nasruddin, vuelve a gritar de alegría y dice: "Eh Nasruddin, ¿no es así como te gustan también tus mujeres?".

Incluso un loro puede aprender las costumbres humanas, puede volverse imitativo, puede volverse neurótico. Ser imitativo es ser neurótico. La única forma de estar cuerdo en el mundo es ser individual, auténticamente individual. Ser uno mismo.

La tercera cosa que dice el Tantra es: Primero, el cuerpo tiene que ser purificado de represiones. En segundo lugar, hay que volver a dar vida a los sentidos. Tercero, la mente tiene que abandonar el pensamiento neurótico, el pensamiento obsesivo, y tiene que aprender formas de silencio. Siempre que sea posible, relájate. Siempre que sea posible, deja la mente a un lado.

Ahora dirás: "Es fácil decirlo, pero ¿cómo apartar la mente? Sigue y sigue". Hay una manera.

El Tantra dice: Observa esas tres conciencias. Conciencia uno: deja que la mente se vaya, deja que la mente se llene de pensamientos, simplemente observa, desapegado. No hay necesidad de preocuparse por ello, simplemente observa. Sólo sé el observador y, poco a poco, verás que los vacíos silenciosos han empezado a llegar a ti.

Entonces, conciencia dos: cuando te hayas dado cuenta de que han empezado a aparecer lagunas, entonces toma conciencia del observador. Ahora observa al observador y entonces empezarán a aparecer nuevos huecos - el observador empezará a desaparecer, igual que los pensamientos. Un día, el pensador también empezará a desaparecer. Entonces surge el verdadero silencio. Con la tercera conciencia, tanto el objeto como el sujeto desaparecen; has entrado en el más allá.

Cuando se alcanzan estas tres cosas: cuerpo purificado de represiones, sentidos liberados de la torpeza, mente liberada del pensamiento obsesivo, surge en ti una visión libre de toda ilusión: ésa es la visión del Tantra.

Ahora los sutras:

LA MENTE, EL INTELECTO Y LOS CONTENIDOS FORMADOS DE ESA MENTE LO SON, TAMBIÉN LO SON EL MUNDO Y TODO LO QUE PARECE DIFERIR DE ÉL, TODAS LAS

COSAS QUE PUEDEN SER PERCIBIDAS Y EL PERCEPTOR, TAMBIÉN LA TORPEZA, LA AVERSIÓN, EL DESEO Y LA ILUMINACIÓN.

Cuando hayas llegado a un estado de silencio en el que tanto el observador como lo observado hayan desaparecido, entonces llegarás a saber lo que significa este sutra:

MENTE, INTELECTO, Y LOS CONTENIDOS FORMADOS DE LA MENTE LO SON...

La existencia es una. Todo es una unidad. No hay dos cosas en la existencia, es unidad, es un océano. Todas las divisiones están ahí porque estamos divididos por dentro: nuestras divisiones internas se proyectan al exterior, y las cosas parecen divididas. Cuando el cuerpo es puro, los sentidos se abren y la mente está en silencio, las divisiones internas desaparecen; dentro hay espacio puro. Cuando hay espacio puro dentro, te vuelves capaz de saber que el exterior es también el mismo espacio puro, es el mismo cielo fuera y dentro.

De hecho, ya no hay "fuera" ni "dentro", todo es uno.

MENTE, INTELECTO, Y LOS CONTENIDOS FORMADOS DE LA MENTE LO SON...

Ahora reconocerás que incluso los pensamientos no eran enemigos, incluso los deseos no eran enemigos. También eran formas de la misma divinidad, de la misma existencia. Ahora reconocerás que NIRVANA y SAMSARA no son dos. Ahora tendrás una risa muy, muy profunda: que no hay diferencia entre la esclavitud y la iluminación: que saber y ser ignorante no son diferentes porque la división no es posible: que entre un Buda y un hombre que aún no está iluminado, no hay diferencia.

Pero esto sólo lo sabe un Buda. Para el hombre no iluminado hay una gran diferencia. Un Buda no puede pensar, porque a través del pensamiento siempre hay división; a través del no-pensamiento las divisiones desaparecen.

ASÍ TAMBIÉN SON EL MUNDO Y TODO LO QUE PARECE DIFERIR DE ÉL, TODAS LAS COSAS QUE PUEDEN SER PERCIBIDAS, Y EL PERCEPTOR, TAMBIÉN LA TORPEZA, LA AVERSIÓN, EL DESEO Y LA ILUMINACIÓN.

Todo es Esto. Esto es Eso. Esta totalidad es lo que el Tantra llama ESO.

 DHAMMA BUDDHA

Ahora, Saraha está diciendo al rey: No te preocupes. Ya sea en el palacio o en el campo de cremación, ya sea conocido como un brahmán erudito o conocido como un perro rabioso, no importa. He llegado a esa experiencia indivisible donde el perceptor y lo percibido son uno, donde el observador y lo observado son uno, he llegado. Ahora puedo ver que esas divisiones del bien y el mal, del pecador y el santo no tenían sentido.

No hay diferencia entre el pecado y la santidad. Por eso llamo al Tantra la actitud más grande y rebelde de toda la historia de la conciencia humana.

Saraha está diciendo: Señor, para usted existen las divisiones. Esto es un cementerio y donde usted vive es un palacio. Para mí, no hay división. En este terreno de cremación ha habido muchos palacios en el pasado que han desaparecido, y tu palacio tarde o temprano se convertirá en un terreno de cremación. No te preocupes. Es sólo cuestión de tiempo. Y si puedes ver... entonces no hay diferencia. Es la misma realidad en algún lugar convertirse en santo y en algún lugar convertirse en pecador; es el mismo Ello.

COMO UNA LÁMPARA QUE BRILLA EN LA OSCURIDAD DEL DESCONOCIMIENTO ESPIRITUAL, ELIMINA LOS OSCURECIMIENTOS DE UNA MENTE HASTA DONDE LLEGAN LAS FRAGMENTACIONES DEL INTELECTO.

¿QUIÉN PUEDE IMAGINAR EL SER DE LA AUSENCIA DE DESEO?

COMO UNA LÁMPARA... Saraha dice. Ahora la tercera conciencia nace en mí. Es como una lámpara que brilla en la oscuridad del desconocimiento espiritual. Ahora puedo ver por primera vez que la materia y la mente son una, que "fuera" y "dentro" son uno, que el cuerpo y el alma son uno, que este mundo y el otro mundo son uno, que "esto" contiene "eso" también. Desde que me ocurrió esta luz, dice Saraha, ahora no hay ningún problema.

Todo lo que es, es bueno.

COMO UNA LÁMPARA QUE BRILLA EN LA OSCURIDAD DEL DESCONOCIMIENTO ESPIRITUAL, ELIMINA LOS OSCURECIMIENTOS DE UNA MENTE...

Todas mis oscuridades, todos mis impedimentos -cosas que obstruían mi visión- han desaparecido. Puedo ver la realidad directamente. Ya no hay represiones; mis energías fluyen. No estoy en contra de mi cuerpo, no soy hostil a mi cuerpo; soy uno con mi cuerpo. La división ha desaparecido. Todos mis sentidos están abiertos y funcionan de forma óptima. Mi mente está en silencio, no hay pensamientos obsesivos. Cuando lo necesito, pienso. Cuando no lo necesito, no pienso. Soy el dueño de mi casa. Una luz nació en mí, y con esa luz, todas las oscuridades han desaparecido. Ahora nada me obstruye, mi visión es total. El muro que me rodeaba ha desaparecido.

Esa muralla se compone de tres cosas: represiones en el cuerpo, polvo en los sentidos y pensamientos en la mente. Estos son los tres ladrillos de los que está hecha la Muralla China que te rodea. Elimina estos ladrillos y la muralla desaparecerá. Y cuando la muralla desaparece, llegas a conocer al Uno.

HASTA DONDE ALCANZAN LAS FRAGMENTACIONES DEL INTELECTO.

¿QUIÉN PUEDE IMAGINAR EL SER DE LA AUSENCIA DE DESEO?

Y, señor, ¿ha venido a preguntarme cuál es mi experiencia? Es difícil para ti incluso imaginarlo. Es difícil para mí decirlo, es difícil para ti entenderlo. Pero puedo mostrarte el camino para que tú también lo experimentes, es la única manera. Cuando lo hayas probado, sólo entonces lo sabrás.

NO HAY NADA QUE NEGAR, NADA QUE AFIRMAR O CAPTAR; PORQUE NUNCA PUEDE CONCEBIRSE.

POR LAS FRAGMENTACIONES DEL INTELECTO ESTÁN ENCADENADOS LOS ILUSOS; PORQUE INDIVISA Y PURA PERMANECE LA ESPONTANEIDAD.

Saraha dice: No puedo decir que no es, no puedo decir que es. No puedo negarlo, no puedo postularlo. No puedo usar "no", no puedo usar "sí", porque ambos se quedan cortos. Es más grande que ambos, contiene a ambos, y sin embargo es más: es trascendental a ambos. Aquellos que dicen que Dios es, degradan a Dios - lo arrastran hacia abajo. Los que dicen que Dios no es, ciertamente no lo entienden en absoluto. Ambos son lo mismo: uno niega, el otro postula.

Lo positivo y lo negativo pertenecen a la misma mente, a la misma mente pensante. El "sí" y el "no" son partes del lenguaje, del pensamiento. Saraha dice: No puedo decir que Dios es, no puedo decir que Dios no es. Sólo puedo mostrarte el camino... dónde está, qué es, cómo es. Puedes experimentarlo. Puedes abrir tus propios ojos y verlo.

Una vez llevaron a un ciego ante Buda. Y el ciego no era un ciego cualquiera: era un gran académico, un gran erudito, muy hábil en la argumentación. Empezó a discutir con Buda.

La gente dice que la luz existe y yo digo que no. Dicen que estoy ciego, yo digo que se engañan. Si la luz existe, señor, póngamela a mi disposición para que pueda tocarla. Si puedo tocarla o, al menos, si puedo saborearla u olerla, creeré. O si golpeas la luz como un tambor para que pueda oírla... Estos son mis cuatro sentidos, y el quinto sentido del que habla la gente es sólo imaginación. La gente se engaña, nadie tiene ojos".

Era muy difícil convencer a este hombre de que la luz existe, porque la luz no se puede tocar, no se puede saborear, no se puede oler, no se puede oír. Y este hombre decía que los demás se engañaban: "No tienen ojos". Era ciego, pero un gran lógico. Dijo: "Demuestra que tienen ojos". ¿Qué pruebas tienes?

Buda dijo: "No diré nada, pero conozco a un médico y te enviaré con él. Sé que él podrá curarte los ojos'.

Pero el hombre insistió: "¡He venido a discutir!".

Y Buda dijo 'Este es MI argumento. Ve al médico'.

El hombre fue enviado al médico. Sus ojos se curaron; en seis meses pudo ver. No se lo podía creer. Era esctaticamente feliz. Vino bailando a Buda. Estaba loco.

Cayó a sus pies y le dijo: 'Tu argumento ha funcionado'.

Buda dijo: "Escucha, no fue una discusión. Si hubiera discutido habría fracasado, porque hay cosas sobre las que no se puede discutir, sino que sólo se pueden experimentar'.

Dios no es un argumento, no es un silogismo. El NIRVANA no es un argumento, no es una conclusión; es una experiencia. A menos que lo experimentes, no hay manera de entender lo que es. Si no lo experimentas, es absurdo, no tiene sentido.

NO HAY NADA QUE NEGAR, NADA QUE AFIRMAR O CAPTAR; PORQUE NUNCA PUEDE CONCEBIRSE.

De hecho, no hay nada que agarrar y nadie que lo agarre; nada que concebir y nadie que lo conciba. El objeto y el sujeto desaparecen en Él. El conocedor y lo conocido desaparecen en ello. Entonces es la experiencia de lo total, de lo Uno, de la TI.

POR LAS FRAGMENTACIONES DEL INTELECTO ESTÁN ENCADENADOS LOS ILUSOS; INDIVISA Y PURA PERMANECE LA ESPONTANEIDAD.

Dice Saraha al rey: Señor, la gente tiene prejuicios sobre la realidad. Tienen ideas sobre la realidad, y la realidad no es una idea. Dios no es una idea. Dios no es la palabra 'Dios'. No es una teoría. No es una hipótesis. Es una muestra de la realidad. Es una experiencia orgásmica con el todo.

Las personas están encadenadas a causa de sus mentes. Tienen ciertas ideas, actitudes, filosofías fijas.

Miran a través de esas filosofías. Por eso dicen que Saraha se ha vuelto loco. Tienen una cierta idea de lo que debería ser la cordura, de cómo tiene que ser la cordura, por eso creen que Saraha se ha vuelto loca. Miran a través de ciertos prejuicios.

INDIVISA Y PURA SIGUE SIENDO LA ESPONTANEIDAD.

Pero la espontaneidad es indivisa y pura: es la inocencia primigenia.

Mírame, dice Saraha. Mira mi espontaneidad. No pienses en lo que dice la gente, no pienses en ciertos prejuicios sobre lo bueno y lo malo, la virtud y el pecado, lo correcto y lo incorrecto. Mírame. Yo estoy aquí. Estoy aquí. Estoy disponible. Ten una experiencia profunda de mi presencia. Si puedes sentir espontaneidad, inocencia, pureza, sólo eso te ayudará a ir hacia tu interior en el viaje del Tantra.

SI SE CUESTIONA LA ULTIMIDAD CON LOS POSTULADOS DE LOS MUCHOS Y EL UNO, NO SE DA LA UNICIDAD, PUES POR (TRASCENDER) EL CONOCIMIENTO SE LIBERAN LOS SERES SENSIBLES.

LO RADIANTE ES POTENCIA LATENTE EN EL INTELECTO, Y ESTO SE MUESTRA COMO MEDITACIÓN; LA MENTE INQUEBRANTABLE ES NUESTRA VERDADERA ESENCIA.

SI CUESTIONAS LA ULTIMIDAD CON LOS POSTULADOS DE LOS MUCHOS Y EL UNO, LA UNICIDAD NO SE DA...

Si cuestionas, fallas. La realidad no puede convertirse en una pregunta. Sí, puede convertirse en una PREGUNTA, pero no en una pregunta.

Y nadie puede responder, sólo tú puedes experimentar. Por eso digo que puede ser una búsqueda, pero nunca puede convertirse en una pregunta. Una pregunta es aquello a lo que se puede responder. Una búsqueda es aquello que sólo se puede experimentar. Sólo cuando TÚ llegas, llegas - no hay otro camino. No hay ningún camino prestado. Todo conocimiento es prestado.

Por lo tanto, dice Saraha POR EL CONOCIMIENTO (TRANSCENDENTE) SE LIBERAN LOS SERES SENTIENTES.

Hay que liberarse del conocimiento.

El conocimiento no te libera; es tu esclavitud más profunda y sutil. A través del conocimiento no estás disponible para la realidad. Abandona todo conocimiento. Abandonando todo conocimiento, el saber se vuelve puro; entonces ya no estás nublado. Sin saber nada prestado, tu pureza está intacta; entonces tu espejo no tiene polvo. Entonces empiezas a reflejar. Entonces la realidad se refleja tal como es.

Nunca te muevas con conocimiento, de lo contrario no te moverás. Nunca confíes en experiencias prestadas.

Algo le ocurrió a Buda, pero esa no es tu experiencia. Algo le ocurrió a Cristo, pero esa no es tu experiencia. Algo me ha sucedido a mí, pero esa no es TU experiencia.

Lo que digo es que si lo atesoras, se convertirá en conocimiento. Lo que digo es que si te lleva a una búsqueda, se convertirá en conocimiento. No lo acumules en tu memoria.

Acumular conocimientos en la memoria sólo te carga; no es liberación. PUES MEDIANTE EL CONOCIMIENTO (TRASCENDENTE) SE LIBERAN LOS SERES SENSIBLES.

LO RADIANTE ES POTENCIA LATENTE EN EL INTELECTO...

Y TIENES esa potencia que puede florecer en NIRVANA, que puede convertirse en iluminación.

Cada intelecto no es más que la inteligencia oculta tras él. Si confías demasiado en tu intelecto, perderás tu inteligencia.

Ahora hay que entender estas dos palabras. Provienen de la misma raíz, pero su significado es diferente. No es necesario que un intelectual tenga que ser inteligente. No es necesario que una persona inteligente tenga que ser un intelectual. Puedes encontrar no intelectuales que son tremendamente inteligentes.

Cristo no es un intelectual, Kabir no es un intelectual, Meera no es una intelectual, pero son personas tremendamente inteligentes. El intelecto es un falso sustituto de la inteligencia. El intelecto es prestado, la inteligencia es tuya. La inteligencia es tu pura capacidad de ver, la inteligencia es tu inocente capacidad de comprender. El intelecto es conocimiento prestado; el intelecto es una pseudo moneda, una falsificación.

Recoges información de todas partes, reúnes muchos conocimientos y te vuelves un entendido. Pero tu inteligencia no ha crecido, y tu inteligencia no ha explotado realmente.

De hecho, debido a este esfuerzo intelectual, tu inteligencia permanecerá lastrada. El conocimiento se acumulará como polvo en el espejo - el intelecto es el polvo. La inteligencia es la cualidad pura del espejo para reflejar.

Dice Saraha EL RADIANTE ES POTENCIA LATENTE EN EL INTELECTO...

En cada intelecto hay inteligencia potencial. No lo sobrecargues con conocimientos prestados.

... Y ESTO SE DEMUESTRA QUE LA MEDITACIÓN ...

Si no la cargas de conocimientos, tu inteligencia se convierte en tu meditación. Una gran definición de meditación: La inteligencia es meditación. Vivir inteligentemente es vivir meditativamente. Esta definición es de una importancia tremenda: está realmente preñada de un gran significado. Y vivir inteligentemente es lo que es la meditación. La meditación no se puede "hacer" de esa manera. Tienes que aportar inteligencia a tu vida.

Ayer estabas enfadado, anteayer también. Ahora la situación ha vuelto y vas a enfadarte, ¿qué vas a hacer? ¿Vas a repetirlo de forma mecánica y poco inteligente, o vas a aportarle inteligencia? Te has enfadado mil y una veces, ¿no puedes aprender nada de ello? ¿No puedes comportarte ahora con inteligencia? ¿No ves que es inútil? ¿No ves que cada vez te has frustrado por ello? Cada vez la ira ha disipado energía, ha distraído tu energía, te ha creado problemas y no ha resuelto nada.

Si lo ves, en ese mismo ver está la inteligencia. Entonces alguien te insulta y no hay ira.

De hecho, más que ira, hay compasión por este hombre. Está enfadado, está herido, está sufriendo: surgirá la compasión. Ahora ESTA inteligencia es meditación: mirar dentro de la propia vida, aprender de la experiencia, aprender de la experiencia existencial, seguir aprendiendo sin pedir prestado...

Buda dice que la ira es mala. Ahora mira la diferencia. Si eres budista le creerás: Buda dice que la ira es mala, así que la ira debe ser mala, ¿cómo puede equivocarse Buda? Ahora, cada vez que surja la ira, la reprimirás porque Buda dice que la ira es mala. Esto es funcionar a través del conocimiento, funcionar a través del intelecto. Pero, ¡qué tontería! Te has enfadado muchas veces. ¿Hay alguna necesidad de preguntarle a Buda si la ira está mal? ¿No puedes ver por ti mismo tus propias experiencias?

Si ves dentro de tus propias experiencias, entonces sabes lo que es la ira. Y al ver eso, te liberas de la ira: esto es inteligencia. A partir de tu inteligencia, te convertirás en testigo de Buda; dirás: "Sí, Buda tiene razón. Mi experiencia lo demuestra". No de otro modo, no "Buda tiene razón, así que tengo que experimentarlo", eso es estupidez. Pero si a partir de mi experiencia me convierto en testigo de Buda, entonces puedo decir: "Sí, tiene razón, porque ésta es también mi experiencia. Pero él es secundario, mi experiencia viene primero, es primaria. Soy un testigo de él, no un seguidor".

Ustedes que son mis sannyasins aquí, por favor conviértanse en mis testigos, no en mis seguidores. Dejad que lo que estoy diciendo se pruebe a través de vuestra experiencia. Entonces habéis estado conmigo. Entonces me habéis amado.

Entonces has vivido conmigo. Si simplemente acumuláis lo que digo y os convertís en grandes teóricos sobre ello, aprendéis a filosofar sobre ello, entonces habéis fallado. Entonces os convertiréis en intelectuales. Y convertirse en intelectual es suicidarse en lo que respecta a la inteligencia.

No os convirtáis en intelectuales. La moneda real está disponible, ¿por qué seguir anhelando la falsa? La vida está disponible para ti tanto como lo estuvo para Buda, tanto como lo está para mí. ¿Por qué no aprender a través de ella?

Ser inteligente es ser meditativo. Sí, ésta es una de las mejores definiciones de la meditación que he encontrado. Y soy testigo de ello. Así es como se evoluciona espiritualmente.

LO RADIANTE ES POTENCIA LATENTE EN EL INTELECTO, Y ESTO SE MUESTRA COMO MEDITACIÓN; LA MENTE INQUEBRANTABLE ES NUESTRA VERDADERA ESENCIA.

Y cuanto más inteligente te vuelvas, más te darás cuenta de que tu mente ya no es la vieja mente.

El Tantra utiliza "mente" con dos significados: "mente" con minúscula, es decir, tu mente. Y "Mente" con M mayúscula: es la Mente esencial, la Mente de Buda.

La pequeña, diminuta mente encerrada en el conocimiento, en los límites, en los prejuicios; la mente que llamamos hindú, la mente que llamamos musulmana, la mente que llamamos judía, cristiana; esa mente -pequeña, diminuta mente- la mente que ha sido cultivada por los colegios y las universidades; esa mente -pequeña mente- la mente que ha sido programada por la sociedad, esa mente que el Tantra llama la mente pequeña.

Cuando se rompen estas barreras, cuando se eliminan estas oscuridades, entonces se alcanza la gran Mente, la Mente de Buda - Mente con M mayúscula: Es universal.

.. LA MENTE INQUEBRANTABLE ES NUESTRA VERDADERA ESENCIA.

Y esa es la mente que es nuestra verdadera esencia. Llámalo Dios, llámalo NIRVANA, o como quieras.

Pero ésta es nuestra esencia: llegar a un estado de reposo absoluto, inquebrantable, inquebrantable; llegar a un estado de eternidad donde el tiempo ha desaparecido, donde todas las divisiones han desaparecido, donde el sujeto y el objeto ya no existen, donde el conocedor y lo conocido ya no existen, donde sólo existe la conciencia pura, la conciencia tres.

Estos sutras no son sólo para ser empollados, de lo contrario estarás traicionando a Saraha, me estarás traicionando a mí. Estos sutras sólo deben ser meditados y olvidados. Entonces, cualquier inteligencia que surja en ti al meditar en estos sutras, utilízala en la vida. Momento a momento, deja que esa inteligencia se agudice una y otra vez contra tantas experiencias. Y esa inteligencia se convertirá en la puerta a lo divino: esa inteligencia es la puerta.

El amor no hace sombra

Pregunta 1:
   AYER, CUANDO HABLÓ DE QUE LA INTELIGENCIA SE CONVIERTE EN MEDITACIÓN, SENTÍ UNA GRAN EMOCIÓN EN MI INTERIOR. SENTÍ COMO SI MI CORAZÓN FUERA A EXPLOTAR. FUE COMO SI HUBIERA DICHO ALGO QUE ESTABA ESPERANDO OÍR. ¿PUEDE EXPLICARLO?

La pregunta es de Krishna Prem.

La inteligencia es intrínseca a la vida. La inteligencia es una cualidad natural de la vida. Del mismo modo que el fuego es caliente, el aire es invisible y el agua fluye hacia abajo, la vida es inteligente.

La inteligencia no es un logro; se nace inteligente. Los árboles son inteligentes a su manera, tienen inteligencia suficiente para su propia vida. Los pájaros son inteligentes, los animales también. De hecho, lo que las religiones entienden por Dios es sólo esto: que el universo es inteligente, que hay inteligencia oculta en todas partes. Y si tienes ojos para ver, puedes verla en todas partes.

La vida es inteligencia. Sólo el hombre se ha vuelto inteligente. El hombre ha dañado el flujo natural de la vida.

Excepto en el hombre, no hay falta de inteligencia. ¿Has visto alguna vez un pájaro al que puedas llamar estúpido? ¿Has visto alguna vez un animal al que puedas llamar idiota? No, esas cosas sólo le ocurren al hombre. Algo ha ido mal. La inteligencia del hombre ha sido dañada, corrompida, ha quedado lisiada.

Y la meditación no es otra cosa que deshacer ese daño. La meditación no será necesaria en absoluto si se deja al hombre en paz. Si el sacerdote y el político no interfieren con la inteligencia del hombre, no habrá necesidad de ninguna meditación. La meditación es medicinal. Primero tienes que crear la enfermedad, entonces la meditación es necesaria. Si la enfermedad no existe, la meditación no es necesaria. Y no es casual que las palabras "medicina" y "meditación" provengan de la misma raíz. Es medicinal.

Cada niño nace inteligente, y en el momento en que nace, nos abalanzamos sobre él y empezamos a destruir su inteligencia, porque la inteligencia es peligrosa para la estructura política, para la estructura social, para la estructura religiosa. Es peligrosa para el Papa, es peligrosa para el Shankaracharya de Puri, es peligrosa para el sacerdote, es peligrosa para el líder. Es peligroso para el status quo, para el establishment.

La inteligencia es rebelde por naturaleza. La inteligencia no puede ser forzada a ninguna servidumbre. La inteligencia es muy asertiva, individual. La inteligencia no puede convertirse en una imitación mecánica. Las personas tienen que ser convertidas en copias al carbón; su originalidad tiene que ser destruida, de lo contrario todas las tonterías que han existido en la tierra serían imposibles.

Necesitas un líder porque primero tienes que ser desinteligente, de lo contrario no habría necesidad de ningún líder. ¿Por qué deberías seguir a alguien? Seguirás a tu inteligencia. Si alguien quiere convertirse en un líder, entonces una cosa tiene que hacerse: tu inteligencia tiene que ser destruida de alguna manera. Tienes que ser sacudido desde tus raíces, tienes que tener miedo. Tienes que perder la confianza en ti mismo, eso es imprescindible, sólo entonces puede llegar el líder.

Si eres inteligente, resolverás tus problemas por ti mismo. La inteligencia es suficiente para resolver todos los problemas. De hecho, cualesquiera que sean los problemas creados en la vida, tú tienes más inteligencia que esos problemas. Es una provisión, es un don de Dios.

Pero hay gente ambiciosa que quiere gobernar, dominar; hay locos ambiciosos: te crean miedo. El miedo es como el óxido: destruye toda inteligencia. Si quieres destruir la inteligencia de alguien, lo primero necesario es crear miedo: crea el infierno y haz que la gente tenga miedo. Cuando la gente tenga miedo del infierno, irá a ver al sacerdote y se inclinará ante él. Escucharán al sacerdote. Si no escuchan al sacerdote... entonces el fuego del infierno - naturalmente, tienen miedo. Tienen que protegerse del fuego del infierno, y el sacerdote es necesario. El sacerdote se convierte en una necesidad.

He oído hablar de dos hombres que eran socios en un negocio. Su negocio era muy singular y solían viajar por todo el país.

Un socio venía al pueblo. Por la noche, se dedicaba a tirar alquitrán de hulla en las ventanas de la gente y desaparecía por la mañana. Al cabo de dos o tres días, llegaba el otro. Limpiaba el alquitrán y las ventanas de la gente. Y la gente pagaba, claro, tenía que pagar.

Eran socios en el mismo negocio. Uno dañaría, el otro vendría a deshacerlo.

Hay que crear miedo y hay que crear codicia.

La inteligencia no es avariciosa. Te sorprenderá saber que un hombre inteligente nunca es codicioso.

La codicia forma parte de la falta de inteligencia. Acumulas para mañana porque no confías en que mañana serás capaz de afrontar tu vida, si no ¿por qué acumular? Os volvéis avaros, os volvéis codiciosos, porque no sabéis si mañana vuestra inteligencia será capaz de hacer frente a la vida o no. ¿Quién lo sabe? No tienes confianza en tu inteligencia, así que acumulas, te vuelves avaricioso.

Una persona inteligente no tiene miedo, no es codiciosa. La codicia y el miedo van juntos, por eso el cielo y el infierno van juntos: el infierno es el miedo, el cielo es la codicia.

Crea miedo en la gente y crea codicia en la gente, haz que sean lo más codiciosos posible. Hazlos tan codiciosos que la vida no pueda satisfacerlos, entonces acudirán al sacerdote y al líder. Entonces empezarán a fantasear con una vida futura en la que se cumplirán sus tontos deseos y sus estúpidas fantasías. Cuidado. Exigir lo imposible es ser poco inteligente.

Una persona inteligente está perfectamente satisfecha con lo posible. Trabaja por lo probable, nunca por lo imposible y lo improbable, no. Observa la vida y sus limitaciones. No es un perfeccionista. Un perfeccionista es un neurótico. Si eres perfeccionista te volverás neurótico.

Por ejemplo, si amas a una mujer y le pides fidelidad absoluta, te volverás loco y ella se volverá loca. Esto no es posible: fidelidad absoluta significa que ella ni siquiera pensará, ni siquiera soñará con otro hombre. Eso no es posible. ¿Quién eres tú? ¿Por qué se ha enamorado de ti? Porque eres un hombre. Si puede enamorarse de ti, ¿por qué no puede pensar en otros? Esa posibilidad sigue abierta. ¿Y cómo se las va a arreglar si ve pasar a una persona guapa y le surge el deseo? Incluso decir "Este hombre es hermoso" es desear, el deseo ha entrado. Sólo dices que algo es bello cuando te parece digno de poseerlo, de disfrutarlo. No eres indiferente.

Ahora bien, si pides fidelidad absoluta, como la gente ha pedido, entonces es inevitable que haya conflicto, y seguirás sospechando. Y seguirás sospechando porque tú también conoces tu mente, tú también piensas en otras mujeres. Entonces, ¿cómo puedes confiar en que tu mujer no está pensando en otros hombres? Sabes que estás pensando, así que sabes que ella también está pensando. Ahora... desconfianza, conflicto, agonía. El amor que era posible se ha vuelto imposible a causa de un deseo imposible.

La gente pide lo que no se puede hacer. Quieren seguridad para el futuro, lo cual no es posible. Quieres seguridad absoluta para el mañana, pero no se puede garantizar; no está en la naturaleza de la vida. Una persona inteligente sabe que no está en la naturaleza de la vida: el futuro permanece abierto. El banco puede quebrar, la mujer puede escaparse con otro, el marido puede morir, los hijos pueden resultar indignos. ¿Quién sabe el mañana? Puedes caer enfermo, puedes quedar lisiado. ¿Quién sabe el mañana?

Pedir seguridad para mañana significa permanecer en el miedo constante. No es posible, por lo que no se puede destruir el miedo. El miedo estará ahí, estarás temblando; y mientras tanto se está perdiendo el momento presente. Con el deseo de seguridad en el futuro estás destruyendo el presente, que es la única vida disponible. Y cada vez más te volverás tembloroso, temeroso, codicioso.

Un niño nace; un niño es un fenómeno muy, muy abierto, completamente inteligente. Pero saltamos sobre él, empezamos a destruir su inteligencia. Empezamos a crear miedo en él. Lo llamas enseñar, lo llamas hacer que el niño sea capaz de enfrentarse a la vida. Le creas miedo. Él no tiene miedo.

Y sus escuelas, colegios, universidades - todos lo hacen más y más ininteligente. Exigen cosas tontas. Exigen que se atiborren cosas tontas en las que el niño y su inteligencia natural no pueden ver ningún sentido. ¿Por qué? Ese niño no puede ver el punto. ¿Por qué meter estas cosas? Pero la universidad dice, el colegio dice, el hogar, la familia, los bienquerientes dicen "¡Aprende!

Ahora no lo sabes, pero más adelante sabrás por qué es necesario'.

Atiborra de historia todas las tonterías que el hombre ha estado haciendo a otros hombres, todas las locuras... ¡Atiborra!

Y el niño no puede ver el punto. ¿Qué importa cuándo cierto rey gobernó Inglaterra? ¿Desde qué fecha hasta qué fecha? Tiene que empollar esas estupideces. Naturalmente, su inteligencia se vuelve cada vez más pesada, más lisiada; más y más polvo se acumula en su inteligencia. Cuando un hombre vuelve de la universidad, ya no es inteligente: la universidad ha hecho su trabajo. Es muy raro que un hombre pueda salir de la universidad siendo todavía inteligente. Muy pocas personas han sido capaces de escapar de la universidad, de evitar la universidad, de pasar por la universidad y, sin embargo, salvar su inteligencia: muy raramente. Es un gran mecanismo para destruirte. En el momento en que te educas, te vuelves poco inteligente.

¿No te das cuenta? La persona educada se comporta de manera muy poco inteligente. Ve a la gente primitiva que nunca ha sido educada, y encontrarás una inteligencia pura funcionando.

He oído...

Una mujer estaba intentando abrir una lata y no encontraba la manera de hacerlo. Así que fue a mirar en el libro de cocina. Cuando buscó en el libro, la cocinera ya lo había abierto. Volvió y se sorprendió.

Le preguntó a la cocinera: "¿Cómo lo has hecho?".

Me dijo: "Señora, cuando no sabe leer, tiene que usar su inteligencia".

Sí, es cierto. Cuando no sabes leer TIENES que usar tu inteligencia. ¿Qué otra cosa puedes hacer? En el momento en que empiezas a leer -esas tres peligrosas erres, cuando te has vuelto capaz en ellas- no necesitas ser inteligente, los libros se encargarán.

¿Lo has visto? Cuando una persona empieza a escribir a máquina, su letra se pierde, entonces su letra deja de ser bonita. No hace falta: la máquina de escribir se encarga.

Si llevas una calculadora en el bolsillo, te olvidarás de todas las matemáticas: no hay necesidad. Tarde o temprano habrá pequeños ordenadores y todo el mundo los llevará consigo. Tendrán toda la información de una ENCICLOPAEDIA BRITÁNICA, y entonces no habrá necesidad de ser inteligente en absoluto; el ordenador se encargará.

Ve a la gente primitiva, la gente sin educación, los aldeanos, y encontrarás una inteligencia sutil. Sí, no están más informados, es cierto, no tienen conocimientos, es cierto, pero son tremendamente inteligentes. Su inteligencia es como una llama sin humo alrededor.

La sociedad ha hecho algo malo con el hombre, por ciertas razones. Quiere que seáis esclavos, quiere que siempre tengáis miedo, quiere que siempre seáis codiciosos, quiere que siempre seáis ambiciosos, quiere que siempre seáis competitivos. Quiere que no seáis cariñosos, quiere que estéis llenos de ira y odio, quiere que sigáis siendo débiles, imitativos, copias al carbón. No quiere que os convirtáis en Budas originales, Krishnas originales o Cristos, no. Por eso vuestra inteligencia ha sido destruida.

La meditación sólo es necesaria para deshacer lo que la sociedad ha hecho. La meditación es negativa: simplemente anula el daño, destruye la enfermedad; y una vez que la enfermedad ha desaparecido, tu bienestar se afirma por sí mismo.

Y en este siglo esto ha ido demasiado lejos: la educación universal ha sido una calamidad. Y recuerden que no estoy en contra de la educación, estoy en contra de ESTA educación.

Existe la posibilidad de un tipo diferente de educación que será útil para agudizar tu inteligencia, no para destruirla; que no la agobiará con hechos innecesarios, que no la agobiará con conocimientos innecesarios, que no la agobiará en absoluto, sino que la ayudará a ser más radiante, fresca, joven.

Esta educación sólo te hace capaz de memorizar. Esta educación te hace capaz de más claridad. Esta educación destruye tu inventiva. Esta educación te ayudará a ser más inventivo.

Por ejemplo, la educación que me gustaría en el mundo no exigirá que un niño responda de una manera estereotipada. No fomentará la repetición. Fomentará la inventiva. Incluso si la respuesta inventada no es tan correcta como la respuesta copiada, se apreciará al niño que ha aportado una nueva respuesta a un viejo problema. Ciertamente, su respuesta no puede ser tan correcta como la de Sócrates - naturalmente, un niño pequeño... su respuesta no puede ser tan exacta como la de Albert Einstein - naturalmente.

Pero pedir que su respuesta sea tan acertada como la de Albert Einstein es una tontería. Si es inventivo, va por buen camino; un día se convertirá en Albert Einstein. Si intenta crear algo nuevo de forma natural, tiene sus limitaciones, pero sólo su esfuerzo por intentar crear algo nuevo debe ser apreciado, debe ser alabado.

La educación no debe ser competitiva. No se debe juzgar a las personas entre sí.

La competitividad es muy violenta y muy destructiva. Alguien no es bueno en matemáticas y se le llama mediocre y puede que sea bueno en carpintería. Pero nadie se fija en eso. A alguien no se le da bien la literatura y se le llama estúpido, pero se le dará bien la música o el baile.

Una verdadera educación ayudará a las personas a encontrar SU vida, en la que puedan vivir plenamente. Si un hombre ha nacido para ser carpintero, eso es lo que tiene que hacer. No hay nadie que imponga otra cosa.

Este mundo puede convertirse en un mundo tan grande e inteligente si a un hombre se le permite ser él mismo, se le ayuda a ser él mismo, se le apoya en todos los sentidos para que sea él mismo, y nadie viene e interfiere. De hecho, nadie manipula al niño. Si quiere ser bailarín, está bien, se necesitan bailarines.

Hace falta mucha danza en el mundo. Si quiere ser poeta, bien. Se necesita mucha poesía; nunca hay suficiente. Si quiere ser carpintero o pescador, perfecto. Si quiere ser leñador, perfecto. No es necesario que se convierta en presidente o primer ministro. De hecho, si menos gente se interesa por esos objetivos, será una bendición.

Ahora todo está patas arriba. El que quería ser carpintero se ha convertido en médico; el que quería ser médico se ha convertido en carpintero. Todo el mundo está en el lugar de otro, de ahí tanta falta de inteligencia: todo el mundo está haciendo el trabajo de otro. Una vez que empieces a verlo, entenderás por qué la gente se comporta de forma tan poco inteligente.

En la India hemos estado meditando profundamente, y hemos encontrado una palabra: SWADHARMA, naturaleza propia.

Esta es la mayor implicación para un mundo futuro.

Krishna ha dicho: SWADHARME NADHANAM SHREYAH: es bueno morir en tu propia naturaleza, siguiendo tu propia naturaleza. PER DHARMO BAVAHA BAHA: la naturaleza de otro es muy peligrosa. No te conviertas en imitador. Sé tú mismo.

He oído...

Bill siempre quiso ir a cazar alces, así que ahorró el dinero suficiente y se fue a los Bosques del Norte. Allí le proporcionaron el equipo necesario y el tendero le aconsejó que contratara a Pierre, el mejor cazador de alces del país.

Es cierto", dijo el tendero, "que Pierre es caro, pero tiene una cualidad sexy en su llamada a la que ningún alce puede resistirse".

¿Cómo funciona eso?", preguntó Bill.

Pierre avistará un alce a trescientos metros, ahuecará las manos y hará la primera llamada. Cuando el alce lo oiga, se excitará con deseo anticipado y se acercará a doscientos metros. Pierre vuelve a llamar, con un poco más de fuerza, y el alce salta con impaciencia hasta una distancia de cien metros. Esta vez Pierre realmente da a su llamada una entrega sexy, prolongándola un poco, lo que impulsa al alce, agitado con intención carnal, a venir a un punto sólo veinticinco yardas de distancia de usted. Y ese es el momento, amigo mío, de apuntar y disparar".

"¿Y si fallo?", se preguntó Bill.

Sería terrible", dijo el otro.

Pero, ¿por qué?", preguntó Bill.

'Porque entonces el pobre Pierre se aparea.'

Eso le ha ocurrido al hombre: imitar, imitar. El hombre ha perdido completamente la visión de su propia realidad. La gente Zen dice: Busca tu rostro original.

Eso dice el Tantra. El Tantra dice: Averigua cuál es tu autenticidad. ¿Quién eres? Si no sabes quién eres, siempre tendrás algún accidente, siempre. Tu vida será una larga serie de accidentes, y pase lo que pase nunca será satisfactorio. El descontento será el único sabor de tu vida.

Puedes verlo a tu alrededor. ¿Por qué tanta gente parece tan apagada, aburrida de pasar los días de alguna manera? Pasando un tiempo tremendamente valioso que no podrán recuperar, y pasando con tanta torpeza, como si sólo esperasen la muerte. ¿Qué le ha pasado a tanta gente? ¿Por qué no tienen la misma frescura que los árboles? ¿Por qué el hombre no tiene el mismo canto que los pájaros?

¿Qué le ha pasado al hombre?

Una cosa ha sucedido: El hombre ha estado imitando. El hombre ha estado tratando de convertirse en otra persona.

Nadie está en su propia casa. Todo el mundo llama a la puerta de otro, de ahí el descontento, la torpeza, el aburrimiento, la angustia.

Cuando Saraha dice que la inteligencia es la cualidad misma de la meditación, quiere decir esto: Una persona inteligente intentará ser ella misma, cueste lo que cueste. Una persona inteligente nunca copiará, nunca imitará. Nunca repetirá como un loro. Una persona inteligente escuchará su propia llamada intrínseca.

Sentirá su propio ser y se moverá en consecuencia, sea cual sea el riesgo.

Hay riesgo. Cuando copias a otros hay menos riesgo. Cuando no copias a nadie estás solo.

Hay riesgo. Pero la vida sólo les sucede a los que viven peligrosamente. La vida sólo les sucede a los aventureros, a los valientes, a los casi temerarios: sólo a ellos les sucede la vida. La vida no les sucede a los tibios.

Una persona inteligente confía en sí misma. Su confianza es absoluta en sí mismo. ¿Cómo puedes confiar en los demás si ni siquiera puedes confiar en ti mismo?

La gente viene a mí y me dice 'Maestro, queremos confiar en ti'. Yo les pregunto: "¿Confías en ti mismo? Si confías en ti mismo entonces existe la posibilidad de que confíes en mí también, de lo contrario no hay posibilidad'. ¿Cómo puedes confiar en mí si no confías en ti mismo? Tú eres el más cercano a ti mismo. También puedes confiar en mí si confías en ti mismo. Si confías en ti mismo, entonces confiarás en mí, de lo contrario no hay posibilidad.

La inteligencia es confianza en tu propio ser. Inteligencia es aventura, emoción, alegría. Inteligencia es vivir en este momento, no ansiar el futuro. Inteligencia es no pensar en el pasado y no preocuparse por el futuro: el pasado ya no existe, el futuro aún no existe. La inteligencia consiste en aprovechar al máximo el momento presente disponible: el futuro surgirá de él. Si este momento se ha vivido con deleite y alegría, el momento siguiente nacerá de él. Traerá más alegría de forma natural, pero no hay necesidad de preocuparse por ello. Si mi hoy ha sido dorado, mi mañana será aún más dorado.

¿De dónde saldrá? Crecerá a partir de hoy. Si esta vida ha sido una bendición, mi próxima vida será una bendición mayor. ¿De dónde puede venir? Saldrá de mí, de mi experiencia VIVIDA. Así que una persona inteligente no se preocupa por el cielo y el infierno, no se preocupa por la otra vida, ni siquiera se preocupa por Dios, ni siquiera se preocupa por el alma. Una persona inteligente simplemente vive inteligentemente, y Dios y el alma y el cielo y el NIRVANA - todos siguen naturalmente.

Vives en la creencia; la creencia no es inteligente. Vive a través del conocimiento; el conocimiento es inteligencia. Y Saraha tiene toda la razón: la inteligencia es meditación.

Las personas poco inteligentes también meditan, pero ciertamente lo hacen de forma poco inteligente. Piensan que hay que ir a la iglesia todos los domingos durante una hora - eso es entregarse a la religión. Esta es una forma poco inteligente de relacionarse con la religión. ¿Qué tiene que ver la iglesia? Tu vida real está en los seis días, el domingo no es tu día real. Vivirás sin religión durante seis días, y luego irás a la iglesia sólo una o dos horas. ¿A quién estás tratando de engañar? Tratas de engañar a Dios diciendo que vas a la iglesia.

O, si te esfuerzas un poco más, entonces cada día veinte minutos por la mañana, veinte por la tarde - haces Meditación Trascendental. Te sientas con los ojos cerrados y repites un mantra de una manera muy estúpida: "Om, Om, Om", que embota la mente aún más. Repetir un mantra mecánicamente te quita la inteligencia; no te da inteligencia, es como una canción de cuna.

A lo largo de los siglos, las madres lo han sabido. Cuando un niño está inquieto y no quiere dormirse, la madre se acerca y le canta una nana. El niño se aburre y no puede escapar.

¿Adónde ir? La madre lo tiene en la cama. Así que la única forma de escapar es durmiendo. Así que se duerme; simplemente se rinde. Dice: "Es una tontería estar despierto ahora, porque ella está haciendo algo tan aburrido, sólo repite una línea".

Hay historias que las madres y las abuelas cuentan a los niños cuando no se duermen. Si investigas estas historias, encontrarás un cierto patrón de repetición constante.

Justo el otro día leía una historia que le contaba una abuela a un niño pequeño que no quiere dormirse, porque ahora mismo no TIENE GANAS DE DORMIR. Su inteligencia le dice que está perfectamente despierto, pero la abuela le obliga. Ella tiene otras cosas que hacer el niño no es importante.

Los niños están muy desconcertados: las cosas parecen muy absurdas. Cuando quieren dormir por la mañana, todo el mundo quiere despertarles. Cuando no quieren dormir, todo el mundo les obliga a dormir. Se quedan muy perplejos. ¿Qué les pasa a estas personas? Cuando viene el sueño, bien - eso es inteligencia. Cuando no viene, es perfectamente bueno estar despierto.

La anciana abuela cuenta un cuento. Al principio el niño sigue interesado, pero poco a poco... Cualquier niño inteligente se aburrirá, sólo un niño estúpido no se aburrirá.

La historia es:

Un hombre se va a dormir y sueña que está ante un gran palacio. Y en el palacio hay mil y una habitaciones. Va de una habitación a otra, mil habitaciones, y llega a la última. Y hay una cama preciosa, así que se tumba en la cama, se duerme y sueña... que está ante la puerta de un gran palacio que tiene mil y una habitaciones.

Así que entra en mil habitaciones, y llega a la milésima primera. De nuevo hay una hermosa cama, así que se va a dormir... y sueña que está ante un palacio...

¡Así se hace!

Ahora bien, ¿cuánto tiempo puede permanecer alerta el niño? Por puro aburrimiento, el niño se queda dormido. Está diciendo: "¡Ahora termina!

Un mantra hace lo mismo. Repites 'Ram, Ram', 'Om, Om, 'Allah, Allah' - o cualquier cosa. Sigue repitiendo, sigue repitiendo. Ahora estás haciendo dos trabajos: el de la abuela y el del niño. Tu inteligencia es como la del niño, y tu aprendizaje del mantra es como el de la abuela. El niño trata de detenerte, se interesa por otras cosas, piensa en cosas hermosas: mujeres hermosas, escenas hermosas, pero tú lo agarras con las manos en la masa y lo llevas de nuevo al "Om, Om, Om". Poco a poco, tu niño interior siente que es inútil luchar; el niño interior se duerme.

Sí, el mantra puede darte cierto sueño: es un sueño autohipnótico. No hay nada malo en ello si el sueño es difícil para ti - si sufres de insomnio, es bueno. Pero no tiene nada que ver con la espiritualidad; es una forma muy poco inteligente de meditar. Entonces, ¿cuál es la forma inteligente de meditar?

La forma inteligente es llevar la inteligencia a todo lo que haces. Caminar, caminar inteligentemente con conciencia; comer, comer inteligentemente con conciencia. ¿Recuerdas alguna vez haber comido inteligentemente?

¿Ha pensado alguna vez en lo que come? ¿Es nutritivo? ¿Tiene algún valor nutritivo? ¿O es sólo relleno sin ningún valor nutritivo?

¿Has observado alguna vez lo que haces? Sigues fumando... entonces se necesita inteligencia. ¿Qué estás haciendo? ¿Tomando el humo y tirándolo, y mientras tanto destruyendo tus pulmones? ¿Y qué estás haciendo realmente? Malgastando dinero, malgastando salud.

Aporta inteligencia mientras fumas, mientras comes. Trae inteligencia cuando vayas a hacer el amor con tu mujer o con tu hombre. ¿Qué estás haciendo? ¿Realmente tienes amor?

A veces haces el amor por costumbre. Entonces es feo, entonces es inmoral. El amor tiene que ser muy consciente, sólo entonces se convierte en oración.

Mientras haces el amor con tu mujer, ¿qué estás haciendo exactamente? ¿Usas el cuerpo de la mujer para arrojar algo de energía que se ha vuelto demasiado para ti? ¿O estás respetando, amando, reverenciando a la mujer?

Yo no lo veo. Los maridos no respetan a sus esposas, las usan. Las esposas usan a sus maridos, no los respetan. Si la reverencia no surge del amor, entonces falta inteligencia en alguna parte.

De lo contrario, te sentirás tremendamente agradecido al otro, y hacer el amor se convertirá en una gran meditación. Sea lo que sea lo que estés haciendo, introduce en ello la cualidad de la inteligencia. Hazlo inteligentemente:

eso es la meditación.

Y la afirmación de Saraha tiene un significado tremendo: La inteligencia es meditación.

La inteligencia tiene que extenderse por toda tu vida. No es cosa de un domingo. Y no puedes hacerlo durante veinte minutos y luego olvidarte de ello. La inteligencia tiene que ser como respirar. Lo que sea que estés haciendo -pequeño, grande, lo que sea, limpiar el suelo- puede hacerse de forma inteligente o no inteligente. Y sabes que cuando lo haces sin inteligencia no hay alegría: estás cumpliendo con un deber; llevándolo a cabo de alguna manera.

He oído una ilustración de cómo el amor puede reducirse al deber y destruirse.

Ocurrió en una clase de noveno curso de una escuela religiosa. La clase estaba estudiando el amor cristiano y lo que podría significar para ellas y sus vidas. Finalmente decidieron que el amor cristiano significaba "hacer algo amable por alguien que no te gusta".

Los niños son muy inteligentes. Su conclusión es perfectamente correcta. Escúchalo otra vez. Al final decidieron que el amor cristiano significaba "hacer algo amable por alguien que no te gusta".

El profesor les sugirió que durante la semana pusieran a prueba su concepto. Cuando volvieron a la semana siguiente, la profesora pidió informes. Una niña levantó la mano y dijo: "¡Yo he hecho algo!

El profesor respondió: "¡Maravilloso! ¿Qué has hecho?

Bueno", dijo la chica, "en mi clase de matemáticas del colegio hay un chico gordito...".

El profesor dijo: "¿Glunky...?".

Y la niña contestó: "Sí, ya sabes... glunky. Tiene cuatro cabezas, y es todo pulgares, y tiene tres pies izquierdos, y cuando viene por el pasillo en la escuela, todo el mundo dice "Aquí viene esa niña glunky otra vez". No tiene amigos, y nadie la invita a fiestas, y ya sabes, es simplemente rechoncha".

El profesor dijo: "Creo que sé a qué te refieres. ¿Qué has hecho?

'Bueno, esta niña gordita está en mi clase de matemáticas y lo está pasando mal. Yo soy bastante bueno en matemáticas, así que me ofrecí a ayudarla con los deberes'.

Maravilloso", dijo el profesor. "Entonces, ¿qué pasó?

Bueno, la ayudé, y fue divertido, y no pudo agradecérmelo lo suficiente, pero AHORA, ¡no puedo deshacerme de ella!

Si estás haciendo algo sólo como un deber -no amas, no lo amas y lo estás haciendo sólo como un deber- tarde o temprano quedarás atrapado en ello. Y tendrás dificultades para deshacerte de ello. Fíjate en las veinticuatro horas de tu día: ¿cuántas cosas haces que no te producen ningún placer, de las que no creces? De hecho, quieres deshacerte de ellas. Si estás haciendo demasiadas cosas en tu vida de las que realmente quieres deshacerte, estás viviendo de forma poco inteligente.

Una persona inteligente hará su vida de tal manera que tenga una poesía de espontaneidad, de amor, de alegría. Es TU vida, y si no eres lo suficientemente amable contigo mismo, ¿quién va a ser lo suficientemente amable contigo? Si la estás desperdiciando, no es responsabilidad de nadie más. Te enseño a ser responsable contigo mismo: ésa es tu primera responsabilidad. Todo lo demás viene después. Todo lo demás. ¡Incluso Dios viene después! Porque sólo puede venir cuando tú estás. Tú eres el centro de tu mundo, de tu existencia.

Por lo tanto, sé inteligente. Aporta la cualidad de la inteligencia. Y cuanto más inteligente te vuelvas, más capaz serás de traer más inteligencia a tu vida.

Cada momento puede volverse tan luminoso con inteligencia... Entonces no hay necesidad de ninguna religión, no hay necesidad de meditar, no hay necesidad de ir a la iglesia, no hay necesidad de ir a ningún templo, no hay necesidad de nada extra. La vida en su intrínseco es inteligente. Sólo tienes que vivir totalmente, armoniosamente, en la conciencia, y todo sigue maravillosamente. Una vida de celebración sigue a la luminosidad de la inteligencia.

Pregunta 2:

¿NO ES BUENO SERVIR A LA GENTE POR SENTIDO DEL DEBER?

Está relacionado.

No, en absoluto, es feo. Cuando haces algo sólo por deber, sin amor, te estás perjudicando a ti mismo y también perjudicas al otro. Porque si no lo haces por amor, sentirás que el otro tiene que estarte agradecido: sentirás que le has obligado. Esperarás un retorno; de hecho, harás una demanda, burda o sutil: "Ahora, haz algo por mí, yo he hecho tanto por ti".

Cuando haces algo por amor, lo haces sin pensar en nada a cambio. No es un trato: lo haces porque eres feliz haciéndolo; el otro no está obligado. No es que el amor no se devuelva, el amor se devuelve mil veces, pero sólo se devuelve amor, nunca deber.

De hecho, si estás cumpliendo con un deber hacia alguien, nunca será capaz de perdonarte. Lo puedes ver en los niños: nunca son capaces de perdonar a sus padres. Sus padres deben haber estado haciendo un gran deber. Es difícil perdonar a las personas que han estado cumpliendo con su deber.

Surge el respeto por las personas que te han querido, no por sentido del deber, sino por pura alegría.

¿Ves la diferencia? Una madre te quiere sólo porque siente amor por ti; que tú se lo devuelvas o no es irrelevante. No hay regateo en ello; no es un contrato, no es un negocio. Si no se lo devuelves, ella nunca lo mencionará, nunca pensará en ello. De hecho, ella ha alcanzado tanta alegría mientras te amaba, ¿qué más puede esperar?

Una madre siempre siente que no ha podido hacer todo lo que quería. Pero si la madre lo hace por deber, entonces siente que ha hecho demasiado y que tú la has traicionado, que no le devuelves su amor. Y te machacará constantemente en la cabeza que ha hecho esto y aquello, y que te ha llevado nueve meses en su vientre. Y te contará toda la historia una y otra vez. Eso no ayuda a crear amor; simplemente ayuda al divorcio. Los niños se enfadan muchísimo.

Sé de un niño pequeño. Yo estaba con la familia, y la madre trajo al niño delante de mí:

querían que le enseñara algo al chico porque era muy desagradecido.

Conocía muy bien a la familia, conocía al padre y a la madre, así que sabía por qué era desagradecido. Habían hecho todo lo que podían hacer, pero siempre sólo por sentido del deber.

Les dije: 'Vosotros sois los responsables, nunca habéis querido al niño. Se siente herido. Nunca le habéis permitido sentirse digno. Vuestro amor no es amor, es como una roca dura en el corazón del niño. Ahora está creciendo y es capaz de rebelarse contra ti, por eso se rebela. El niño me miró con tanta gratitud. Empezó a llorar. Dijo: "Cualquiera que venga a la familia, cualquier invitado, cualquier amigo, siempre me traen a la corte, todos tienen que enseñarme. Tú eres el primer hombre... Este es exactamente el caso. Esta gente me ha estado torturando, y mi madre sigue diciendo "Durante nueve meses te llevé en mi vientre". Y yo le digo "Pero yo no te lo había pedido. Eso no tenía nada que ver conmigo, era cosa tuya. Tú lo decidiste. ¿Por qué no abortaste? Yo no habría interferido. ¿Por qué te quedaste embarazada en primer lugar? Yo no lo había solicitado".

Y sabía que estaba enfadado, pero tenía razón.

Ahora usted pregunta: ¿NO ES BUENO SERVIR A LA GENTE POR SENTIDO DEL DEBER? No, de hecho, si sirves a la gente por sentido del deber te convertirás en sus torturadores: te volverás muy dominante sobre ellos. Es una forma de dominar. Es política.

Empieza masajeando sus pies, y pronto estarás en sus cuellos. Pronto los matarás. Y naturalmente, cuando empiezas a masajearles los pies, abren los pies. Dicen 'Perfectamente bien', y no saben lo que va a pasar. Todos los funcionarios, tarde o temprano, se convierten en políticos.

Esa es la forma correcta de empezar tu vida política: conviértete en un servidor público. Sirve a la gente por sentido del deber, y entonces, tarde o temprano, podrás saltar sobre sus cabezas; entonces podrás explotarlos. Entonces podréis aplastarles, y ellos ni siquiera podrán lanzar un grito, porque sois servidores públicos.

Para llegar a ser maestros de personas, el comienzo está en el servicio público.

Todo mi enfoque aquí es hacer que usted alerta a estas trampas. Son viajes, viajes del ego. En nombre de la humildad, la humildad, el servicio, estás haciendo un viaje del ego. Hazlo, pero sólo hazlo por amor, de lo contrario, no lo hagas. Por favor, no lo hagas. Es mejor que no hagas nada.

Podrás hacer, porque nadie puede permanecer deshaciendo continuamente. Se crea energía, y tienes que darla, pero darla por amor. Cuando das por amor, te sientes agradecido al otro porque ha aceptado tu amor, ha aceptado tu energía, ha compartido contigo, te ha desahogado.

Hazlo sólo cuando puedas sentirte agradecido a la persona por la que has hecho algo, no de otro modo.

Pregunta 3:

¿POR QUÉ LOS CELOS SIEMPRE SIGUEN AL AMOR COMO UNA SOMBRA?

Los celos no tienen nada que ver con el amor. De hecho, tu supuesto amor tampoco tiene nada que ver con el amor.

Son palabras hermosas que utilizas sin saber lo que significan, sin experimentar lo que significan. Sigues utilizando la palabra "amor". La utilizas tanto que olvidas que aún no la has experimentado. Ese es uno de los peligros de utilizar palabras tan bellas: Dios', 'amor', NIRVANA, 'oración', palabras hermosas. Sigues usándolas, sigues repitiéndolas y, poco a poco, la propia repetición te hace sentir como si lo supieras.

¿Qué sabes sobre el amor? Si sabes algo sobre el amor, no puedes hacer esta pregunta.

porque los celos nunca están presentes en el amor. Y allí donde hay celos, no hay amor.

Los celos no son parte del amor, los celos son parte de la posesividad. La posesividad no tiene nada que ver con el amor. Quieres poseer. A través de la posesión te sientes fuerte: tu territorio es más grande. Y si alguien intenta invadir tu territorio, te enfadas. O si alguien tiene una casa más grande que la tuya, sientes celos. O si alguien intenta despojarte de tu propiedad, estás celoso y enfadado.

Si amas, los celos son imposibles; no son posibles en absoluto.

He oído...

En el Yukón helado, dos tramperos se detuvieron en el último puesto de avanzada para aprovisionarse para el largo y oscuro invierno. Después de cargar sus trineos con harina, alimentos enlatados, queroseno, cerillas y munición, estaban listos para pasar seis meses en la selva.

Un momento, chicos", les dijo el tendero, "¿qué os parece si cogemos uno de estos?". Y les mostró un gran tablero curvado como un reloj de arena.

¿Qué pasa?", preguntó uno de los tramperos.

El tendero guiñó un ojo. Se llama tabla del amor. Puedes abrazarla cuando te sientas solo".

'¡Nos llevaremos dos!', exclamaron los hombres.

Seis meses después, uno de los tramperos, barbudo y demacrado, regresó.

¿Dónde está tu amigo?", preguntó el tendero.

Tuve que dispararle", murmuró el trampero. Le pillé jugando con mi tabla del amor".

Los celos no tienen nada que ver con el amor. Si amas a tu mujer, ¿cómo puedes estar celoso? Si amas a tu hombre, ¿cómo puedes estar celoso? Si tu mujer se ríe con otro, ¿cómo puedes estar celoso? Serás feliz: es tu mujer la que es feliz; su felicidad es tu felicidad. ¿Cómo puedes pensar en contra de su felicidad?

Pero mira, observa. Te has reído de esta historia, pero ocurre en todas partes, en todas las familias. La mujer incluso se pone celosa del periódico si el marido lo lee demasiado. Viene y se lo arrebata: se pone celosa. El periódico la sustituye. Mientras ella está presente, ¿cómo te atreves a leer el periódico? Es un insulto. Cuando ella está presente, tienes que estar totalmente poseído por ella, ni siquiera por un periódico... El periódico se convierte en un competidor.

Entonces, ¿qué decir de los seres humanos? Si la esposa está presente, y el marido empieza a hablar con otra mujer y parece un poco contento -lo cual es natural: la gente se cansa la una de la otra; cualquier cosa nueva y uno se emociona un poco-, ahora la esposa está enfadada. Puedes saber bien que si pasa una pareja y el hombre parece triste, entonces es el marido casado con esa mujer. Si parece feliz, no está casado con esa mujer. Ella no es SU esposa.

Una vez viajaba en un tren y había una mujer en el mismo compartimento. En cada estación entraba un hombre. A veces traía plátanos, a veces té, y helado, y esto y lo otro.

Le pregunté: "¿Quién es este hombre?".

Ella dijo 'Es mi marido'.

Dije: 'No puedo confiar en eso. No me lo puedo creer. ¿Cuánto tiempo lleváis casados?

Ella se turbó un poco. Me dijo: "Ahora que insistes, no estamos casados. Pero, ¿cómo te has enterado?

Nunca he visto a ningún marido llegar a todas las estaciones. Una vez que el marido se deshace de la mujer, llega a la última estación con la esperanza de que ella haya abandonado en algún punto intermedio.

Cada estación trayendo cosas... esto y aquello... y saliendo corriendo una y otra vez de su compartimento...".

Ella dijo 'Tienes razón, no es mi marido. Es el amigo de mi marido'.

Así es, entonces no hay problema.

No estás realmente enamorado de tu mujer, ni de tu hombre, ni de tu amigo. Si estás enamorado, su felicidad es tu felicidad. Si estás enamorado, no crearás posesividad.

El amor es capaz de dar libertad total. SÓLO el amor es capaz de dar libertad total. Y si la libertad no se da, entonces es otra cosa, no amor. Es un cierto tipo de viaje egoísta.

Tienes una mujer hermosa. Quieres mostrar a todo el mundo, por toda la ciudad, que tienes una mujer hermosa, igual que una posesión. Igual que cuando tienes un coche y te gusta tu coche, quieres que todo el mundo sepa que nadie tiene un coche tan bonito. Lo mismo ocurre con tu mujer. Traes diamantes para ella, pero no por amor. Ella es un adorno para tu ego. La llevas de un club a otro, pero ella tiene que permanecer aferrada a ti y seguir demostrando que te pertenece. Cualquier infracción de tu derecho y te enfadas - puedes matar a la mujer... a la que crees amar.

Hay un gran ego trabajando en todas partes. Queremos que las personas sean como cosas. Las poseemos como cosas, reducimos a las personas a cosas. Lo mismo ocurre con las cosas.

He oído...

Un rabino y un cura eran vecinos, y entre ellos había cierta "aguja". Si los Cohen arreglaban su camino, el padre O'Flynn arreglaba el suyo, y así sucesivamente.

Un día el cura tenía un Jaguar nuevo, así que el rabino compró un Bentley. Cuando el rabino miró por la ventanilla, vio al cura echando agua por encima del capó del coche. Abrió la ventanilla y gritó: "Así no se llena el radiador".

Ajá", dijo el cura, "lo bautizo con agua bendita, eso es más de lo que tú puedes hacer con el tuyo".

Poco después, el sacerdote se sorprendió al ver al rabino tirado en la carretera, sierra en mano, serrando el último centímetro del tubo de escape de su coche.

Esa es la mente - continuamente en competencia. Ahora está haciendo la circuncisión; tiene que hacer algo. Así es como vivimos: el camino del ego. El ego no conoce el amor, no conoce la amistad, no conoce la compasión. El ego es agresión, violencia.

Y tú preguntas: ¿POR QUÉ LA JEALOGÍA SIEMPRE SIGUE AL AMOR COMO UNA SOMBRA?

Nunca.

El amor no hace sombra. El amor es tan transparente que no hace sombra. El amor no es algo sólido, es transparencia. No se crea ninguna sombra a partir del amor. El amor es el único fenómeno en la tierra que no crea ninguna sombra.

Pregunta 4:

¿QUÉ ES LA REPRESIÓN?

La represión es vivir una vida que no estás destinado a vivir.

Represión es hacer cosas que nunca has querido hacer.

Represión es ser el que no eres:

La represión es una forma de autodestruirse.

La represión es un suicidio, muy lento, por supuesto, pero un envenenamiento muy cierto y lento.

La expresión es vida; la represión, suicidio.

Este es el mensaje del Tantra: No vivas una vida reprimida, de lo contrario no vivirás en absoluto. Vive una vida de expresión, creatividad y alegría. Vive como Dios quiere que vivas; vive de forma natural. Y no tengas miedo de los curas. Escucha tus instintos, escucha tu cuerpo, escucha tu corazón, escucha tu inteligencia. Depende de ti mismo, ve adonde te lleve tu espontaneidad, y nunca estarás perdido. Y yendo espontáneamente con tu vida natural, un día seguro que llegas a las puertas de lo divino.

Tu naturaleza es Dios dentro de ti. La atracción de esa naturaleza es la atracción de Dios dentro de ti. No escuches a los envenenadores, escucha la atracción de la naturaleza. Sí, la naturaleza no es suficiente - también hay una naturaleza superior - pero la superior viene a través de la inferior. El loto crece del barro. A través del cuerpo crece el alma. A través del sexo crece SAMADHI.

Recuerda, a través de la comida crece la conciencia. En Oriente hemos dicho: ANNAM BRAHM: la comida es Dios. ¿Qué tipo de afirmación es ésta de que la comida es Dios? Dios crece del alimento: lo más bajo está unido a lo más alto, lo más superficial está unido a lo más profundo.

Ahora los sacerdotes te han estado enseñando a reprimir lo inferior. Y son muy lógicos. Sólo que han olvidado una cosa - que Dios es ilógico. Ellos son muy lógicos y eso te atrae. Por eso los has escuchado a lo largo de los siglos y los has seguido. Apela a la razón que si quieres alcanzar lo más alto, no escuches lo más bajo - parece lógico. Si quieres llegar a lo más alto, entonces no puedes llegar a lo más bajo; entonces no llegues a lo más bajo, llega a lo más alto - es muy racional. El único problema es que Dios no es racional.

El otro día Dhruva estaba hablando conmigo. En su grupo Sahaj, a veces llega un momento en que todo el grupo se queda en silencio, de la nada, de la nada. Y esos momentos de silencio son de una belleza tremenda. Y decía: "Esos momentos son tan misteriosos. No los gestionamos, no pensamos en ellos, simplemente llegan a veces. Pero cuando llegan, todo el grupo siente inmediatamente la presencia de algo divino, de algo superior, algo más grande que todos los demás. Y todo el mundo se da cuenta INMEDIATAMENTE de que hay algo presente, algo misterioso. Y todo el mundo se calla en esos momentos".

Su mente lógica pensó: "Estaría bien si pudiera hacer todo el grupo en silencio". Debió de empezar a pensar: "Si esos pocos momentos -pocos y distantes entre sí- son tan hermosos, ¿por qué no hacer todo el grupo en silencio? Le dije: "Eso es lógico, y Dios no es lógico. Si permaneces en silencio, esos momentos no volverán a repetirse".

Hay una polaridad en la vida. Todo el día trabajas duro, cortas leña, y por la noche duermes profundamente. Ahora lo lógico es - puedes pensar lógicamente, es matemático - a la mañana siguiente puedes pensar 'Todo el día trabajé tanto y estaba cansado, aún así pude llegar a un sueño tan profundo. Si practico el descanso durante todo el día, tendré un sueño aún más profundo'. Así que al día siguiente simplemente te tumbas en tu sillón de descanso: practicas el descanso. ¿Crees que vas a dormir bien? Perderás incluso el sueño ordinario. Así es como los ricos sufren de insomnio.

Dios no es lógico. Dios da sueño a los mendigos que han estado trabajando todo el día, moviéndose de un lugar a otro en el caluroso verano, mendigando. Dios da sueño a los obreros, a los canteros, a los leñadores. Llevan todo el día cansados. De ese cansancio, caen en un sueño profundo.

Esta es la polaridad. Cuanto más agotado estés energéticamente, mayor será tu necesidad de dormir, porque sólo puedes obtener más energía del sueño profundo. Si agotas tu energía, creas una situación en la que caerás en el sueño profundo. Dios tiene que darte el sueño profundo. Si no trabajas en absoluto, entonces no hay necesidad. No has utilizado ni siquiera la energía que se te dio, así que ¿qué sentido tiene darte más? La energía se da a aquellos que la utilizan.

Ahora Dhruva es lógico. El piensa 'Si hacemos todo el grupo en silencio...' Pero, incluso esos pocos momentos se perderán. y todo el grupo se volverá muy, muy parlanchín por dentro. Por supuesto, desde fuera permanecerán en silencio, pero sus mentes se volverán locas por dentro. En este momento están trabajando duro, están expresando sus emociones, haciendo catarsis, sacando todo a relucir, echando todo fuera; se agotan. Llegan unos momentos en los que están tan agotados que no tienen nada más que soltar. En ese momento, de repente, hay un contacto; se hace el silencio.

Fuera del trabajo está el descanso. De la expresión nace el silencio. Así es como trabaja Dios. Sus caminos son muy irracionales.

Ahora bien, si realmente quieres estar seguro, tendrás que vivir una vida de inseguridad. Si realmente quieres estar vivo, tendrás que estar preparado para morir en cualquier momento. Esta es la ilógica de Dios. Si realmente quieres ser auténticamente verdadero, tendrás que arriesgar. La represión es una forma de evitar el riesgo. Por ejemplo, te han enseñado a no enfadarte nunca, y piensas que una persona que nunca se enfada está obligada a ser muy cariñosa. Se equivoca. Una persona que nunca se enfada tampoco puede amar. Van juntos, vienen en el mismo paquete.

Un hombre que ama de verdad a veces se enfada mucho. Pero su enfado es hermoso: es por amor. Su energía es ardiente, y no te sentirás herida por su enfado. De hecho, te sentirás agradecida de que se haya enfadado. ¿Lo has visto? Si amas a alguien y haces algo, y la persona está REALMENTE enfadada, francamente enfadada, te sientes agradecido porque te amó tanto que puede permitirse enfadarse. Si no, ¿por qué? Cuando no quieres permitirte la ira, sigues siendo educado. Cuando no quieres permitirte nada -no quieres correr ningún riesgo- sigues sonriendo. No importa.

Si tu hijo va a saltar al abismo, ¿vas a permanecer impasible? ¿No gritarás? ¿No serás un hervidero de energía? ¿Seguirás sonriendo? No es posible.

Hay una historia:

Sucedió una vez en la corte de Salomón que dos mujeres llegaron peleándose por un niño. Ambas reclamaban que el niño les pertenecía. Era muy difícil. ¿Cómo decidir? El niño era tan pequeño que no podía decir nada.

Salomón miró y dijo: "Una cosa haré: partiré al niño en dos y lo dividiré".

Es la única manera posible. Tengo que ser justo y equitativo. No hay ninguna prueba de que el niño pertenezca a A o a B. Así que yo, como rey, he decidido: partir al niño en dos y dar mitad y mitad.

La mujer que sostenía al niño seguía sonriendo, estaba contenta. Pero la otra mujer se puso furiosa, ¡como si fuera a matar al rey! ¿Qué estás diciendo? ¿Te has vuelto loca? Estaba furiosa. Ya no era una mujer corriente: era la ira encarnada, ¡era fuego! Y la mujer dijo: "Si esto es justicia, renuncio a mi reclamación. Que el niño se quede con la otra mujer. El niño es de ella, ¡no es mío! Enfadada, pero con lágrimas en los ojos.

Y el rey dijo: 'El niño te pertenece. Tómalo tú. La otra mujer es falsa, falsa'.

No podía permitirse nada... ¡y estaban matando al niño! De hecho, siguió sonriendo. No le importaba.

Cuando amas, puedes enfadarte. Cuando amas puedes permitírtelo. Si te amas a ti mismo -y eso es imprescindible en la vida, de lo contrario te perderás la vida- nunca serás represivo, serás expresivo con todo lo que te dé la vida. La expresarás: sus alegrías, sus tristezas, sus picos, sus bajos, sus días, sus noches.

Pero os han educado para ser falsos, os han educado para ser hipócritas. Cuando os enfadáis, seguís sonriendo con una sonrisa pintada. Cuando sientes rabia, reprimes la rabia. Cuando sientes sexualidad, la reprimes y sigues cantando tu mantra. Nunca eres fiel a lo que hay dentro de ti.

Sucedió...

Joe y su hija pequeña, Midge, fueron de excursión a un parque de atracciones. Por el camino pararon a comer algo grande. En el parque llegaron a un puesto de perritos calientes, y Midge explicó: "Papá, quiero...". Joe la interrumpió y la atiborró de palomitas.

Cuando llegaron al vendedor de helados, la pequeña Midge volvió a gritar: "Papá, quiero...". Joe volvió a detenerla, pero esta vez le dijo: "¡Quieres, quieres! Ya sé lo que quieres: ¿helado?

"No, papá", suplicó, "quiero vomitar".

Eso es lo que ella quería desde el principio. Pero, ¿quién escucha?

La represión es no escuchar a tu naturaleza. La represión es un truco para destruirte.

Doce skin-heads, bubbleboys, entran en un pub con sus chaquetas Levi puestas y todo su equipo.

Se acercan al casero y le dicen: "Trece pintas de bitter, por favor".

'Pero sólo sois doce'.

'Mira, queremos trece pintas de amargo.'

Así que les da la cerveza y todos se sientan. El líder de los cabezas rapadas se acerca a él y le dice: "Aquí tienes, papá, una pinta de cerveza para ti".

El pequeño le dice: 'Gracias, gracias, eres generoso, hijo'.

'Está bien, no nos importa ayudar a los lisiados.'

'Pero no soy un lisiado.'

'Lo serás si no compras la siguiente ronda.'

Eso es la represión: un truco para paralizarte. Es un truco para destruirte, es un truco para debilitarte. Es un truco para ponerte contra ti mismo. Es una forma de crear conflicto dentro de ti, y siempre que un hombre está en conflicto consigo mismo, por supuesto que es muy débil.

La sociedad ha jugado un gran juego: ha puesto a cada uno contra sí mismo. Así que estás continuamente luchando dentro de ti mismo. No tienes energía para hacer otra cosa. ¿No puedes observar lo que ocurre en ti? Luchando continuamente. La sociedad te ha dividido en una persona escindida: te ha vuelto esquizofrénico y te ha confundido. Te has convertido en madera a la deriva. No sabes quién eres, no sabes adónde vas, no sabes qué haces aquí. En primer lugar, no sabes por qué estás aquí. Realmente te ha confundido.

Y de esta confusión nacen los grandes líderes: Adolf Hitler, Mao Tse-tung, Josef Stalin. Y de esta confusión surge el Papa Vaticano, y de esta confusión surgen mil y una cosas.

Pero TÚ estás destruido.

Tantra dice: Sé expresivo. Pero recuerda, expresión no significa irresponsabilidad. El Tantra dice:

Exprésate con inteligencia y no le harás daño a nadie. Un hombre que no puede dañarse a sí mismo nunca dañará a nadie. Y un hombre que se hace daño a sí mismo es un hombre peligroso en cierto modo. Si ni siquiera está enamorado de sí mismo, es peligroso; puede hacer daño a cualquiera. De hecho, hará daño.

Cuando estás triste, cuando estás deprimido, crearás otras personas a tu alrededor que estén tristes y deprimidas. Cuando eres feliz, te gustaría crear una sociedad feliz, porque la felicidad sólo puede existir en un mundo feliz. Si vives alegremente, te gustaría que todo el mundo estuviera alegre, esa es la verdadera religión. A partir de tu propia alegría, bendices toda la existencia.

Pero la represión te hace falso. No es por la represión que se destruyen la ira, el sexo, la codicia, no.

Están ahí, sólo cambian las etiquetas. Entran en el inconsciente y empiezan a trabajar desde ahí: se vuelven clandestinos. Y, por supuesto, cuando están bajo tierra, son más poderosos.

Todo el movimiento psicoanalítico intenta sacar a la superficie lo que está bajo tierra. Una vez que se vuelve consciente, puedes liberarte de ello.

Un francés estaba en Inglaterra y un amigo le preguntó cómo le iba. Dijo que le iba muy bien, excepto por una cosa. 'Cuando voy a una fiesta, la anfitriona, no me dice dónde está el "pissoir"...'

Ah, Georges, ¿quieres decir que no te dice dónde está el baño? Esa es nuestra mojigatería inglesa.

En realidad, ella dirá "¿Quieres lavarte las manos?" y eso significa lo mismo'.

El francés tomó nota mental de ello, y la siguiente vez que fue a una fiesta, con la anfitriona esperándole, los invitados que estaban alrededor oyeron: "Buenas noches, Sr. Du Pont, ¿quiere lavarse las manos?".

'No, gracias, Madame, acabo de lavarlos contra el árbol del jardín delantero'.

Eso es lo que pasa; sólo cambian los nombres. Te confundes, no sabes qué es qué.

Todo está ahí, sólo cambian las etiquetas, y eso crea una especie de humanidad demencial.

Tus padres, tu sociedad te han destruido, tú estás destruyendo a tus hijos. Esto es un círculo vicioso. Alguien tiene que salir del círculo vicioso.

Si me entiendes bien, entonces mi sannyas es un esfuerzo para sacarte del círculo vicioso.

No te enfades con tus padres: no podían hacerlo mejor de lo que lo han hecho. Pero ahora sed más conscientes y no hagáis lo mismo con vuestros hijos. Haz que sean más expresivos, enséñales más expresión. Ayudadles a ser más auténticos, a sacar lo que llevan dentro. Y estarán tremendamente agradecidos para siempre, porque no habrá conflicto en su interior. Estarán en una sola pieza; no estarán en fragmentos. Y nunca estarán confundidos, siempre sabrán lo que quieren.

Y cuando sabes exactamente lo que quieres, puedes trabajar para conseguirlo. Cuando no sabes lo que realmente quieres, ¿cómo puedes trabajar por ello? Entonces cualquiera que se apodere de ti, cualquiera que te dé alguna idea... y empiezas a seguirle. Viene cualquier líder - cualquiera puede convencerte argumentativamente, y empiezas a seguirle. Has seguido a mucha gente, y todos te han destruido.

Sigue tu naturaleza.

Cada generación destruye a la otra. A menos que alguien se vuelva muy alerta, consciente, la destrucción está destinada a suceder.

Pregunta 5:

MAESTRO, ¿POR QUÉ ME CASÉ CON UNA MUJER QUE ME ODIA? YO TAMBIÉN LA ODIO

¿Cómo voy a saber por qué te casaste con una mujer que TÚ odias y que te odia? Tal vez -esto es sólo una suposición- os casasteis porque os odiáis.

Hay dos tipos de matrimonios: los matrimonios por amor y los matrimonios por odio. Los matrimonios por amor son muy raros; de hecho, no se dan. Los llamados matrimonios son matrimonios de odio. Al menos en el caso de las mujeres es muy cierto. Si quieren torturarte, se casarán contigo, porque no hay manera más segura de torturarte: es la mejor manera.

He oído...

Mulla Nasruddin se había metido en una situación muy incómoda. Había estado saliendo con no menos de tres mujeres al mismo tiempo, prometiéndole a cada una que se casaría con ella. Últimamente, le presionaban para que cumpliera su promesa. Sin saber qué hacer, consultó a su abogado.

Le sugiero -dijo el abogado- que me permita notificar a todos los periódicos que usted se ha suicidado.

Después, haremos un simulacro de funeral. Eso debería resolver tus problemas".

Entraron en acción inmediatamente. Mientras el abogado telefoneaba a los periódicos, Mulla hacía las gestiones necesarias con la funeraria.

Fue un funeral impresionante. A su debido tiempo, todos se alinearon solemnemente alrededor del ataúd para dar el último adiós al difunto. Y entonces entraron sus tres amigas.

Pobre Nasruddin", suspiró la primera chica mientras contemplaba el cadáver. Era un canalla, pero le echaré de menos'.

'Adiós, Nasruddin' lloró la segunda chica 'qué pena que las cosas no salieran mejor'.

Pero la tercera chica estaba furiosa. '¡Sucia rata! - Morirte sobre mí después de haberme prometido que nos casaríamos. ¡Por eso te voy a disparar yo misma aunque estés muerta! ¡Al menos tendré esa satisfacción!'

Entonces sacó un revólver de su bolso y lo apuntó a la figura tendida. ¡Alto! No te pongas así", gritó el cadáver incorporándose. Me casaré contigo".

No sé por qué te casaste con una mujer que te odia y a la que tú odias. Pero ten cuidado.

Debes de estar metido en un buen lío, pero todo el mundo lo está, así que no te preocupes: es la condición natural y habitual de la humanidad.

Todo el mundo está hecho un lío. Nadie sabe por qué uno va a hacer una cosa determinada. A veces te casas con una mujer porque su cara es atractiva. Pero, ¿qué tiene que ver el matrimonio con la cara?

Al cabo de dos o tres días, la luna de miel habrá terminado y no volverás a mirar a la cara. Y nunca te casaste con la mujer real: sólo te casaste con una cara, con cierta figura, y la figura no tiene nada que ver.

O tal vez te gustó la voz de la mujer, la voz cantarina, y te casaste. La gente se casa por tonterías. Ahora la voz cantarina no tiene nada que ver: la voz cantarina no te preparará la comida, no te hará la cama. Al cabo de unos días, olvidarás la voz. La realidad con la que tendrás que vivir no tiene nada que ver con estas cosas.

Cierta mujer tiene cierta figura, cierta curva, pero ¿qué tiene que ver una curva con la vida? Cierta mujer tiene cierta forma de caminar y te atrae. Pero, ¿puedes malgastar tu vida, tu vida de casado, en esas cosas de película? No es posible.

La vida necesita planteamientos más realistas, fundamentos más realistas.

Pero sigues haciendo cosas superficiales como esta. La razón es que no eres consciente. No es sólo una cuestión de matrimonio, es una cuestión de toda tu vida. Eso es lo que sigues haciendo. Sigues haciendo cosas en el momento, sin ver en profundidad que la vida necesita más conciencia, más responsabilidad, más comprensión, más inteligencia.

Empieza a ser más inteligente, y cada vez tendrás menos problemas. Sé más vigilante, conviértete en testigo.

No-Mente es la Puerta

UNA VEZ EN EL REINO QUE ESTÁ LLENO DE ALEGRÍA LA MENTE QUE VE SE ENRIQUECE Y POR LO TANTO PARA ESTO Y AQUELLO ES MÁS ÚTIL; INCLUSO CUANDO CORRE TRAS LOS OBJETOS NO ESTÁ ALIENADA DE SÍ MISMA.

CRECEN LOS BROTES DE LA ALEGRÍA Y EL PLACER Y LAS HOJAS DE LA GLORIA.

SI NADA FLUYE A NINGUNA PARTE LA DICHA INDECIBLE FRUCTIFICARÁ.

LO QUE SE HA HECHO Y DÓNDE Y EN QUÉ SE CONVERTIRÁ EN SÍ MISMO NO ES NADA:

SIN EMBARGO, HA SIDO ÚTIL PARA ESTO Y AQUELLO.

APASIONADO O NO EL PATRÓN ES LA NADA.

SI SOY COMO UN CERDO QUE CODICIA EL FANGO MUNDANO DEBES DECIRME QUE DEFECTO TIENE UNA MENTE INOXIDABLE.

POR LO QUE NO LE AFECTA A UNO ¿CÓMO PUEDE AHORA ESTAR ENCADENADO?

Hay dos maneras de acercarse a la realidad: la del intelecto y la de la inteligencia.

El camino del intelecto es teorizar sobre ello, es pensar sobre ello, es especular sobre ello. Y toda especulación carece de sentido, porque ¿cómo puedes especular sobre lo que no conoces? ¿Cómo puedes siquiera pensar en lo que no conoces?

Lo desconocido no se puede pensar, no hay forma de pensar en lo desconocido. Todo lo que sigues pensando es lo conocido que se repite en tu mente. Sí, puedes crear nuevas combinaciones de viejos pensamientos, pero sólo haciendo nuevas combinaciones, no vas a descubrir lo real. Te estarás engañando.

El intelecto es el mayor engañador del mundo. A través del intelecto el hombre se ha engañado a sí mismo a lo largo de los tiempos. A través del intelecto tú EXPLICAS la realidad, no la explicas. A través del intelecto creas tal polvo a tu alrededor, que no puedes ver la realidad en absoluto, y estás aislado de lo existencial. Estas perdido en tus escrituras - ningun hombre se ha perdido en ningun otro lugar. Es en la jungla de las escrituras donde los hombres se pierden.

El Tantra es el camino de la inteligencia, no del intelecto. No responde a ninguna pregunta, no explica nada en absoluto; no es explicativo. No es un cuestionamiento, es una búsqueda. No es una indagación SOBRE la verdad, es una indagación EN la verdad. Penetra en la realidad. Intenta destruir todas las nubes que te rodean para que puedas ver la realidad tal y como es.

Tantra es ir más allá del pensamiento. Por eso el amor ha sido tan alabado por los TANTRIKAS.

Por eso el orgasmo amoroso se ha convertido en un símbolo de la realidad última. La razón es que sólo en el orgasmo amoroso se pierde la mente durante unos instantes. Ese es el único estado de no-mente que está disponible para el hombre ordinario. Es la única posibilidad de vislumbrar la realidad.

De ahí que el orgasmo sexual se haya convertido en algo tremendamente importante en el camino del Tantra. No es que te dé la realidad última, pero al menos te da la oportunidad de mirar más allá de la mente. Te da una pequeña ventana muy momentánea, no permanece mucho tiempo pero aún así es la única posibilidad para que tengas algún contacto con la realidad. De lo contrario, siempre estás rodeado de tus pensamientos, y los pensamientos no explican nada. Todas las explicaciones son simplemente tonterías.

Ahora me gustaría contarte un chiste. Sabes, no cuento muchos...

El chiste tiene que ver con un tipo parado en la esquina, un tipo de color. Está de pie en la esquina, levanta la vista y dice: "¡Señor! Dice: "¡Señor! ¿Por qué me hiciste tan oscuro?

Y el Señor piensa, y el Señor cavila, y el Señor trata de filosofar - se necesita alguna respuesta y el Señor dice 'Hijo mío...' Y se equivoca desde el principio, sabe que no es así.

Me dice: 'Hijo mío, la razón por la que te hice tan oscuro es para que cuando corras por la selva, el sol no te dé insolación'.

Él dice 'Sí. Sí, voy por eso'. Dice '¡Señor! ¿Por qué me hiciste el pelo tan áspero?

Dijo: 'Bueno, la razón por la que hice eso, hijo mío, es para que cuando corras por la selva en busca de la bestia salvaje y el búfalo de agua y el león, tu pelo no se enrede en las zarzas'.

Dijo 'Sí, sí.' Dijo '¡Señor! ¿Por qué hiciste mis piernas tan largas?

La razón por la que hice tus piernas largas, hijo mío, es para que cuando corras por la jungla en busca de la bestia salvaje, el rinoceronte, el toro y el elefante, corras muy rápido. ¿Tienes más preguntas?

Dijo: "¡Sí, Señor! ¿Qué demonios estoy haciendo aquí en Poona?'

Ninguna explicación sirve de nada, ninguna explicación explica nada. Ahora el Señor Dios debe haber estado perdido.

La realidad del hombre es un misterio. No hay respuesta que pueda responderla, porque en primer lugar no es una pregunta. Es un misterio que hay que vivir, no un problema que hay que resolver. Y recuerda la distinción entre un problema y un misterio: un misterio es existencial, un problema es intelectual. El misterio no lo crea la mente, por lo que la mente tampoco puede resolverlo. El problema lo crea la mente en primer lugar para que la mente pueda resolverlo. El problema es creado por la mente para que la mente pueda resolverlo - no hay problema en ello. Pero el misterio de la vida -este misterio existencial que te rodea, estos árboles, estas estrellas, estos pájaros, la gente, TÚ mismo- ¿cómo puedes resolverlos a través de la mente?

La mente es una llegada muy, muy reciente. La existencia ha vivido sin la mente durante mucho, mucho tiempo. La mente es sólo una adición; acaba de ocurrir. Los científicos dicen que si dividimos la historia humana en veinticuatro horas, en un día, entonces la mente llegó hace sólo dos segundos... ¡hace sólo dos segundos! Si esta va a ser la medida veinticuatro horas, toda la historia - entonces la mente entró hace sólo dos segundos. ¿Cómo puede resolverlo? ¿Qué puede resolver? No ha conocido el principio, no ha conocido el final; acaba de llegar a la mitad. No tiene perspectiva.

Si uno realmente quiere saber qué es lo desconocido, tiene que abandonar la mente, desaparecer en la existencia. Ese es el camino del Tantra.

El Tantra no es una filosofía. El Tantra es absolutamente existencial. Y recuerda, cuando digo que el Tantra es existencial, no me refiero al existencialismo de Sartre, Camus, Marcel y otros. Ese existencialismo es de nuevo una filosofía, una filosofía de la existencia, pero no a la manera del Tantra. Y la diferencia es enorme.

Los filósofos existenciales de Occidente sólo se han topado con lo negativo: angustia, ANGUSTIA, depresión, tristeza, ansiedad, desesperanza, falta de sentido, falta de propósito... todo lo negativo. El Tantra ha tropezado con todo lo que es bello, alegre, dichoso. El Tantra dice: La existencia es un orgasmo, un orgasmo eterno que sigue y sigue y sigue. Es siempre y para siempre un orgasmo, un éxtasis.

Deben moverse en direcciones diferentes. Sartre sigue PENSANDO EN la existencia. El Tantra dice: Pensar no es la puerta; no lleva a ninguna parte, es un callejón sin salida. Sólo te lleva a un callejón sin salida.

La filosofía es genial si sólo estás haciendo el tonto. Entonces la filosofía es genial: puedes hacer montañas de un grano de arena y puedes disfrutar del viaje.

El otro día leía un artículo muy, muy filosófico. Medita sobre ello.

Me ha ocurrido una cosa muy curiosa. Y te lo voy a contar con la posibilidad de que a ti también te haya ocurrido alguna vez y, al oírme, manejes mejor la situación cuando te vuelva a ocurrir.

Ayer estaba en un restaurante y pedí algo de comer. Estaba con un pequeño grupo de personas alrededor de esta mesa almorzando un poco. No eran... Ya sabes, seis, siete personas alrededor de esta mesa... No sé, ocho personas... nueve... unas cuarenta personas almorzando. Un pequeño grupo de gente.

Con mi almuerzo, pedí un vaso de leche. Ahora me gusta la leche. Ya sabes lo que pienso de la leche de mantequilla.

Pero leche me gusta. Leche que adoro. Me gusta la leche FRESCA y FRÍA. Si está tibia... ¡qué asco! Si puedo saborearla, no me gusta.

En fin, llegó la leche. Y estaba a punto de bebérmela cuando me di cuenta de que flotando en la parte superior de la leche había una pequeñísima mota negra. Y estoy aquí para deciros que nada en este mundo importaba más que esa pequeña mancha negra. Se convirtió en lo más importante de mi vida durante los minutos siguientes. En primer lugar, no iba a dejar que esa maldita cosa cayera dentro de mí, ¡te lo aseguro! Ya sabes, ¿quién sabe hoy en día lo que era? Podría haber sido un trozo sólido de Estroncio 90, ya sabes. O tal vez una gran colonia de tifus. De todos modos, no quería tragármelo.

Ahora, he visto manchas negras antes - soy un hombre sofisticado - he vivido. Y estoy seguro de que tú también las has visto. Se pueden ver en cualquier sitio. Sin embargo, creo que se ven sobre todo en los azucareros. De vez en cuando se ve uno merodeando en un tazón de farina. La harina de avena está CARGADA de motas negras. Creo que la avena está llena de motas negras. Pero eso no viene al caso.

Lo que me molestaba de esta mancha negra era que no sabía de dónde venía, eso era lo que me molestaba. Yo sabía de dónde venía la LECHE. Y eso también me molestaba, ya sabes.

Pero al menos sabía de dónde venía. Así que decidí sacar la mancha negra de la leche.

¿Sabes lo difícil que es hacer eso? ¡Esas motas negras son muy listas! Pueden oler una cuchara a una milla de distancia. En cuanto coges la cuchara empiezan a correr alrededor del vaso, ¿no? Las levantas y saltan. Las levantas y saltan. ¡Y tienes que tener mucho cuidado o se espabilan y se tiran al fondo! Y tienes que quedarte ahí sentado como un tonto esperando a que vuelvan a flotar.

Hay una cosa que puedes hacer... Si coges la punta de tu dedo y tocas la mota, muy suavemente, se pegará a tu dedo junto con una gran mancha de leche - y la tendrás fuera. Pero ya sabes, cuando estás con un grupo de gente, no quieres meter el dedo en la leche. ¿Sabes?

Seguro que algún listillo dirá '¡Oye! ¿Cómo es que te estás metiendo el dedo en la leche?".

¿Qué vas a decir? 'Estoy tratando de sacar una mancha negra'. ¿Entiendes? No tienes respuesta.

Ahora puedes hacer otra cosa. Puedes beber la leche con mucho cuidado, ¡manteniendo la vista en la mota todo el tiempo! En el momento en que empiece a moverse hacia ti, ¡lo dejas! ¡Engañas al diablillo! Pero eso sólo es posible si la mota está en el otro lado del vaso. En este caso estaba cerca de mí esperando.

¿Y qué haces? Giras el vaso...

¡Y la maldita cosa se queda ahí!

Bueno, te voy a contar lo que hice, para que cuando te pase a ti, puedas manejar la situación de manera similar.

Me levanté y me fui al otro lado de la mesa... ¡y me lo bebí allí!

¡Ni siquiera lo sabía!

La filosofía es crear montañas de un grano de arena. Se puede seguir y seguir, no tiene fin. Durante al menos cinco mil años el hombre ha estado filosofando sobre todas y cada una de las cosas: sobre el principio, sobre el final, sobre el medio de todas y cada una de las cosas. Y no se ha resuelto ni una sola cuestión. Ni una sola cuestión, ni la más pequeña, ha sido resuelta o disuelta. La filosofía ha demostrado ser el más inútil de los esfuerzos. Pero aún así el hombre continúa, sabiendo perfectamente que nunca aporta nada. ¿Por qué? Sigue prometiendo, pero nunca entrega nada. Entonces, ¿por qué el hombre continúa con este esfuerzo?

Es barato. No requiere ninguna implicación, no es un compromiso. Puedes sentarte en tu silla y seguir pensando. Es un sueño. No requiere que cambies para ver la realidad.

Ahí es donde se necesita coraje; coraje aventurero. Para conocer la verdad, te estás adentrando en la mayor aventura que existe... Puede que te pierdas, ¿quién sabe'? Puede que nunca regreses, ¿quién sabe? O puedes volver completamente cambiado, y ¿quién sabe si será para bien o no?

El viaje es desconocido, el viaje es tan desconocido que ni siquiera puedes planificarlo. Tienes que lanzarte a él. Con los ojos vendados, hay que lanzarse a él, en la noche oscura, sin mapa, sin saber adónde se va, sin saber a qué se va. Sólo unos pocos temerarios se adentran en esta búsqueda existencial.

Así pues, el Tantra sólo ha atraído a muy pocas personas, pero ésas eran la sal de la tierra; Saraha es una de ellas.

Ahora los sutras.

Estos son los cuatro últimos sutras de la Canción Real de Saraha.

UNA VEZ EN EL REINO QUE ESTÁ LLENO DE ALEGRÍA LA MENTE QUE VE SE ENRIQUECE Y POR LO TANTO PARA ESTO Y AQUELLO ES MÁS ÚTIL; INCLUSO CUANDO CORRE TRAS LOS OBJETOS NO ESTÁ ALIENADA DE SÍ MISMA.

El rey debió contarle a Saraha lo que la gente decía de él. Decían de él que se entregaba a los sentidos, que se entregaba a los placeres. Ya no era un sannyasin, su renuncia era falsa, había caído.

Había pedido permiso al rey para convertirse en monje budista, y SE HABÍA convertido en monje budista. Había vivido la vida controlada y disciplinada de un monje budista. Y entonces llegó esta mujer revolucionaria, esta mujer flechera, y transformó todo su ser, toda su vida y todo su estilo. Destruyó su carácter. Le dio libertad: libertad para ser, libertad para ser de un momento a otro, sin pasado ni futuro.

Naturalmente, la gente común y corriente empezó a pensar que había caído en desgracia; que había traicionado. Había sido un gran brahmán y un gran erudito. Esperaban mucho de él, que aportara algún conocimiento al país, y ahora se había convertido en un perro rabioso.

Debían de haberse difundido mil y una historias sobre él por todo el país, y el rey debía de haberle contado lo que la gente pensaba de Saraha. El rey se sintió herido: había amado al hombre, lo había respetado, pero el rey también era del mismo mundo. Su forma de pensar era similar a la del pueblo. No tenía percepción de la realidad ni de sí mismo.

Saraha le dice al rey: Una vez, aunque sea una vez, si sabes lo que es la alegría, olvidarás todas estas historias.

Una vez, aunque sólo sea una vez, si tienes alguna idea de lo que es la vida, olvidarás todas estas tonterías del carácter, la virtud, la respetabilidad.

Puedes seguir viviendo de forma respetable si aún no has entrado en contacto con la vida. La vida es un fenómeno radical. Es un caos, un caos muy creativo, pero un caos al fin y al cabo.

Saraha dice UNA VEZ EN EL REINO QUE ESTÁ LLENO DE ALEGRÍA LA MENTE QUE VE SE ENRIQUECE...

Pero la cuestión es experimentarlo.

Saraha dice: No puedo explicar lo que me ha sucedido, pero puedo decir lo siguiente: aunque sólo sea una vez, si lo pruebas, te transformarás. El sabor transforma. No voy a convencerte con argumentos. No tengo filosofía, dice Saraha, tengo una cierta experiencia. Puedo compartir esa experiencia contigo. Pero el compartir no puede ser solo de mi parte - tendras que moverte de tu punto de vista dogmatico. Tendrás que venir conmigo a lo desconocido. Puedo llevarte a esa ventana desde la que la existencia es clara, transparente. Pero tendrás que cogerme de la mano y venir a esa ventana.

Eso es lo que debe hacer un Maestro: coger de la mano al discípulo y llevarlo a esa abertura desde la que ha mirado a Dios. De forma metafórica, te presta sus ojos. Una vez que has probado, ya no hay problema; entonces ese mismo sabor seguirá tirando de ti. Entonces la atracción es tan tremenda que no puedes quedarte donde has estado vegetando.

UNA VEZ EN EL REINO QUE ESTÁ LLENO DE ALEGRÍA LA MENTE QUE VE SE ENRIQUECE...

Pero se necesita una mente que vea para saborear esa alegría, una mente que no esté demasiado cargada de anteojeras, una mente abierta.

Este es el problema con las personas que están demasiado apegadas a filosofías, religiones, escrituras, teorías, dogmas: el problema es que tienen demasiadas anteojeras, capa sobre capa. Sus ojos se pierden detrás de cortinas y cortinas y cortinas. Hay que quitar esas cortinas, igual que se pela una cebolla. Hay que quitar todas esas cortinas, entonces tendrás una mente que ve. Ahora mismo, lo que tienes es una mente que no ve. Sólo pretende que ve; sólo dice, cree que ve.

Vuestros ojos no ven, vuestros oídos no oyen, y vuestras manos no tocan - porque habéis perdido esa sensibilidad, ese flujo que puede hacer que vuestros ojos vean ojos, que puede hacer que vuestros oídos oigan oídos. Por eso Jesús tiene que decir una y otra vez a sus discípulos: Si podéis ver, ved. Si tenéis ojos, vedlo. Si tenéis oídos, ¡escuchadlo, oídlo! Se dirigía a personas que no eran ciegas ni sordas. Tenían tanta capacidad de ver como tú y tanta capacidad de oír como tú; eran personas normales.

Pero, ¿por qué insistía una y otra vez: "Si tenéis ojos..."? ¿Se dirigía siempre a los ciegos como tú? Pero, ¿qué quería decir con "Si tenéis ojos..."? ¿Por qué ese "si"?

Es un gran "si", porque la gente aparenta tener ojos y sin embargo no los tiene. Y esa apariencia es muy peligrosa, porque siguen creyendo que tienen ojos.

¿Has mirado alguna vez algo sin que tus pensamientos intervengan, interfieran, distraigan, interpreten? ¿Has visto alguna vez una flor de rosa sin que intervenga el lenguaje, sin que tu mente diga inmediatamente "Es una flor de rosa, es una flor preciosa"... esto y lo otro? En el momento en que dices que es una rosa, no estás viendo ESTA flor. Entonces todas las flores de rosa que has visto y de las que has oído hablar están en una cola, y esta flor de rosa REAL está en el extremo más alejado. En el momento en que dices que es una flor ROSA, te estás tapando los ojos con una cortina.

El lenguaje es la mayor cortina. ¿No puedes ver esta flor tal como es sin llamarla rosa, sin siquiera llamarla flor? ¿Cuál es la necesidad? ¿No puedes simplemente mirar esta realidad sin ninguna idea, sin ninguna nube moviéndose a tu alrededor? ¿No puedes estar, por un momento, sin lenguaje? Si estás sin lenguaje por un momento, tendrás la mente que ve.

Empieza a intentarlo de vez en cuando. Siéntate junto a un árbol, míralo y no pienses qué árbol es. Y no pienses que es un árbol, y no pienses que es bonito o feo. No pienses en nada. Simplemente observa, sea lo que sea - X, Y, Z. Deja que sea lo que sea. No juzgues.

Jesús dice 'No juzguéis'. El lenguaje es un juicio. Con el juicio vienen todos los prejuicios.

Con el juicio llega todo tu pasado; y siempre que entra el pasado, te alejas del presente.

Estaba leyendo...

Había un hombre que tenía un garaje y un gato. Un día, mientras llenaba de gasolina el coche de un cliente, derramó un poco en la leche del gato. El gato se lo bebió todo y empezó a correr por el local a sesenta millas por hora. De repente, se paró en seco.

El cliente dijo: '¿Se ha muerto el gato?

No", dijo el dueño del taller, "creo que se ha quedado sin gasolina".

El dueño de un taller tiene su lenguaje, su pasado, sus prejuicios. Entiende las cosas de una determinada manera.

Dice: "No, creo que se ha quedado sin gasolina".

Y esto ocurre constantemente.

Sucedió... Sucedió mientras Sarvesh, nuestro sannyasin ventrílocuo, estaba aquí y estaba dando un espectáculo en el Auditorio Radha. Estaba contando todo tipo de chistes sobre diferentes religiones y razas y todo eso. Entonces dijo: "Bueno, ahora vamos a contar un chiste sobre alemanes".

Entonces, un sannyasin alemán -no Haridas, por cierto- se levantó y dijo: "¡No voy a permitir que cuentes chistes sobre alemanes! No somos tan tontos como crees".

Cálmese, señor", dijo Sarvesh. Por favor, cálmese y siéntese. No es nada personal'.

No estoy hablando contigo", dijo el alemán. Estoy hablando con el pequeñín que tienes en las rodillas".

Tu mente es tu mente. Siempre está ahí, gruesa o fina, buena o mala. Inteligente o no inteligente, siempre está ahí. Conocedora o ignorante, siempre está ahí. Educado o inculto, siempre está ahí. Alemán, indio, americano, siempre está ahí. Y la realidad no es alemana, y la realidad no es americana, y la realidad no es india. Así que cuando vienes con ojos alemanes, con ojos indios, con ojos americanos, con ojos hindúes, con ojos mahometanos, con ojos cristianos, te pierdes la realidad.

Comienza.

Esto te dará una gran preparación para el salto al Tantra. COMIENZA. Siempre que estés sentado, moviéndote, caminando, hablando, intenta una y otra vez permanecer con lo real - lo real no interpretado, no juzgado. Y lentamente, lentamente, las puertas se abren. Despacio, despacio, empiezan a llegarte algunos momentos que no son momentos de la mente - visiones no lingüísticas de la realidad, visiones no mentales de la realidad; y eso te preparará.

Dice Saraha UNA VEZ EN EL REINO QUE ESTÁ LLENO DE ALEGRÍA LA MENTE QUE VE SE ENRIQUECE...

Así que lo primero es: la mente que ve. Y lo segundo es: no evites las alegrías; acércate a ellas con el corazón abierto, con receptividad, con un ser acogedor; absórbelas. Dondequiera que esté la alegría, está Dios. Ese es el mensaje del Tantra en pocas palabras: Dondequiera que esté la alegría, está Dios.

Y la alegría tiene tres planos. El primero es lo que llamamos "placer"; el placer es del cuerpo. El segundo es la felicidad; la felicidad es de la mente. El tercero es la dicha; la dicha es del espíritu, espiritual. Pero todas comparten una realidad, y esa realidad es la alegría. La alegría, convertida en el lenguaje del cuerpo, se convierte en placer. La alegría, recibida a través del cuerpo, se convierte en placer. La alegría, recibida a través de la mente, se convierte en felicidad. La alegría, recibida ni a través de la mente ni a través del cuerpo, recibida sin cuerpo, sin mente, se convierte en dicha. Estas son las tres capas de la alegría.

La alegría es la única realidad. La alegría es Dios. La alegría es la materia de la que está hecha la existencia.

Saraha dice: Estate disponible para la alegría, venga de donde venga. Nunca la niegues. No la condenes.

Cuando es del cuerpo, ¿entonces qué? Entonces Dios está llamando a tu cuerpo. Cuando estás comiendo y sientes cierta alegría, disfrutas de tu comida, es Dios; te lo estás tragando.

Cuando coges la mano de una mujer o de un hombre o de un amigo, o de cualquiera, con tremendo amor y hay un estremecimiento en tu energía corporal, hay una danza, una profunda danza en tu energía corporal; cuando te agitas -como la electricidad algo vibra, algo te renueva, te rejuvenece, algo que te hace estar más vivo de lo que nunca has estado antes- es alegría; es Dios entrando a través del cuerpo. Cuando escuchas música te sientes tremendamente feliz, es alegría a través de la mente. Mirando una flor sin tocarla y sin traer tu mente a ella, llega un momento en que hay dicha - sutil, silenciosa, profunda, bendición. Pero todas son manifestaciones diferentes de la alegría.

Alegría" es una de las palabras más bellas de la lengua inglesa. Abarca todos los tipos de felicidad.

El Tantra dice que lo primero es estar disponible para la alegría. Te sorprenderá esta insistencia. ¿No estamos disponibles para la alegría? Sí, es triste decirlo, pero es así: tú no lo estás, nadie lo está. Somos más receptivos al sufrimiento; estamos más dispuestos a sufrir que a estar alegres; estamos más disponibles a la miseria que a la alegría. Hay algo en ello.

La alegría te quita el ego, y la miseria te lo da de una manera muy fuerte. La miseria crea ego, y la alegría te lo quita. Cualquier momento de alegría... y te pierdes en él. El momento de alegría no es un momento de ego; el momento de miseria es un momento de ego muy condensado. Cuando eres miserable, lo ERES; cuando estás alegre, NO lo estás. Así que permíteme repetirlo: Como somos egoístas estamos más disponibles para el sufrimiento, la miseria, la tristeza, la infelicidad. Creamos una vida sin alegría a nuestro alrededor. Convertimos todas las oportunidades de alegría en tristeza, porque esa es la única manera de que exista el ego. El ego sólo puede existir en el infierno. En el cielo, el ego no puede existir.

A lo largo de los siglos se os ha dicho que si os despojáis del ego entraréis en el cielo. Yo te digo: Si te vuelves sin ego el cielo entra en ti. El cielo no es algo geográfico en algún lugar, no es que vayas allí. Cuando no tienes ego, eres el cielo. Cuando eres egoísta, eres el infierno. No es que el infierno esté en algún lugar en el fondo de la existencia y el cielo esté en algún lugar en la cima de la existencia, eso son sólo metáforas. El cielo y el infierno son estados del ser.

Cuando lo estás, estás en el infierno. Cuando no lo eres, estás en el cielo. Y por eso, si estás demasiado apegado a tu ego y quieres sentirte tú mismo, que estás separado, que eres diferente, único, esto y aquello, entonces seguirás siendo desdichado. Ahora, la paradoja: el ego crea miseria, y el ego quiere ser alegre. El ego busca, es muy codicioso con la alegría; quiere tener todas las alegrías posibles, y el ego crea miseria. Ahora estás atrapado. Cuanta más miseria crea el ego, más se interesa por la alegría. Pero no puede crear alegría: la alegría no es su función. Esta visión es una visión del Tantra.

Y un momento de alegría... aunque sea UNA VEZ, dice Saraha, es suficiente para cambiarle, señor. Le dice al rey: Un momento, una vez será suficiente argumento y prueba de qué tipo de vida estoy viviendo, qué tipo de ser soy.

UNA VEZ EN EL REINO QUE ESTÁ LLENO DE ALEGRÍA LA MENTE QUE VE SE ENRIQUECE...

Y la mente nunca se enriquece filosofando. No se enriquece con teorías, no se enriquece con conocimientos, sólo con la experiencia. Una mente rica significa aquella que ha experimentado algo de lo real, algo de la verdad.

Sólo hay una riqueza: la de la verdad; y sólo hay una pobreza: la de la mentira. Si no conoces la verdad, vives en mentiras, ilusiones, proyecciones, sueños.

Y POR TANTO PARA ESTO Y AQUELLO MÁS ÚTIL; INCLUSO CUANDO CORRE TRAS LOS OBJETOS NO SE ALIENA DE SÍ MISMA.

¿Por qué la gente corre normalmente hacia los objetos? Alguien quiere un coche, y alguien quiere una casa, y alguien quiere poder - ¿por qué la gente corre tras los objetos? ¿Cuál es la base, la razón fundamental de sus ansias y sus actividades frenéticas? Te sorprenderás.

Tantra dice: Quieren huir de sí mismos. No corren hacia los objetos, simplemente quieren huir de sí mismos. Los objetos son excusas, te ayudan a darte la espalda. Tienes miedo de ti mismo. Tienes mucho miedo de ti mismo.

Sucede aquí todos los días. Cada vez que una persona se acerca a la meditación se asusta.

¿Por qué? Porque cuando miras dentro de ti, no encontrarás a nadie allí. Pura nada, abismo - abismal nada. Empiezas a temblar, estás de pie en un precipicio... un paso en falso y estás acabado. Uno empieza a huir de sí mismo. La gente corre, no por cosas, la gente huye de sí misma... No corren por algo, corren de algo. Y ese algo es su propio ser.

Así que cuando estás ocupado te sientes bien. Siempre que estás desocupado te sientes muy inquieto, muy inquieto. ¿No tienes nada que hacer? - empiezas a caer sobre ti mismo. Si hay algo que hacer, si estás ocupado, puedes olvidar ese abismo que sigue llamándote desde tu interior. Ese abismo es lo que es Dios.

Reconciliarse con ese abismo, hacerse amigo de ese abismo, es el primer paso hacia la realidad.

Y ASÍ PARA ESTO Y AQUELLO MÁS ÚTIL; INCLUSO CUANDO CORRE...

Saraha dice: La gente ordinaria corre tras las cosas porque quiere evitarse a sí misma. Pero un hombre que ha llegado a conocer lo que es la verdad, incluso si ESE hombre va hacia los objetos no te engañes, porque él también disfrutará. De hecho, él es la única persona que disfrutará.

Usted corre detrás de las cosas porque quiere evitarse a sí mismo. No tiene nada que evitar.

No se escapa de ninguna parte. Puede disfrutar de las cosas, de hecho, sólo él puede disfrutar de las cosas.

¿Cómo puedes disfrutar de las cosas? - porque constantemente tienes miedo de tu propio ser...

Saraha dice: Si ves a un TANTRIKA disfrutando de una mujer o disfrutando de una buena comida o bebiendo vino, no lo juzgues porque parece igual que cualquier otro hombre corriente; no lo es. La diferencia es muy profunda. La diferencia es muy esencial. En la superficie, ambos se parecen. ¿Cómo puedes diferenciar si un hombre que corre detrás de una mujer es corriente o un TANTRIKA? Es muy difícil desde fuera, porque desde fuera parecen casi iguales.

Pongamos algunos ejemplos:

Dos bailarines están bailando. Un bailarín baila sólo para actuar, para sentir el ego; que es un gran bailarín. Es una actuación. Está mirando a los ojos de la gente lo que están pensando. Espera sus aplausos, espera que le aplaudan. Le ayudarán a fortalecer su ego un poco más.

Y en el mismo escenario hay otro bailarín que baila porque le gusta. No está actuando.

Ni siquiera se preocupa de si la gente aplaude o no, de si hay gente o no. Está absorto, completamente absorto en su danza. ¿Te será posible distinguirlo desde fuera? Será muy difícil. Es más, existe la posibilidad de que no puedas hacer ninguna distinción. Es posible incluso que pienses que el ejecutante es un gran bailarín, porque está hablando el mismo lenguaje del ego que tú entiendes. El no ejecutante puede parecer un poco loco. El no-intérprete será tan espontáneo que, a menos que TÚ conozcas el lenguaje de la espontaneidad, no podrás entenderle.

Para entender algo, hay que conocer, al menos, el idioma. Un TANTRIKA sentado al lado de una mujer, cogiéndole la mano, y un hombre corriente cogiéndole la mano a una mujer, ¿cómo distinguirías entre los dos? El hombre corriente intenta escapar de sí mismo; quiere perderse en esa mujer para olvidarse de sí mismo. No está enamorado de sí mismo, por eso ama a esa mujer, para poder olvidar su realidad. Utiliza a esta mujer como una bebida alcohólica: esta mujer le emborracha y se olvida de sí mismo. Le ayuda, le da cierta relajación. Al menos por unos instantes, no está sumido en sus angustias habituales.

Y la TANTRIKA, cogida de la mano de la mujer con tremenda alegría... No es que quiera escapar - no hay ningún lugar donde escapar, y no hay nadie a quien escapar. Sostiene la mano de esta mujer sólo para compartir algo de tremendo valor con ella.

No se puede compartir todo con todo el mundo; hay algunas cosas que sólo se pueden compartir con amor. Hay algunas cosas que sólo puedes compartir en confianza.

La gente me pregunta por qué no hablo con las masas. No hablo con ellas porque tengo algo que compartir y eso sólo puede compartirse en profunda confianza, sólo puede compartirse en profundo amor. Sólo puedo hablar con gente que esté enamorada de mí, de lo contrario no tiene sentido: no lo entenderán, lo malinterpretarán. No hay forma de hacerlo entender.

Sólo se puede comunicar cuando estáis preparados para responder. Cuando vuestros corazones están listos, abiertos, puedo tocar en vuestros corazones y puede nacer una gran música. Pero si venís cerrados, sin confianza, dudando, entonces no puedo crear esa música. Es imposible, porque no me permitiréis entrar en lo más profundo de vuestro ser y tocar en vuestro corazón. Si no me lo permites, la música no se creará.

Y luego quieres saber si la música existe... La única manera de hacerte consciente de que existe es crearla en ti. Dices: "Sí, confiaré si puedo experimentar la música". El problema es que no puedes experimentar la música A MENOS QUE confíes. Tiene que ser creada, sólo entonces puedes saber que existe. Pero antes de conocerla, la confianza es un requisito básico.

El TANTRIKA sostiene la mano de una mujer, puede sostener la mano de cualquiera, pero no podrá transmitir la energía que le ha sucedido; puede transmitirla muy fácilmente a alguien que ama. Y puede ser transmitida sólo en ciertos momentos.

Hay ciertos momentos en los que dos personas se acercan tanto que la energía puede saltar de una a otra. Si has amado a alguien, sabrás que esos momentos no existen las veinticuatro horas del día. Incluso si amas a una mujer, a tu esposa, a tu hijo, a tu marido, también sabes que esos momentos no existen durante veinticuatro horas al día; ocurren raramente. A veces ocurren. A veces, algo... y caéis juntos. A veces sientes que el otro se ha acercado mucho, mucho: vuestras periferias se superponen. Ese es el momento en el que se puede transmitir algo.

Ahora, Saraha dice, si usted mira desde el exterior, señor, usted nos verá TANTRIKAS sólo como gente común anhelo de las cosas - las alegrías ordinarias de la vida. No lo somos.

Y, él dice UNA VEZ EN EL REINO QUE ESTÁ LLENO DE ALEGRÍA LA MENTE QUE VE SE ENRIQUECE Y POR ESO PARA ESTO Y AQUELLO MÁS ÚTIL...

ESTO es SAMSARA; y ESO es NIRVANA.

Saraha dice: Esta mente enriquecida -enriquecida por la alegría- se vuelve útil TANTO para esto como para aquello, para el SAMSARA y el NIRVANA, para lo externo y lo interno, para lo corporal y lo espiritual, para lo visible y lo invisible. Se vuelve capaz y útil tanto para esto como para aquello. Esta es una gran afirmación.

Normalmente, las personas llamadas espirituales piensan que o tu mente puede ser útil en el mundo O en Dios. Su pensamiento es el de "o lo uno o lo otro".

El Tantra dice: Este pensamiento está dividiendo la vida en inferior y superior, en material y espiritual, en SAMSARA y NIRVANA. Esta división es errónea porque la vida es indivisible.

Y realmente, si eres inteligente, no sólo podrás disfrutar de Dios, sino que también podrás disfrutar de cosas muy ordinarias. Podrás disfrutar tanto de una piedra como de Dios.

Observa esta gran y profunda afirmación. Cuando la mente sea realmente inteligente y esté enriquecida por la alegría, podrás disfrutar de la dicha, podrás disfrutar de la felicidad, podrás disfrutar también del placer, porque todo pertenece a Dios, tanto lo más bajo como lo más alto.

Y POR TANTO PARA ESTO Y AQUELLO MÁS ÚTIL; INCLUSO CUANDO CORRE TRAS LOS OBJETOS NO SE ALIENA DE SÍ MISMA.

Y Saraha dice: Aunque me encuentres corriendo, esa carrera tras los objetos es tu interpretación. No estoy corriendo, porque no hay ningún lugar donde correr ni nadie a quien correr.

Este estado en el que uno ha alcanzado su claridad interior es tal que uno puede disfrutar de todo: desde la comida hasta Dios, desde el sexo hasta SAMADHI - no hay división. No debería haberla, no es necesario que la haya.

El Tantra te da ambos mundos. El Tantra no es un punto de vista de "o lo uno o lo otro", es "esto y aquello a la vez"; es muy amplio. Todas las religiones parecen pobres en ese sentido, porque te quitan el mundo y te obligan a una elección innecesaria. Dicen: O eliges el mundo o eliges a Dios. Ponen a Dios en oposición al mundo. El Tantra es la única religión total, la ÚNICA religión total. Ninguna religión ha nacido en la tierra que tenga una visión tan total.

Ambos...

El Tantra dice: No hay cuestión de elección; todo es tuyo. Puedes estar en el mercado y disfrutar del mercado, pero también puedes estar más allá y disfrutar del más allá.

No te obliga a elegir. Toda elección es destructiva. Y debido a estas religiones del punto de vista "o lo uno o lo otro", el mundo ha seguido siendo mundano.

¿A quién le importa Dios? Dios está tan lejos, no es tan real. Y entonces uno piensa 'Más tarde... Uno puede posponer a Dios, pero la vida pasa, disfrútala primero'.

Estas religiones que han obligado al hombre a elegir han obligado al hombre a permanecer mundano. De un millón, uno se hará religioso. Una elección innecesariamente dura: tiene que renunciar al mundo, tiene que alejarse de su familia, de sus amigos: tiene que ir en contra de todo su amor. Le obligas innecesariamente Y entonces surge otro problema. Estas personas que están dispuestas a elegir a Dios en contra del mundo son personas más o menos pervertidas que han fracasado en la vida de alguna manera; que, de alguna manera, no han sido lo suficientemente inteligentes como para entender la vida; que de alguna manera son estúpidas, que de alguna manera son sádicas, masoquistas; personas que de alguna manera son neuróticas, egoístas. Pueden escapar del mundo. Pueden empezar a torturarse a sí mismos. Eso es lo que -hasta ahora- ha sido el ascetismo: Torturarte a ti mismo. Sé violento contigo mismo. Mátate. Envenena lentamente tu ser. Esta gente no es gente sana.

Así, de un millón, una persona se interesa por elegir a Dios. Y de cientos de personas llamadas religiosas, noventa y nueve parecen ser neuróticas. Así que de cien millones, una persona se convierte en Buda, Cristo o Krishna. Es un auténtico despilfarro.

Piensa en un jardín en el que crecen diez millones de árboles y sólo florece uno. ¿Llamarás jardinero a ese jardinero? De hecho, llegarás a la conclusión natural de que el árbol no ha florecido gracias al jardinero, sino a pesar de él. Ha plantado diez millones de árboles y sólo uno ha florecido y fructificado. No puede ser por culpa del jardinero. Debe ser porque de alguna manera escapó al jardinero; el jardinero no pudo destruirlo. De alguna manera el jardinero lo ha descuidado, de alguna manera el jardinero se ha olvidado de él. Tal vez...

diez millones de árboles... y se ha olvidado de ello. Por lo tanto, se ha perdido y ha florecido.

Cada árbol es potencialmente fructífero, potencialmente capaz de florecer; y cada hombre es capaz de convertirse en Dios.

El Tantra crea una religión totalmente nueva. Dice que no hay necesidad de elegir. Dondequiera que estés - exactamente allí - Dios puede ser experimentado. No está en contra del mundo, sino a favor de Dios. Y su Dios es tan vasto que el mundo puede ser incluido.

Y a mí me parece muy, muy relevante que la creación se incluya en el creador. No debe estar en contra. ¿Qué tipo de lógica es esta que dice que la creación está en contra del creador? Si es Dios quien te ha creado, si es Dios quien ha creado tu cuerpo, tu sexualidad, tu sensualidad, entonces no puede estar en contra de Dios.

George Gurdjieff solía decir que todas las religiones están en contra de Dios. Y tenía razón. Excepto el Tantra, tenía razón: todas las religiones están en contra de Dios. Si estás en contra de la creación de Dios, estás indicando que estás en contra de Dios. Si estás en contra de la pintura, ¿no estás diciendo que estás en contra del pintor? Si estás en contra de la poesía, ¿no estás diciendo, de forma indirecta, que estás en contra del poeta?

Si Dios es el creador, entonces la creación es suya, y debe tener su firma en todas partes. Sí, está ahí, y el Tantra dice que la firma de Dios está en todas partes. Sólo necesitas ojos que vean, una mente que vea y un poco de receptividad para la alegría, y empezará a suceder.

CRECEN LOS BROTES DE LA ALEGRÍA Y EL PLACER Y LAS HOJAS DE LA GLORIA.

SI NADA FLUYE A NINGUNA PARTE LA DICHA INDECIBLE FRUCTIFICARÁ.

La clave... el secreto. Estos son los últimos sutras de Saraha. Él está dando el toque final a todo lo que ha dicho hasta ahora. Él está dando la declaración final.

Él dice: Los placeres son del cuerpo; los placeres son extrovertidos. El placer necesita al otro, el placer anhela el objeto; el placer es un viaje extrovertido. ¡Bien! No hay nada malo en ello. La alegría es un viaje introvertido. La alegría se interesa más por uno mismo; la alegría es más subjetiva. Para el placer, el otro es necesario; para la alegría, tú eres suficiente.

El placer es corporal, la alegría es psicológica. Pero ambos siguen siendo capullos a menos que suceda el tercero, lo último en gozo: la dicha. Esa dicha es el loto de mil pétalos: el pico más alto de tu conciencia. Cuando se abre, todos los capullos florecen.

Ahora esto tiene que ser entendido. Una persona ordinaria sólo puede tener una alegría muy limitada a través del cuerpo, pero un TANTRIKA tendrá una alegría tremenda a través de su cuerpo. No será sólo un brote, será un florecimiento. Una persona ordinaria puede tener cierta alegría en la música, en la meditación, en la danza, pero un TANTRIKA tendrá una alegría infinita. Cuando has conocido lo último, lo último empieza a reflejarse en todo lo que haces. Si has conocido a Dios, entonces dondequiera que camines, estarás pisando tierra sagrada.

Entonces, cualquier cosa que veas, estás viendo a Dios. Entonces, con quienquiera que te encuentres, te estás encontrando con Dios.

Recuerda siempre: tu experiencia más elevada se refleja en tus experiencias más bajas. Sin la experiencia más elevada, la más baja es muy mundana. Ese es el problema. Por eso la gente no puede entender a los TANTRIKAS cuando dicen que incluso en el sexo es posible el SAMADHI. No pueden entenderlo. Y es comprensible por qué no pueden entender. No conocen SAMADHI.

Conocen el sexo muy ordinario y feo. Sólo conocen la frustración a través de él. Sólo conocen la lujuria a través de él.

La palabra inglesa "love" es muy significativa. Proviene de una raíz sánscrita LOBHA: LOBHA significa codicia, lujuria. El amor ordinario no es más que lujuria y codicia. ¿Cómo puede el hombre corriente comprender que en el amor puede reflejarse lo último? Pero cuando has conocido lo último, lo más elevado, entonces lo más bajo se une a ello. Entonces cualquier cosa lo agita, entonces cualquier cosa se convierte en un mensaje suyo.

Es así. Te encuentras un pañuelo en la carretera. Es un pañuelo corriente, que no vale más de una rupia. Pero un día te enamoras de una mujer y te encuentras un pañuelo en la calle, el mismo pañuelo que vale una rupia, pero ahora pertenece a la mujer que amas. Ahora su valor es tremendo, ahora no es sólo una rupia. Si alguien te ofreciera mil rupias, no estarías dispuesto a dar este pañuelo, que pertenece a la mujer que amas. Ahora este pañuelo corriente tiene algo que antes no tenía: te recuerda a tu amada.

Es exactamente así. Cuando has conocido SAMADHI, entonces incluso el orgasmo sexual te recuerda a SAMADHI. Entonces todo te recuerda a

SAMADHI. Entonces toda la existencia se vuelve tan llena y abarrotada de Dios.

CRECEN LOS BROTES DE LA ALEGRÍA Y EL PLACER Y LAS HOJAS DE LA GLORIA.

Los capullos son de alegría y placer, y las hojas son de gloria. Pero de ordinario sólo verás hojas a menos que haya sucedido lo más elevado. Cuando ocurre lo más elevado, entonces ves que incluso las hojas ordinarias de tu vida no son hojas ordinarias: es A TRAVÉS DE ELLAS que ha ocurrido el florecimiento último. Y ahora sabes que la misma savia fluye hacia la flor suprema, hacia LAS BROTES DE ALEGRÍA Y PLACER; y hacia las hojas también fluye la misma savia. Todos juntos contribuyen al loto de mil pétalos.

HOJAS DE GLORIA significa hojas de gracia, gratitud. Empiezas a sentir la gloria de la existencia; tu vida es gloriosa. Ya no es ordinaria; es luminosa con Dios.

SI NO SALE NADA POR NINGÚN LADO...

¿Y cuándo se abre este loto de mil pétalos? Se abre cuando no sale nada.

Ahora mira. En primer lugar, el placer es cuando tu energía fluye hacia fuera: placer corporal. Gozo es cuando tu energía fluye hacia adentro - gozo subjetivo, psicológico. ¿Y cuándo ocurre la dicha? - Cuando tu energía no fluye hacia ninguna parte, simplemente está ahí. No vas a ninguna parte, simplemente estás ahí:

no eres más que un ser. Ahora no tienes ningún objetivo, ahora no tienes ningún deseo que cumplir. No tienes futuro, sólo estás aquí y ahora. Cuando la energía se ha convertido sólo en un estanque -no va a ninguna parte, no fluye a ninguna parte; no hay ninguna meta que alcanzar, nada que buscar, sólo estás aquí, tremendamente aquí, totalmente aquí; este AHORA es todo el tiempo que te queda, y este AQUÍ es todo el espacio- entonces, de repente, esta reunión de energía, que no se mueve a ninguna parte, que no está distraída por el cuerpo o la mente, se convierte en un gran torrente en ti. Y... el loto de mil pétalos se abre.

SI NADA FLUYE A NINGUNA PARTE LA DICHA INDECIBLE FRUCTIFICARÁ.

Y luego viene la fruta.

Así, la alegría y el placer son los brotes, la gracia y la gratitud y la gloria son las hojas, y este florecimiento final de la dicha es la realización, la fructificación. Has llegado a casa.

LO QUE SE HA HECHO Y DÓNDE Y EN QUÉ SE CONVERTIRÁ NO ES NADA...

Y ahora sabes que todo lo que se ha hecho O no se ha hecho, era sólo un sueño. Ahora sabes que el KARMA, la acción, no significa nada. Sólo estabas dibujando líneas en el agua; siguen desapareciendo.

No queda nada. NADA SUCEDE REALMENTE. TODO ES. No pasa nada.

LO QUE SE HA HECHO Y DÓNDE Y EN QUÉ SE CONVERTIRÁ NO ES NADA...

Saraha está diciendo: Mire, señor. Lo que estoy haciendo y lo que he hecho y lo que ha pasado no tiene sentido ahora que sé que es sólo un sueño.

SIN EMBARGO, HA SIDO ÚTIL PARA ESTO Y AQUELLO.

Pero, dice, es verdad - me ha ayudado para ESTO y AQUELLO. Aunque fuera un sueño, fue útil, me trajo a esta realidad. He superado ese sueño, pero ahora sé que era un sueño. Ahora sé que era falso. No he hecho nada, porque nunca se hace nada; todo es un sueño, pero ha ayudado - me ha traído a esta fruición última.

Tanto este SAMSARA como ese NIRVANA se han enriquecido con ese sueño. El sueño no era sólo inútil; era útil, utilitario, pero no verdadero.

Permítanme que les cuente una anécdota.

Había un cazador caminando por la selva, y se encontró con un tigre gruñendo que venía hacia él por el camino. Echó mano a su arma. Para su horror, vio que no tenía balas. El tigre se acercaba. Iba a atacar.

¿Qué puedo hacer? Me van a devorar", pensó el cazador, helado por el terror. Justo cuando el tigre estaba a punto de saltar, el cazador tuvo una extraña sensación. Creo que todo esto no es más que un sueño", se dijo. Si me esfuerzo, estoy seguro de que despertaré". Así que se pellizcó con fuerza, se sacudió y parpadeó. En un momento el tigre se había ido, el tigre había desaparecido; el cazador estaba a salvo en su propia cama. ¡Qué alivio! Seguía temblando de miedo, pero ahora también reía. ¡Qué real le había parecido aquel tigre! Menos mal que sólo había sido un sueño.

Cuando recobró la calma, el cazador se levantó y se preparó una taza de té. Aún se sentía cansado, así que se sentó fuera de su cabaña en una tumbona y fumó un rato en pipa. Tenía mucho sueño. Se puso el sombrero sobre la cara y cerró los ojos. Podría dormir todo el día", se dijo.

Al cabo de un rato, oyó gruñidos. Bendito sea", dijo el cazador, "me habré quedado dormido otra vez".

Ahí está el tigre que vuelve. Vete, tigre tonto, estoy harto de soñar contigo'.

El tigre volvió a gruñir y se acercó.

No te tengo miedo. No eres más que un sueño", dijo el cazador. Se levantó de la silla, se acercó al tigre y le dio un fuerte puñetazo en la nariz.

'Qué hombre tan gracioso' pensó el tigre. Los hombres suelen huir de mí'. Y, por supuesto, al ver a este extraño hombre, el tigre escapó.

Cuando el tigre estaba a punto de escapar por la puerta, el hombre se dio cuenta de que estaba totalmente despierto y de que el tigre no era un sueño, sino una realidad.

¿Pero qué ocurrió? El sueño le ayudó incluso a enfrentarse al tigre real. Naturalmente, el tigre debió de quedarse muy perplejo. Esto no ha ocurrido nunca. ¿Qué clase de hombre es éste que se levanta y me golpea en la cara así como así?

Todo es sueño, pero los sueños pueden ayudar a comprender la realidad, incluso a superarla.

Dice Saraha LO QUE SE HA HECHO Y DONDE Y LO QUE EN SI SERA NO ES NADA:

Y SIN EMBARGO HA SERVIDO PARA ESTO Y PARA AQUELLO SEA APASIONADO O NO EL PATRÓN ES LA NADA.

Dice Saraha: Si estás viviendo una vida de pasión o una vida sin pasión, aquellos que saben, saben bien que en el fondo ni la pasión ni la no-pasión hacen ninguna diferencia. En el fondo es pura nada. Es como una película proyectada en una pantalla vacía.

Se proyecta una escena hermosa, y te emocionas con su belleza. Y se proyecta una escena de terror, y empiezas a temblar. Pero Saraha dice: El día que comprendas, no quedarán más que sombras en una pantalla vacía. El pecador es una proyección, también lo es el santo. El bueno es una proyección, también lo es el malo. En la pantalla vacía de la realidad todo es proyectado por la mente.

Así que Saraha dice: Señor, no se desconcierte demasiado por lo que dice la gente. Yo sé que es sólo una pantalla vacía. Si Saraha es un gran hombre de carácter o un vago sin carácter, si Saraha es respetado por la gente o es condenado y vilipendiado no importa - es una pantalla vacía. La gente proyecta sus ideas. He llegado a conocer esta nada.

Y esta experiencia de la nada y la experiencia del loto de mil pétalos son dos aspectos del mismo fenómeno. Por un lado, alcanzas la dicha última; por otro, sabes que todo es sólo un sueño vacío. No hay nada que dejar ni adonde ir; nadie que dejar y nadie que ir a ninguna parte. No es sólo que las cosas estén vacías, sino que tú también estás vacío.

Es todo vacío -dentro, fuera- exactamente igual que un sueño. ¿Qué ocurre en un sueño? Tú creas: es fantasía.

El último sutra:

SI SOY COMO UN CERDO QUE CODICIA EL FANGO MUNDANO DEBES DECIRME QUE DEFECTO TIENE UNA MENTE INOXIDABLE.

POR LO QUE NO LE AFECTA A UNO ¿CÓMO PUEDE AHORA ESTAR ENCADENADO?

Dice Saraha: Si soy como un cerdo, está bien. Si la gente dice que Saraha se ha convertido en un cerdo, un perro rabioso, está perfectamente bien. No hay ninguna diferencia si dicen que Saraha se ha convertido en un gran santo o dicen que se ha convertido en UN CERDO QUE CUBRE LA MIRA MUNDIAL.

DEBES DECIRME QUÉ FALTA HAY EN UNA MENTE INOXIDABLE.

Lo que hago no cambia nada. Por dentro no sé nada, por dentro sólo conozco la nada. Mi pureza no está contaminada por lo que hago. El hacer no afecta en absoluto a mi ser.

Entonces, dígame, señor... QUÉ FALTA HAY EN UNA MENTE INOXIDABLE.

POR LO QUE NO LE AFECTA A UNO ¿CÓMO PUEDE AHORA ESTAR ENCADENADO?

Y estas cosas no me afectan de un modo u otro. Ni me desapego, ni me apego. Dejo que las cosas sucedan, pase lo que pase. Ya no tengo ningún plan, ni ningún estilo que imponer a la vida. Vivo espontáneamente. Lo que sucede, sucede, y no juzgo.

Y no digo 'Debería haber sido así'. No tengo "debería", no tengo "no debería".

Medita sobre este estado: sin "deberías", sin "no deberías", sin planes, sin frustración, sin arrepentimiento, porque nunca nada sale mal. ¿Cómo puede salir algo mal si no tienes ninguna idea de lo que está bien?

Esta es la libertad última, la liberación última.

¿Cómo puede algo salir mal? Lo malo sólo puede suceder si tienes una cierta noción de lo correcto. Si no tienes ninguna noción, no tienes ninguna ideología, no tienes ningún ideal...

Saraha dice POR LO QUE NO AFECTA A UNO ¿CÓMO PUEDE UNO SER FETADO AHORA?

Y la última frase del sutra es de gran belleza.

Cuando realmente vuelvas a casa y veas LO QUE ES, no sentirás que te has liberado.

Por el contrario, sentirás: "Qué ridículo haber pensado alguna vez que no estaba liberado". La diferencia es grande.

Si, cuando vuelves a casa, cuando llegas a saber lo que es, empiezas a sentirte muy, muy mejorado y estás en una euforia muy grande, y dices "Ahora me he liberado", eso significa que todavía no estás liberado. Eso significa que todavía piensas que la esclavitud era real, eso significa que todavía estás en un sueño. Ahora en otro sueño: Un sueño era de esclavitud, este otro sueño es de liberación - pero otro sueño otra vez.

Saraha dice: Cuando realmente te liberas -liberado de todo lo correcto y de todo lo incorrecto, liberado de todo lo bueno y de todo lo malo- entonces no sólo estás liberado de la esclavitud, estás liberado de la liberación misma. Entonces, de repente, empiezas a reírte. ¡Qué ridículo! La esclavitud no puede ocurrir en primer lugar, ¡la esclavitud nunca ha ocurrido! Era sólo una creencia. Yo había creído en ella y la había creado a través de mi creencia. Era un sueño; ahora el sueño ha terminado'.

Por eso la última frase termina con un signo de interrogación. ¿Has visto alguna escritura que termine con un signo de interrogación? Esta es la única. No he encontrado ninguna otra.

Las Escrituras comienzan con un signo de interrogación y terminan con una respuesta. Así es como debe ir un tratado lógico. La introducción puede ser una pregunta, no el epílogo. Pero esta hermosa canción de Saraha termina con un signo de interrogación.

SI SOY COMO UN CERDO QUE CODICIA EL FANGO MUNDANO DEBES DECIRME QUE DEFECTO TIENE UNA MENTE INOXIDABLE.

POR LO QUE NO LE AFECTA A UNO ¿CÓMO PUEDE AHORA ESTAR ENCADENADO?

No declara que está iluminado. No declara que se ha liberado. No dice que ha vuelto a casa. Simplemente dice: Me río de la sola idea de haber ido a alguna parte.

Nunca había ido a ninguna parte. Siempre y en todo momento he estado en mi casa. Siempre he estado aquí y ahora. Sólo que estaba soñando, así que los sueños creaban la ilusión de que me había ido a alguna parte. Ahora el sueño ha desaparecido y estoy donde siempre he estado.

Por eso dice ¿CÓMO PUEDE UNO SER FETADO AHORA?

Nadie está allí para ser encadenado; nada está allí para encadenar. La esclavitud ha desaparecido, y también ha desaparecido el hombre que estaba esclavizado. Cuando el mundo desaparece, el ego desaparece - juntos; son parte del mismo juego. Dentro está el ego, fuera está el mundo. No pueden vivir separados:

siempre están juntos. Cuando uno desaparece, el otro desaparece simultáneamente. Ahora el ego no está ahí, y el mundo no está ahí.

Saraha está proponiendo la mayor visión de Buda. Buda dice: No hay sustancia y no hay yo. La sustancia no existe; todo está vacío. Y el yo no está dentro de ti, allí también está todo vacío. Llegar a ver este vacío... conciencia flotando en el vacío - conciencia pura, conciencia ilimitada... Esta consciencia es el vacío mismo, o este vacío es la consciencia misma.

Este vacío es luminoso con conciencia, lleno de conciencia.

El Tantra es una gran visión de las cosas como realmente son. Pero recuerda, finalmente, que no es una filosofía, es una visión. Y si quieres adentrarte en ella, tendrás que hacerlo, no a través de la mente, sino sin la mente.

La no-mente es la puerta al Tantra. El no-pensamiento es el camino al Tantra. Experimentar es la clave del Tantra.

Sólo un recuerdo

Pregunta 1:

¿POR QUÉ CADA VEZ QUE SALGO DE SU CONFERENCIA ME DESILUSIONO RÁPIDAMENTE DE MÍ MISMO PORQUE SOY INCAPAZ DE ESTAR A LA ALTURA DE LOS IDEALES QUE USTED EXPONE EN SU CONFERENCIA?

¿De qué estás hablando? ¿De ideales? Eso es exactamente lo que voy a destruir. No te estoy planteando ningún ideal. No te estoy dando fantasías sobre el futuro. No te estoy dando ningún futuro en absoluto, porque el futuro es un truco para posponer el presente. Es un truco para evitarte a ti mismo, una forma de escapar de ti mismo.

El deseo es un engaño, y los ideales crean deseos. No te estoy dando ningún "debería" ni ningún "no debería", ni positivo ni negativo. Simplemente te estoy diciendo que abandones todos los ideales y SEAS.

Pero puedo entender tu pregunta. Te haces un ideal. Empiezas a pensar: "¿Cómo debería ser?". Empiezas a pensar '¿Qué debo hacer para ser? Yo intento eliminar los ideales y tú haces un ideal de ello: cómo abandonar todos los ideales. Me malinterpretas, me malentiendes. No escuchas lo que digo, sigues escuchando lo que no digo en absoluto. Escucha con más atención.

Siempre ha ocurrido. No sabemos lo que Buda dijo exactamente, porque la gente que informó era gente como tú. No sabemos lo que Jesús ha dicho, porque las personas que informaron eran, de nuevo, personas como tú. El informe dice ciertamente lo que OYERON, pero no dice nada de lo que DIJO. Y estas pueden ser cosas diametralmente opuestas.

Hablo un idioma totalmente distinto. Lo reduces a otra cosa, a tu idioma. Entras y empiezas a interferir.

Usted pregunta: ¿POR QUÉ CADA VEZ QUE SALGO DE SU CLASE RÁPIDAMENTE ME DESILUCIONO CONMIGO MISMO...?

Te desilusionas de ti mismo porque no sabes quién eres y tienes una determinada imagen de ti mismo. Esa imagen no eres tú, esa imagen no puedes ser tú, esa imagen es una construcción mental. Te has creado una imagen de ti mismo: crees que esto es lo que eres, y cuando me escuchas y empiezo a tomarte el pelo, te desilusionas. Tu imagen se rompe, tu imagen no queda intacta como antes.

Pero TÚ no estás roto. De hecho, la imagen no te permite tener espacio, no te permite ser. La imagen tiene que ser desechada para que puedas tener suficiente espacio para crecer. La imagen se ha vuelto demasiado grande, demasiado poderosa. Se ha apoderado de toda tu casa y vives en el porche. No te deja entrar. Y la imagen que has creado a partir de ideales sigue condenándote: la creación sigue condenando al creador.

Fíjate qué tontería, qué ridiculez. Creas una imagen -muy bella, naturalmente, cuando creas creas una imagen bella- y luego, a causa de esa imagen, empiezas a parecer feo en comparación. Creas una imagen muy, muy grande de que eres un santo, y luego te encuentras haciendo cosas que no son muy santas. Ahora te sientes condenado. La imagen es tuya, y contra la imagen tus actos parecen apestosos.....

Lo que estoy diciendo aqui, lo que Saraha le esta diciendo al rey es que la imagen tiene que ser completamente abandonada. En el momento en que abandonas la imagen y te olvidas de la imagen, entonces ¿qué está bien y qué está mal? Entonces, ¿quién es un pecador y quién es un santo? Entonces no tienes nada con lo que comparar. Entonces, de repente, estás tranquilo. La comparación desaparece... y la condena desaparece. La comparación desaparece... y el ego desaparece: el ego del pecador y el ego del santo. Sin el ideal no puede existir ningún ego. Existe a través del ideal, por medio del ideal. El ideal es una NECESIDAD para el ego.

O crees que eres un pecador, creas un ego, una identidad, o crees que eres un santo, entonces creas un ego. Pero ambos sólo pueden existir a través del ideal. Si no existe el ideal, ¿quién eres? ¿Santo o pecador? ¿Bueno o malo? ¿Feo o bello? ¿Quién eres? Simplemente eres tú mismo, sin juicios, sin justificaciones, sin condenas. Simplemente estás ahí, en tu realidad: eso es lo que yo llamo SER.

Ahora debes estar desilusionándote una y otra vez, porque tu agarre de la imagen se afloja un poco. Siempre que tu agarre de la imagen se afloja un poco, tienes miedo.

El ideal está creando una ilusión, y cada vez que empiezo a quitarte el ideal, te sientes desilusionado.

Desengáñate por completo y no vuelvas a crear la ilusión, la ilusión del ideal. Y entonces verás cómo la vida alcanza un silencio sublime. Entonces verás cómo surge una tremenda aceptación, cómo una gran bendición simplemente te rodea, sin razón alguna. Es tuya, sólo por pedirla. No tienes que hacer nada. Eres aceptable para Dios tal como eres. Este es todo mi mensaje, y este es todo el Tantra: ¡ERES ACEPTADO TAL COMO ERES!

Pero tú sigues rechazándote. El ideal hace posible que te rechaces. El ideal hace posible que seas cruel contigo mismo, cruel, agresivo, que te conviertas en un autotorturador.

Mi esfuerzo aquí es ayudarle a recuperar la cordura. Este idealismo crea locura. Ha convertido toda la tierra en un manicomio. Y usted dice:... ME DESILUSIONO DE MÍ MISMO PORQUE SOY INCAPAZ DE ESTAR A LA ALTURA DE LOS IDEALES QUE EXPONES EN TU CONFERENCIA.

¿De qué estás hablando? ¿Qué ideales? No estoy diciendo 'Deberías hacer esto'. No digo: "Debes ser así". Simplemente digo: "Seas lo que seas, sé". Intento quitarte todo el devenir. Intento ayudarte a ver que ya estás en casa, que nunca tienes que ir a ninguna parte y que no tienes a dónde ir. Ya es el caso - Dios está derramando sobre ti SAMADHI ya es el caso. Estés donde estés, estás en NIRVANA. Esta es la iluminación: este momento - sin ideales, sin deseos, sin ningún lugar a donde ir; este momento - completamente relajado en él, aquí-ahora, es el momento de Dios, el momento de la verdad.

Pero me escuchas y empiezas a repetir como un loro. Me escuchas y empiezas a repetir palabras. No sigues el significado; sigues la letra y no el espíritu.

He oído...

Cierto viejo y rudo capitán de barco compró un loro joven en un puerto extranjero - le aseguraron que era un aprendiz maravilloso - y lo colgó en el puente. Al regresar por el golfo de Vizcaya, una terrible nube negra se cernió sobre el barco, y el capitán comentó: "¡Se ha hecho de noche de una maldita vez!".

Poco después, la nube estalló en un torrente espantoso, y el capitán dijo al oficial: "¡Está silbando! La tormenta empeoró, el barco se tambaleó y empezó a hacer agua, de modo que uno de los hombres gritó: "¿Qué hacemos para salvarnos?

Le respondieron: "¡Bombead, ducha asquerosa! Bombead, mendigos asquerosos, bombead".

El barco y todo se perdieron; sólo sobrevivió un loro mojado, malhumorado y hecho polvo que, después de algunas aventuras, acabó en casa de una querida solterona que esperaba al vicario. Como precaución, echó un trapo sobre la jaula, de modo que el vicario fue recibido con un "¡Está oscuro de una maldita vez! La señora se puso furiosa y puso inmediatamente al loro bajo el grifo de agua fría.

¡No, no, Srta. Fantight! No debe ser tan cruel con las criaturas de Dios, mejor llévelo a la iglesia el sábado y expóngalo a las buenas influencias'. Así se hizo y el loro se comportó como un ángel, incluso participando en los himnos. El vicario, radiante por su propio éxito, se levantó para anunciar su texto.

Hermanos, hoy preguntamos: ¿Qué haremos para salvarnos?" Y por los pasillos resonaban los claros tonos del loro: "¡Bombead, piojosos! Bombead, mendigos asquerosos, bombead".

No os convirtáis en loros. Podéis repetir lo que digo, pero no se trata de eso. Comprended lo que digo. La repetición os creará problemas. Un ligero cambio de tono, de énfasis, un ligero cambio de una sola coma, un punto entero, y todo se pierde. Escucha el significado.

Y hay diferentes maneras de escuchar. Una forma es: escuchar desde la mente y luego memorizar.

Y te han enseñado a escuchar a través de la mente, porque todas tus escuelas, colegios, universidades te enseñan a empollar. Te dan una noción equivocada: como si la memoria fuera conocimiento.

La memoria no es conocimiento; la memoria es simplemente repetir como un loro. Conocerás la letra, conocerás la palabra, pero estará vacía, no tendrá significado ni sentido. Y esa palabra es peligrosa si no tiene significado.

Hay otra forma de escuchar, y es desde el corazón. Escucha a través del corazón. Escucha como si no estuvieras escuchando una discusión, sino una canción. Escucha como si no estuvieras escuchando una filosofía, sino un poema. Escucha como si escucharas música. Mírame como miras a una bailarina. Siénteme como sientes a un amante. Entonces la letra estará ahí, se utilizará como vehículo, pero no será lo auténtico. El vehículo será olvidado, y el significado entrará en tu corazón y permanecerá allí. Y cambiará tu ser, cambiará tu visión de la vida.

Pregunta 2:

¿CÓMO SURGIÓ EL TANTRA DEL BUDISMO QUE, POR LO QUE SÉ, CONSIDERA EL SEXO COMO UN OBSTÁCULO PARA LA MEDITACIÓN?

Está relacionado con la primera pregunta.

Lo que dijo Buda debe de haberse malinterpretado. Sí, dijo que para entrar en meditación hay que ir más allá del sexo. Ahora bien, la gente que le escuchó pensó que estaba en contra del sexo, naturalmente, porque dijo que había que ir más allá del sexo. Empezaron a pensar: "Entonces el sexo debe ser un obstáculo; si no, ¿por qué hay que ir más allá del sexo?" Empezaron a luchar contra el sexo en lugar de ir más allá; todo su énfasis cambió. Empezaron a luchar contra el sexo y el budismo se convirtió en una de las religiones más ascéticas del mundo.

¿No puedes observar su tremenda gracia en la estatua de Buda o en sus cuadros? ¿Puede salir del ascetismo? ¿Es posible que este ser hermoso, este rostro agraciado, este amor, esta compasión puedan surgir del ascetismo? Los ascetas son personas que se torturan a sí mismas; y cuando una persona se tortura a sí misma, empieza a torturar también a los demás con venganza. Cuando una persona está en la miseria, no puede ver a nadie más siendo feliz; empieza a destruir la felicidad de los demás también. Eso es lo que hacen tus llamados MAHATMAS: no pueden verte feliz, así que cuando eres feliz, inmediatamente vienen y dicen: "Debe haber algo mal, una persona feliz significa un pecador".

Puedes observarlo en ti mismo también, porque a lo largo de los siglos tus llamados MAHATMAS y santos te han condicionado a sentir culpa cada vez que te sientes feliz. Cuando te sientes miserable, todo está bien. Pero si sientes una gran alegría, empiezas a sentir un pequeño malestar - de alguna manera no parece estar bien. ¿No lo has observado en ti mismo? ¿De dónde viene?

La felicidad... ¿y no está bien? Y la miseria está 'bien'.

Algo muy antagónico a la vida - muy negativo para la vida, muy negador de la vida - ha entrado en el torrente sanguíneo de la humanidad. Y ha llegado a través de los llamados ascetas. Estos ascetas son personas neuróticas: son masoquistas, se torturan a sí mismos. Su único placer es crear más y más miseria.

Buda no es masoquista, no puede serlo. Buda parece tan hermoso, tan alegre, tan feliz, tan tremendamente dichoso. Los que le escuchaban han entendido mal en alguna parte. Sí, él dice que hay que ir más allá del sexo. Hay que ir más allá porque es sólo el primer peldaño de la escalera. Pero no está diciendo ir en contra. Ir más allá no es necesariamente ir en contra. De hecho, es todo lo contrario. Si vas en contra del sexo, nunca podrás ir más allá. Ir más allá sólo se consigue atravesándolo.

Hay que entender el sexo, hay que hacerse amigo del sexo.

Algo, en alguna parte, se malinterpretó. Saraha viene como una interpretación correcta de Buda.

Y Saraha debió observar la calamidad que les había ocurrido a miles de personas que seguían a Buda: en lugar de ir más allá del sexo, se habían obsesionado con él. Cuando estás continuamente luchando con algo te obsesionas con ello.

Puedes verlo: una persona que cree en el ayuno se obsesiona con la comida. Mahatma Gandhi estaba obsesionado con la comida, pensaba continuamente en la comida: qué comer y qué no comer. Como si eso pareciera ser lo único importante en la vida: qué comer y qué no comer. La gente corriente está menos obsesionada; no piensa demasiado en ello. Haz un ayuno de tres días y piensa en lo que pasa por tu mente. Pensarás continuamente en la comida. Ahora bien, ir más allá de la comida es bueno, pero el ayuno no puede ser el camino, porque el ayuno crea una obsesión con la comida. ¿Cómo puede ser el camino para ir más allá? Si realmente quieres ir más allá de la comida, tienes que comer correctamente. Tienes que comer la comida adecuada, tienes que comerla de la manera adecuada en el momento adecuado. Tienes que averiguar qué le sienta bien a tu cuerpo, qué es nutritivo.

Sí, eso te llevará más allá de la comida: nunca pensarás en la comida. Cuando el cuerpo está nutrido, no piensas en la comida. Mucha gente piensa en la comida porque, de un modo u otro, están ayunando. Te sorprenderá que te lo diga. Puedes estar comiendo demasiado helado; eso es una especie de ayuno porque no nutre; simplemente estás echando dentro de ti cosas podridas. No te satisfacen: te llenan pero no te colman. Te sientes lleno pero no satisfecho.

La comida equivocada creará descontento, y tu hambre no será satisfecha porque el hambre necesita alimento, no comida. Recuerda, ¡el hambre es para nutrirse NO para comer! Y al hambre no le importa mucho el sabor. Lo importante es si le sienta bien a tu cuerpo, si le da la energía necesaria. Si le da la energía necesaria, entonces está bien. Si el sabor va acompañado de una buena alimentación, estarás tremendamente satisfecho.

Y recuerde, no estoy en contra del sabor, estoy totalmente a favor. Pero sólo el sabor no puede ser nutritivo. Y la comida sin sabor es poco inteligente, estúpida. Si puedes tener ambas cosas, ¿por qué no? Una persona inteligente encontrará comida nutritiva, comida sabrosa. No es un problema tan grande. ¿El hombre puede ir a la luna y no puede encontrar comida nutritiva para sí mismo? ¿El hombre ha hecho milagros y no puede saciar su hambre?

Esta no parece ser la situación adecuada. No, el hombre no lo ha investigado.

Hay gente que cree en los ayunos: destruyen el cuerpo. Y luego hay gente que sigue atiborrándose de cualquier basura: destruyen el cuerpo. Ambos están en el mismo barco: ambos ayunan y ambos están continuamente obsesionados. Uno está obsesionado por la indulgencia, el otro está oprimido por la represión. Justo en medio está la trascendencia.

Así ocurre con el sexo, y así ocurre con todo en la vida.

Saraha debió darse cuenta de que las personas que decían que Buda había dicho que había que ir más allá del sexo, no iban más allá en absoluto. Más bien, se obsesionaban cada vez más con él y caían más profundamente en su fango.

Había una joven monja que acudió a la Madre Superiora en apuros y, tras muchos rodeos, admitió que estaba embarazada.

¿Quién era? ¿Quién era ese malvado?", dijo la madre superiora.

'¡Oh, reverenda madre, yo no cometería un delito carnal con un hombre!', exclamó la monja.

Bueno, no fue engendrado por una mujer, ¿verdad?", dijo la madre superiora, empezando a perder los estribos.

'No, en efecto, Madre Bendita, pero fue engendrado por uno de los Santos Ángeles.' SIMPER, SIMPER.

'Santos Ángeles ¿qué es esta tontería?'

Sí, Madre Santísima, bajó a mí en medio de la noche mientras dormía, y cuando le pregunté quién era, me dijo "San Miguel" y me mostró su nombre en su chaleco para probarlo.'

Una vez que estés en contra de algo, encontrarás la manera de salir de ello. Encontrarás alguna puerta trasera. El hombre es astuto. Si reprimes algo, la mente astuta encontrará otra manera. Por eso sueñas con sexo. Tus santos sueñan demasiado con sexo; tienen que hacerlo. Durante el día pueden negarlo, pero por la noche... Cuando están conscientes pueden reprimir, pero cuando están dormidos...

entonces, en el sueño, el sexo toma grandes y fantásticos colores; se vuelve psicodélico. Y por la mañana se sienten culpables, y como se sienten culpables se reprimen más. Y cuando se reprimen más, a la noche siguiente tienen un sueño de sexo aún más bonito... u horrible, según ellos.

Depende de cómo se interprete, es hermoso u horrible.

Una colegiala "difícil" de quince años fue enviada al psicólogo, que le hizo una serie de preguntas muy personales. Estaba seguro de que el sexo estaba en el fondo del problema, y le preguntó: "¿Sufres de sueños eróticos o sensuales?

"¡Claro que no!

¿Estás seguro?

Seguro", dijo la chica, "de hecho, me encantan".

Depende de ti si las llamas hermosas u horribles. Por la noche son hermosas, por la mañana se vuelven horribles. Por la noche las disfrutas, por la mañana sufres. Y se crea un círculo vicioso, y tu supuesto santo sigue moviéndose en este círculo vicioso: el día que sufre, la noche que disfruta, el día que sufre, la noche que disfruta - y se debate entre estos dos.

Y si miras en lo más profundo de ti mismo, lo encontrarás fácilmente. Lo que reprimas permanecerá ahí, no podrás deshacerte de ello. Lo reprimido permanece, sólo lo expresado desaparece. Lo expresado se evapora, lo reprimido permanece y no sólo permanece, sino que se hace cada vez más poderoso. A medida que pasa el tiempo, se vuelve más y más poderoso.

Saraha debió observar lo que había sucedido después de doscientos años de Buda: interpretaciones erróneas, y la gente estaba casi obsesionada con el sexo. De esa obsesión de los monjes y monjas budistas, nació el Tantra como una rebelión una rebelión contra el budismo, no contra Buda.

A través de esa rebelión, Saraha trajo de vuelta el espíritu de Buda. Sí, hay que trascender el sexo, pero la trascendencia se produce a través de la comprensión.

El Tantra cree en la comprensión. Comprende una cosa totalmente y estarás libre de sus garras.

Todo lo que no se entienda correctamente permanecerá como una resaca.

Así que tienes razón. Usted pregunta: ¿CÓMO SUCEDIÓ EL TANTRA A PARTIR DEL BUDISMO QUE, POR LO QUE SÉ, CONSIDERA EL SEXO COMO UN OBSTÁCULO PARA LA MEDITACIÓN? Precisamente por eso. Es una rebelión contra el budismo, y es a favor de Buda. Va contra los seguidores, pero no contra el Maestro. Los seguidores llevaban la letra, y Saraha trae el espíritu.

Saraha es una reencarnación de la misma iluminación que Buda. Saraha es un Buda.

Pregunta 3:

¿QUÉ SIGNIFICA "SE ACABÓ LA LUNA DE MIEL"?

La luna de miel ha terminado" significa que la parte de fantasía de tu amor ha terminado. La luna de miel es una fantasía: es una proyección, no es la realidad. Es un sueño proyectado. La luna de miel ha terminado" significa que el sueño ha terminado, y ahora comienza el matrimonio. Cuanto mayor sea la luna de miel, mayor será la desilusión. Por eso los matrimonios por amor no tienen éxito. Los matrimonios triunfan, pero no los matrimonios por amor.

El matrimonio por amor no puede triunfar. Ese fracaso es intrínseco a él. El matrimonio por amor es una fantasía, y la fantasía no puede vencer a la realidad. Sólo hay una manera de permanecer en la fantasía y permanecer siempre en una luna de miel, y es no conocer nunca a tu amada. Entonces es posible: puedes tenerla toda tu vida - pero nunca conocer a la amada, nunca conocer a tu amante.

Los más grandes amantes de la historia fueron aquellos a los que no se les permitió encontrarse: Laila y Majnun, Shiri y Farihad - estos son los grandes amantes. No se les permitió: la sociedad creó tantos obstáculos que permanecieron siempre en estado de luna de miel. Es como cuando hay comida pero no te permiten comerla, así que la fantasía continúa. Si te permiten comerla, la fantasía desaparece.

El matrimonio por amor no puede tener éxito. ¿Qué quiero decir con "no puede tener éxito"? En el sentido en que la gente quiere que tenga éxito, no puede tenerlo. El matrimonio tiene éxito, pero entonces no hay amor. Por eso en el pasado todas las sociedades del mundo, por experiencia, se decidieron a favor del matrimonio y en contra del amor. La sociedad india es una de las más antiguas del mundo. Existe desde hace al menos cinco mil años, o más. A partir de esta larga experiencia, la India se decidió por el matrimonio sin amor, porque un matrimonio sin amor puede tener éxito. Como no tiene luna de miel, desde el principio es muy realista y realista. No permite soñar.

En la India, los propios cónyuges no pueden elegir. El chico no puede elegir a la chica, la chica no puede elegir al chico; los padres eligen. Naturalmente, tienen más los pies en la tierra, más experiencia. Y, naturalmente, no pueden enamorarse. Piensan en otras cosas: finanzas, prestigio, respetabilidad, familia. Piensan en miles de cosas, pero no piensan en una: el amor. El amor no se tiene en cuenta en absoluto. Acuden al astrólogo, le preguntan e indagan en todo, pero no en el amor. El amor no debe convertirse en un ingrediente. Dos personas desconocidas - el hombre y la mujer son unidos por los padres, por la sociedad - son dejados juntos.

Naturalmente, cuando vives con una persona, surge una especie de afecto. Pero esa simpatía es como la que sientes por tu hermana; no es amor. Por el hecho de haber nacido en una familia determinada, no has elegido a tu hermana, ni tampoco has elegido a tu hermano: no han sido elegidos por ti. Fue accidental que nacierais de los mismos padres. Así que tenéis cierta afición. Vivir juntos durante mucho tiempo, mil y una asociaciones, y uno empieza a gustar -o a no gustar-, pero nunca es amor ni odio. Nunca se va a los extremos, es muy equilibrado.

Lo mismo ocurre con el matrimonio, el matrimonio concertado. El marido y la mujer viven juntos y, poco a poco, empiezan a sentir el uno por el otro.

Otra cosa que hace la sociedad: la sociedad no permite ninguna relación sexual extramatrimonial, así que naturalmente el marido TIENE que hacer el amor con la mujer, y la mujer TIENE que hacer el amor con el marido. Si sólo se te permite comer un alimento y no se te permite comer ningún otro, ¿cuánto tiempo puedes esperar? Tienes que comerlo. Este es el truco de la sociedad. Si se permitieran las relaciones sexuales extramatrimoniales, es muy posible que el marido no quisiera hacer el amor con la mujer y que a la mujer no le gustara hacer el amor con el marido. Sólo por hambre, y sin otra salida, empiezan a hacer el amor el uno con el otro. Por desesperación, empiezan a asociarse. Luego nacen los hijos... y más vínculos: religiosos, sociales. Luego los hijos y la responsabilidad... y la familia empieza a rodar.

El matrimonio por amor está destinado al fracaso, porque el matrimonio por amor es un fenómeno poético. Te enamoras y empiezas a soñar con la mujer o el hombre, y llegas a una cima, a un clímax de sueños.

Esos sueños continúan hasta que conoces a la mujer, hasta que conoces al hombre. Entonces os juntáis, os sentís satisfechos. Esos sueños empiezan a desaparecer. Ahora, por primera vez, empiezas a ver al otro tal y como ES.

Cuando veas a tu mujer tal como es, cuando veas a tu marido tal como es, se acabó la luna de miel.

Este es el significado de la frase "se acabó la luna de miel". Y no sólo ocurre en el matrimonio, sino en muchos tipos de relaciones. Me pasa a mí.

Vienes a mí y puedes tener una luna de miel, puedes empezar a fantasear conmigo. Yo no tengo nada que ver, no participo. Es algo que haces tú solo. Pero empiezas a fantasear, a desear:

Esto va a suceder y aquello va a suceder, y Maestro hará esto y Maestro hará aquello.

Entonces, un día, la luna de miel habrá terminado. De hecho, siempre me gusta esperar a que termine la luna de miel para empezar a trabajar, nunca antes, porque no quiero convertirme en cómplice de tus fantasías. Sólo empiezo a trabajar cuando veo que ya se ha acabado la luna de miel y has vuelto a la tierra. Ahora se puede hacer algo de verdad. De hecho, siempre me gusta dar sannyas cuando se acaba la luna de miel.

Dar sannyas durante la luna de miel es peligroso, muy peligroso, porque en el momento en que la luna de miel termine, empezarás a sentirte en mi contra, empezarás a rebelarte contra sannyas, empezarás a reaccionar. Es mejor esperar.

En toda relación -en la amistad, en una relación Maestro-discípulo- en cualquier tipo de relación hay una parte que es de fantasía. Esa fantasía es sólo tu mente: los deseos reprimidos vuelan en sueños. En un mundo mejor, con más comprensión, el matrimonio desaparecerá, y con el matrimonio desaparecerá también la luna de miel.

Ahora escucha.

Ha habido sociedades: por ejemplo, la sociedad hindú - ha matado la luna de miel matando el amor, y sólo existe el matrimonio. En América, están matando el matrimonio y salvando el amor - la luna de miel y sólo la luna de miel existe, no el matrimonio. Está desapareciendo.

Pero para mí, ambas cosas están profundamente conspiradas. La luna de miel sólo puede existir si hay cierta represión, de lo contrario no hay nada que proyectar. Y si hay algo que proyectar, entonces el amor fracasa una y otra vez. Entonces entran los PUNDITOS sociales y empiezan a hacer arreglos para el matrimonio, porque fracasa. Eso vuelve loca a la gente y no les ayuda a vivir sus vidas. Les vuelve suicidas. Les vuelve neuróticos, esquizofrénicos, histéricos. Así que tiene que intervenir el PUNDIT social, el cura y el político, y organizar el matrimonio, porque el amor es demasiado peligroso. Y así es como la sociedad se ha movido entre estas dos polaridades.

A veces, cuando la gente se harta del matrimonio -como se han hartado en Estados Unidos- empieza a pensar en el amor. Cuando la gente se harta del amor -como tarde o temprano descubrirán; ya lo están-, entonces empiezan a moverse hacia el matrimonio. Ambas son polaridades del mismo juego.

Para mí, se necesita otro tipo de sociedad en la que desaparezcan el matrimonio y el romance. El matrimonio desaparece porque obligar a dos personas a vivir juntas por imposición legal es inmoral. Obligar a dos personas a vivir juntas cuando no quieren vivir juntas va contra la naturaleza y contra Dios.

El 99% de las enfermedades sociales desaparecerán si no se obliga a la gente.

Escucha esto:

Un hombre acudió a su abogado y le dijo: 'Soy muy rico, así que el dinero no es problema, pero quiero librarme de mi mujer, que es una zorra, sin que me acusen de asesinato. Dígame qué debo hacer'.

'Cómprale un caballo fuerte y puede que la lance'.

Un mes después, el hombre volvió y dijo que su mujer era ahora la mejor amazona del distrito...

Intenta", dijo el abogado, "comprarle un mini y mandarla a la montaña en él".

El hombre lo hizo, pero ella conducía como Sterling Moss, poniendo en peligro a todos menos a sí misma. El marido le dijo al abogado que estaba desesperado...

'Entonces cómprale un gran Jaguar.'

El hombre volvió en una semana, encantado. "Di lo que quieras", dijo, "ha funcionado".

¿Qué pasó entonces?

'Bueno, cuando abrió la puerta de la jaula para alimentar al jaguar, ¡le arrancó la maldita cabeza de un mordisco!'

El matrimonio crea mil y una complejidades y no resuelve nada. Sí, tiene éxito: consigue convertir a las personas en esclavas. Consigue destruir la individualidad de las personas. ¿No lo ves por todas partes? Un hombre soltero tiene una cierta individualidad, y un hombre casado empieza a perder su individualidad. Se convierte cada vez más en un tipo. La mujer soltera tiene una alegría, algo que fluye. La mujer casada se vuelve sosa, desinteresada, aburrida. Eso es feo: obligar a la gente a aburrirse. La gente está aquí para ser feliz, para disfrutar y celebrar. Eso es feo.

El matrimonio tiene que desaparecer. Pero si eliges la fantasía y el amor, volverás a caer en la misma trampa del matrimonio. Porque el amor nunca triunfa, nunca triunfa como el matrimonio triunfa económicamente, en cuanto a seguridad, para los hijos, para la sociedad, para esto y aquello. El amor nunca triunfa como triunfa el matrimonio.

Así que el amor está destinado a crear otro tipo de problemas. Y el amor existe debido a los deseos reprimidos.

Cuando desaparezca el matrimonio y no se repriman los deseos, el amor desaparecerá automáticamente.

Una verdadera sociedad de seres humanos no sabrá nada de matrimonio ni de luna de miel. Sólo sabrá de alegría, de compartir con la gente. Mientras puedas compartir, bien; si no puedes compartir, adiós. El matrimonio desaparece, y con él desaparece el feo divorcio. El matrimonio desaparece, y con él desaparece la fantasía de la luna de miel.

Cuando seas libre para amar, para conocer, para estar con la gente, la luna de miel desaparecerá. Laila y Majnun, y Shiri y Farihad, no serán posibles: nadie obstruye el camino. Puedes conocer a cualquier mujer y puedes conocer a cualquier hombre. Quienquiera que desees y quienquiera que te desee - nadie más está obstruyendo el camino. Entonces, ¿qué necesidad hay de fantasear? Hay todo tipo de comida disponible, y sin embargo, lo que está ahí es como un policía o un magistrado o un sacerdote que te hace tener miedo y temor de que si comes esta comida irás al infierno. Si comes esta comida, sólo entonces podrás ir al cielo, y esa comida no quieres comerla; y esa comida te lleva al cielo, y la comida que quieres comer te lleva al infierno. Todo lo que te da alegría te lleva al infierno, y todo lo que te hace desgraciado te lleva al cielo. Cuando nadie se interponga entre tú y tus deseos, cuando el deseo sea libre, no habrá represión.

Sin represión, la luna de miel desaparecerá. La luna de miel es un subproducto: existe con el matrimonio. Es como el cebo. Si vas a pescar, utilizas cebo. La luna de miel es un cebo: te lleva al matrimonio. Por eso las mujeres insisten tanto en el matrimonio: porque lo saben. Son más realistas, más empíricas que los hombres. Los hombres siguen siendo soñadores, piensan en estrellas y lunas. Y las mujeres sólo se ríen de sus ridículos deseos. La mujer sabe -tiene los pies en la tierra- sabe que en diez, doce, quince días, dos o tres semanas, la luna de miel desaparecerá. ¿Y entonces qué? Insiste en casarse.

Un hombre le preguntaba a su mujer -estaba enamorado- y le preguntaba por la noche: "¿Amor o algo?".

Y la mujer dijo 'Matrimonio o nada'.

Volvió a preguntar: "¿Amor o algo así?".

Y ella dijo 'Matrimonio o NADA'.

El amor no es fiable. Viene y va; es un capricho, un estado de ánimo. Si el amor permanece, eso significa simplemente que la represión sigue ahí.

Entonces, en una sociedad diferente habrá alegría. Amor" no será una palabra tan importante como "deleite", "celebración". Dos personas quieren compartir sus energías; si ambas están dispuestas, no habrá obstáculos. Sólo habrá una limitación, que si el otro no está dispuesto, entonces se acabó. Entonces nunca empieza. Todas las demás limitaciones deben abandonarse.

Y ahora la ciencia ha hecho posible que el problema de los niños se resuelva muy fácilmente. Antiguamente la gente no era tan afortunada. Vosotros sois más afortunados. El problema de los niños puede resolverse.

Puedes quedarte con una mujer hasta el día en que pienses: 'Ahora hemos vivido juntos el tiempo suficiente y mi amor, mi alegría con la mujer sigue aumentando, mi alegría con el hombre sigue aumentando, y ahora no hay posibilidad de que nos separemos'. Has encontrado a tu alma gemela. El día que sientas eso, puedes tener hijos, de lo contrario no hay necesidad de tener hijos.

Y en una sociedad mejor, los niños deben pertenecer a las comunas. La familia debe desaparecer.

Debería haber comunas de personas: una comuna de pintores, donde los pintores -hombres y mujeres pintores- vivan juntos y disfruten de su unión; una comuna de poetas, una comuna de carpinteros, una comuna de orfebres: comunas de diferentes tipos de personas que vivan juntas, en lugar de familias.

La familia ha sido una calamidad. Es mejor cuando viven juntas muchas personas que poseen todo en común y que comparten su amor entre sí.

Pero no debe haber ninguna restricción. El amor nunca debe convertirse en un deber, sólo entonces es gozoso.

En el momento en que se convierte en un deber, está muerto, pesado. Y crea mil y un problemas que no se pueden resolver directamente. Esa es toda la situación en el mundo. Puedes ir al psicoanalista, puedes acudir a un Maestro, puedes meditar, puedes hacer esto y aquello - pero tu problema básico no se toca.

Tu problema básico sigue conectado de alguna manera con tu energía sexual, y sigues abordándolo en otro lugar. Sigues cortando las hojas, podando las hojas, y nunca cortas la raíz.

La gente es desgraciada porque está harta de los demás. La gente está triste porque no disfruta de la compañía de los demás. La gente simplemente está agobiada: cumple con sus obligaciones, el amor no está ahí.

El matrimonio y la luna de miel vienen en el mismo paquete; ambos tienen que desaparecer. Entonces puede haber una humanidad no reprimida, una humanidad plenamente expresiva, un ser humano plenamente expresivo que no conoce nada excepto la alegría, y que decide según la alegría. La alegría debe convertirse en el criterio: de eso trata el Tantra. La alegría debe convertirse en el criterio.

Pregunta 4:

AMO A MA PREM SAVYA, QUIERO QUE ESTE CONMIGO HASTA QUE MUERA. ¿ES ESTE UN BUEN ULTIMO DESEO?

La pregunta es de Prem Aniket.

Lo primero: ningún deseo es el último si aún vives. Ningún deseo es el último si aún estás vivo. ¿Quién conoce el momento siguiente? ¿Y cómo puedes llegar a conocer el momento siguiente?

¿Cuánto hace que conoces a Savya? Unas pocas semanas. Antes de esas pocas semanas, ni siquiera habías soñado con ella. Si esto puede suceder, puede suceder de nuevo. Después de tres semanas, puedes conocer a otra mujer. Hasta que estés muerto ningún deseo es el último deseo. Cada deseo crea otro deseo: el deseo es un continuo. Sólo dos cosas, la muerte o la iluminación, detienen los deseos. Y ciertamente ninguna de ellas ha sucedido todavía, Aniket; ni la muerte ha sucedido ni la iluminación.

Es bueno comprender el deseo. Cada deseo trae nuevos deseos. Un deseo crea diez deseos.

Es como si de una pequeña semilla surgiera un gran árbol, miles de ramas y millones de hojas.

De un deseo, la semilla, surgen muchos deseos.

No se puede decir nada sobre el futuro - no se debe decir - el futuro permanece abierto. Este es uno de los mayores esfuerzos del hombre - ridículo, pero el hombre sigue haciéndolo. Uno: quiere reformar el pasado, lo que no puede hacerse. Lo que ha sucedido ha sucedido, no hay manera de rehacerlo; ni siquiera puedes tocarlo aquí y allá. No puedes mejorarlo ni empeorarlo. Simplemente está más allá de ti. Ha sucedido, se ha hecho realidad, y lo que se ha hecho ni siquiera se puede tocar. El pasado está acabado; está completo tal y como es. No puedes volver atrás ni reorganizarlo. Es bueno. De lo contrario, si pudieras reorganizar el pasado, si pudieras volver atrás, te volverías loco.

Entonces nunca volverías al presente; el pasado es muy largo. Es bueno que las puertas del pasado estén cerradas. Pero el hombre, la estúpida mente del hombre sigue pensando en reformar, reformular, hacer algo aquí y allá. ¿No piensas a veces en ello: si no lo hubieras dicho, te pones a pensar qué habría sido mejor; si no lo hubieras hecho, qué habría sido mejor?

Y en tu fantasía intentas decir eso y hacer eso. Pero simplemente pierdes el tiempo: ya no se puede hacer nada, se te ha escapado de las manos.

El pasado no puede reformarse y el futuro no puede predecirse. Pero el hombre sigue haciendo lo mismo: quiere predecir el futuro. El futuro es lo que no ha sucedido. El futuro permanece abierto: la apertura es lo que es el futuro. El futuro es indeterminado; no es real, sólo es probable.

No hay nada seguro sobre el futuro. No hay certeza sobre el futuro. Pero el hombre es tonto. De nuevo acude a los astrólogos, consulta el I CHING, las cartas del tarot, los lectores de sombras. El hombre es tan necio que trata de encontrar formas de alguna manera para poder saber de antemano lo que será el futuro. Pero si puede saberlo de antemano, ya es pasado, ya no es futuro. Sólo se puede conocer el pasado, el futuro sigue siendo desconocido.

Esa es la cualidad intrínseca del futuro: la incógnita. Todo es posible y nada es seguro: eso es el futuro. Todo ha sucedido, nada más puede suceder: eso es el pasado. Y el presente es sólo el paso de lo real a lo potencial, de lo cerrado a lo abierto, de lo muerto a lo vivo.

Ahora, te preguntarás: ¿ES UN BUEN ÚLTIMO DESEO?

Te gustaría que fuera tu último deseo, pero entonces tendrías que suicidarte, real o metafóricamente. Tendrás que suicidarte si quieres que sea tu último deseo. O vas y saltas delante de un tren, o al mar, o a un abismo - suicidarte de verdad - entonces puedes tener esto como el último deseo. O suicidarte psicológicamente, que es lo que muchos han hecho. No vuelvas a mirar a ninguna otra mujer. Cierra los ojos, ten miedo. Aférrate a quien amas y no vayas por aquí, por allá, por el mal camino. Ni siquiera pienses, ni siquiera sueñes... eso es suicidio psicológico. Pero de ambas maneras no podrás vivir, porque no tendrás ningún futuro que vivir. Si realmente quieres vivir y quieres vivir, de hecho, eso es lo que estás pidiendo: quieres vivir con Savya - para vivir tienes que estar vivo.

No pienses en términos de "el último deseo". ¿Y por qué, por qué te gustaría que fuera el último? ¿Por qué no puedes compartir tus energías algún día con otras mujeres? ¿Por qué ser tan avaro? ¿Por qué ser tan inhumano?

¿No hay otras mujeres tan divinas como Savya? ¿No ha aparecido Dios en muchas, muchas formas, millones de formas a tu alrededor? ¿Por qué aferrarse a una forma? ¿Por qué este aferramiento?

Este aferramiento surge de la represión, porque has reprimido tus deseos. Entonces un día encuentras a una mujer que te quiere y te aferras. Tienes miedo de perderla, porque conoces todas esas largas noches en las que estuviste solo. Si ahora esta mujer se va, de nuevo estarás solo. Ahora esta mujer tiene miedo de su propia soledad; se aferra a ti. Tiene miedo de que algún día te vayas con otra persona, de que no la mires a ella y se quede sola. 'Largas han sido esas noches de soledad, ahora ya no. Nos hemos encontrado. Debemos aferrarnos el uno al otro. Debemos poseernos el uno al otro y debemos guardarnos el uno al otro, para que nadie vaya a ninguna parte.

Pero de esta vigilancia mira lo que ha pasado: la gente se aburre. Quieres un amante, no un guardia; quieres un amado, no un carcelero. Quieres fluir, no ser encarcelado. Mira el deseo contradictorio: quieres vivir y amar, pero todo lo que haces perturba tu amor, destruye tu amor, crea obstáculos al flujo. Quieres amar y vivir, y quieres estar alegremente vivo, pero todo lo que haces va en contra de ello, es contrario a ello.

¿Por qué debería ser éste el último deseo? No estoy diciendo que éste no deba ser el último deseo, recuerda, no me malinterpretes. No estoy diciendo que ESTE no deba ser el último deseo. Simplemente digo: ¿POR QUÉ debería ser el último deseo? Si sucede que permanecéis juntos, si sucede que nunca encuentras una mujer más hermosa, una mujer más cariñosa - bien, eres afortunado. Si sucede que Savya nunca encuentra otro hombre que sea más amoroso, más vivo que tú - afortunado.

Pero si encuentra a un hombre más cariñoso, que la haga más feliz, que la lleve a mayores cimas de éxtasis, ¿entonces qué? ¿Debería aferrarse a ti? Entonces va en contra de sí misma. ¿Por qué debería aferrarse a ti?

Y si se aferra a ti, nunca podrá perdonarte, porque será por tu culpa que tuvo que perderse a ese hombre extasiado; siempre estará enfadada contigo. Por eso se enfadan las esposas, se enfadan los maridos. Esa ira tiene una base natural. El enfado no es por cosas mundanas; no es porque el té no esté suficientemente caliente, no es eso. ¿A quién le importa, cuando amas a una mujer, si el té está caliente o no? Cuando el amor está caliente, todo está caliente. Cuando el amor se ha enfriado todo parece frío. No es que tus zapatillas no estuvieran donde deberían estar cuando te levantas. Cuando amas a una mujer, ¿a quién le molesta?

Pero cuando desaparece el amor, desaparece ese calor. Entonces te enfadas, y el enfado es tal que no puedes decirlo y la sociedad no lo permite. La ira es tal que no puedes ser sincero al respecto. Tal vez lo has reprimido tan profundamente que ni siquiera te das cuenta de ello, ni siquiera eres consciente de ello: de que estás enfadado porque ahora, debido a ESTA mujer, otras mujeres se han vuelto inaccesibles para ti. Porque esta mujer sigue rodeándote y te observa constantemente. Porque este hombre sigue observándote y no te permite moverte y tener tu vida a tu manera, como tú quieres ahora.

Tus promesas pasadas se han convertido en prisiones. Entonces te enfadas; y la ira no tiene nada que ver con nada en particular, es una ira general. Así que ni siquiera puedes decir dónde está, por qué está, cómo está. Entonces salta sobre cualquier excusa: el té no está caliente, la comida no es como te gustaría que fuera.

Este aferramiento crea ira, y no estamos aquí para estar innecesariamente enfadados. ¿Por qué? ¿Por qué? ¿Con qué propósito? Si Savya conoce a una persona hermosa y de repente siente que ha encontrado a la persona adecuada, ¿qué debería hacer? ¿Debe aferrarse a ti? ¿No debería traicionarte?

Estas palabras son feas... 'traicionar'. De hecho, si se queda contigo está traicionando a su propio ser. Si se queda contigo está traicionando su amor, está traicionando su alegría, está traicionando a Dios. Ahora Dios ha llamado desde otra puerta; ella está traicionando a Dios. Y ella nunca mas podra amarte eso no es posible; Dios ha llamado desde otro lugar. Otros ojos se han convertido en puertas y ventanas. Otra forma se ha vuelto viva y atractiva. ¿Qué puede hacer ahora? Puede evitar ver a esa persona, pero ¿cómo podrá perdonarte a TI? Ahora la ira empezará a estallar.

Ahora se enfadará sin motivo, y la ira destruirá vuestro amor. Ya ha volado.

Recuerda, el amor es una brisa. Mira... ahora no hay brisa. Los árboles están en silencio. ¿Qué pueden hacer? No pueden crear la brisa. Cuando llegue, llegará. Cuando llegue, bailarán con alegría. Cuando se ha ido, se ha ido. Tienen que esperar.

El amor es como una brisa. Cuando llega, llega. ¿Quién sabe de qué dirección, de qué persona, de quién?

Esta es la liberación del Tantra. El Tantra es una filosofía peligrosa, es una religión peligrosa. Todavía no se ha probado a gran escala - sólo unos pocos individuos, muy pocos. Y han sufrido mucho, porque la sociedad no permite... La sociedad piensa: Esto es pecado absoluto.

Pero el Tantra dice: Vivir con una mujer con la que tu flujo de amor ha cesado, con la que ya no estás alegre, es pecado. Es violación hacer el amor con una mujer que no amas. Es violación hacer el amor con un hombre al que no amas; es prostitución.

Esta es la actitud del Tantra ante la vida. El Tantra cree en la alegría porque el Tantra dice: La alegría es Dios. Permanece fiel a la alegría y sacrifica todo a la alegría. Deja que la alegría sea el único Dios y sacrifícalo todo, lo que sea necesario. Permanece fluyendo.

Dices: AMO A MA PREM SAVYA, QUIERO QUE ESTÉ CONMIGO HASTA QUE ME MUERA...

¿Piensa morir muy pronto? ¿Quién sabe cuánto tiempo vivirá? ¿Por qué piensas en el futuro? Pensar en el futuro es perderse el presente. Crees que estás pensando en grandes cosas. Has leído cosas así de poetas tontos. Los poetas casi siempre son tontos; no tienen una experiencia real de la vida, sólo sueñan.

Ahora mira, piensas que esto es un gran amor - que quieres vivir con ella hasta que mueras. Esto no es un gran amor, tienes miedo. De hecho, ahora mismo no lo estás disfrutando, por eso te estás extendiendo hacia el futuro. Ahora mismo la echas de menos, así que quieres tenerla como sea. Quizá no hoy, sino mañana, pasado mañana... por eso surge el miedo. Te gustaría estar con ella toda la vida, para poder arreglártelas de algún modo.

Pero, ¿por qué no ahora? Si alguna vez se puede tener, se puede tener ahora mismo. No sabes cómo vivir ahora, así que piensas en el futuro. Y el tiempo es una gran ilusión. Sólo existe el AHORA. Mañana, otra vez será hoy. Pasado mañana, otra vez será hoy. Después de un año, será hoy. Siempre será hoy. Dios está siempre en el presente. Si quieres vivir, vive ahora. ¿Por qué pensar en el futuro? Deja que tu amor sea tan intenso, como una llama, que te queme totalmente ahora mismo.

Y ahora estás pensando "hasta que me muera...".

¿Quién puede decirlo? Al menos yo no voy a decir nada al respecto, porque me gustaría que siguieras siendo libre. Y me gustaría que Savya también fuera libre. Encontrarse como dos individuos libres, encontrarse como dos libertades.

Y deja la reunión mientras dure la libertad. Cuando el encuentro empiece a corromper la libertad, sepárate: ha llegado el momento de decir adiós. Siéntete agradecido por los días que viviste con la mujer o con el hombre. Siéntete tremendamente agradecido porque esos días se pusieron a tu disposición a través del otro. Siéntete agradecido por toda esa experiencia. Pero, ¿qué puedes hacer? Con lágrimas en los ojos, con gratitud, con amor, con amistad, con compasión... sepárate. La brisa ya no sopla en esta dirección. ¿Qué puedes hacer? Siéntete impotente, pero sepárate. No te aferres, de lo contrario os destruiréis mutuamente.

Si realmente amas a la otra persona, en el momento en que el amor haya desaparecido, la liberarás.

Al menos esto es lo que se debe amar... para liberar al otro, para que en algún otro lugar, en algún otro pasto, el amor pueda florecer y florecer. Al menos esto es lo que puedes hacer por el otro, para que el amor - si ha desaparecido entre vosotros - pueda florecer y florecer en otro lugar con otra persona. El amor es Dios - es irrelevante donde suceda, entre quien suceda - entre A y B, o C y D, o E y G. Es irrelevante donde suceda.

Si ocurre, es bueno. El mundo se ha vuelto tan falto de amor porque nos aferramos a la gente cuando el amor se acaba. El mundo estará tan lleno de amor si la gente no se aferra y permanece libre.

Sé libre en tu amor. Reúnete desde la libertad, y cuando la libertad se destruya, que eso sea un indicio de que el amor ha desaparecido. Porque el amor no puede destruir la libertad: amor y libertad son dos nombres para la misma cosa. El amor no puede destruir la libertad. Si la libertad está siendo destruida, entonces algo más está pretendiendo ser amor: celos, odio, dominación, seguridad, prestigio, respetabilidad social: algo más ha entrado. Antes de que entre y te corrompa y te envenene demasiado, escapa de ello.

Pregunta 5:

MAESTRO, QUIERO TOMAR SANNYAS, Y LLEVO AÑOS ESPERÁNDOLO. PERO TENGO MIEDO DE METERME EN ALGÚN PROBLEMA POR ELLO. ¿QUÉ DEBO HACER?

Sólo puedo prometerte que tendrás problemas. No puedo decir que no tendrás problemas. Es un dispositivo para crear caos en tu vida.

Pero hay dos tipos de problemas: los destructivos y los creativos. Evita los problemas destructivos, porque simplemente destruyen. Hay problemas creativos que crean, que te llevan a un plano superior de conciencia.

Problemas ya tienes bastantes. Desde luego, no voy a añadir más problemas de ese tipo.

Sucedió...

Había una mujer en un vagón de ferrocarril a la que se unió un hombre que llevaba consigo una multitud de niños sucios y mal educados. Antes de que llegaran muy lejos, le dio a uno de sus hijos una tremenda paliza.

Mira", le dijo la mujer, "deja de pegar a ese niño o te meteré en un lío".

¿Qué vas a hacer?

He dicho: Te meteré en problemas', gritó la mujer.

'Escuche, señora, mi mujer se ha fugado con un negro, llevándose hasta el último céntimo que tengo; voy camino de dejar a estos niños con un pariente que bebe; la chica de la esquina tiene quince años y está embarazada de ocho meses, ese chico de ahí se ha hecho un lío con los pantalones, el bebé ha tirado la petaca por la ventana, y al que acabo de pegar se ha tragado nuestros billetes. ¡Para no estar trabajando, me han dado por el saco! Dijiste que me ibas a meter en líos, ¿en qué más líos?".

No, no voy a meterte en más problemas del mismo tipo en los que has estado viviendo toda tu vida. Voy a introducir nuevos tipos de problemas en tu vida. Sé valiente. Y has esperado mucho.

¿Dice que lleva años pensando en ello?

Había un partido de fútbol entre ratones e insectos. Al descanso, el marcador era de seis a cero, y al final, de once a diez a favor de los ratones. Entonces los insectos fueron a la cueva del ciempiés y le dijeron: "¿Por qué no has ido al partido?".

Me he estado poniendo las botas", dijo el ciempiés.

¿Cuánto tardarás en ponerte las botas? ¡Pronto acabará el partido! Por favor, haz las cosas más rápido.

Pregunta 6:

MAESTRO, ¿NO PUEDO DAR EL SALTO YO SOLO? ¿ES ABSOLUTAMENTE NECESARIO UN MAESTRO?

Dos tipos, Pete y Dave, están trabajando en el andamio. Pasa un hombre buscando nuevos números para el Varieties, y está justo debajo del edificio, cuando de repente ve a Pete dando un triple salto mortal desde lo alto del andamio, seguido de una voltereta hacia atrás, otro doble salto mortal y aterrizando de pie.

El tipo del suelo piensa que es tremendo, así que se acerca a Pete y le dice: "¿Te gustaría venir a hacer un número para mí?".

Sí, de acuerdo.

¿Cuánto quieres por él?

Cien libras.

¿Cien libras?

'Bueno, hay cincuenta para mí, y cincuenta para Dave que me golpeó en el pie con un martillo'.

Solo, no podrás ir. Necesitarás un Maestro que te acompañe. El viaje es tan desconocido, el viaje es hacia un abismo. Si alguien te empuja con fuerza, no darás el salto.

Habrá que machacarte.

Pregunta 7:

¿QUÉ ES EL NIRVANA?

Esta historia es sobre NIRVANA... esta antigua historia budista.

Nada le gustaba tanto a Enyadatta, una joven de excepcional belleza, como mirarse al espejo. Estaba un poco loca, como todos los seres humanos. Una mañana, al mirarse en el espejo, la figura no tenía cabeza. Enyadatta se puso histérica y corrió de un lado a otro gritando: "No tengo cabeza, ¿dónde está mi cabeza? ¿Quién tiene mi cabeza? Moriré si no la encuentro".

Aunque todos le aseguraban que tenía la cabeza sobre los hombros, Enyadatta se negaba a creerles. Cada vez que se miraba al espejo, su cabeza no estaba allí, así que continuó su frenética búsqueda, gritando y pidiendo ayuda. Temiendo por su cordura, los amigos y familiares de Enyadatta la arrastraron a casa y la ataron a una columna para que no se hiciera daño.

Las amigas de Enyadatta siguieron asegurándole que seguía teniendo la cabeza sobre los hombros y poco a poco empezó a preguntarse si no estarían diciendo la verdad. De repente, una de sus amigas le dio un fuerte golpe en la cabeza. Gritó de dolor y su amiga exclamó: "¡Es tu cabeza! Ahí está". Enyadatta se dio cuenta inmediatamente de que se había engañado a sí misma pensando que no tenía cabeza, cuando en realidad siempre la había tenido.

Lo mismo ocurre con el NIRVANA.

Nunca has estado fuera de él. Nunca has estado lejos de ella. Está en ti; tú estás en él. Ya es así, sólo tienes que estar un poco más alerta. Necesitas un golpe en la cabeza.

La cabeza está ahí. No puedes verla porque estás mirando en la dirección equivocada o en un espejo equivocado. No puedes verla porque no tienes la claridad para ver. Por lo demás, el NIRVANA no es una meta en alguna parte, no es la vida después de la muerte; es aquí y ahora. El NIRVANA es la materia de la que estás hecho. Está en cada célula, está en cada fibra de tu ser. Es TÚ. Sólo necesitas recordarlo.